LES CONGRÉGATIONS AUTORISÉES

JURISPRUDENCE ET STATISTIQUE

PAR

MAURICE LEGUEY

RÉDACTEUR AU MINISTÈRE DES CULTES

LIBRAIRIE DUCROCQ

55, rue de Seine, 55

PARIS

LES

CONGRÉGATIONS AUTORISÉES

LES
CONGRÉGATIONS AUTORISÉES

JURISPRUDENCE ET STATISTIQUE

PAR

MAURICE LEGUEY

RÉDACTEUR AU MINISTÈRE DES CULTES

LIBRAIRIE DUCROCQ

55, rue de Seine, 55

PARIS

INTRODUCTION

A juger d'après les discussions si vives qui ont eu lieu dans ces derniers temps, on serait porté à croire que des mesures passionnées ont eu pour résultat de supprimer en France toutes les congrégations.

Il n'en est rien.

Les Chambres d'abord, le Gouvernement ensuite, se sont gardés d'une proscription en masse qui n'aurait donné satisfaction à certains principes qu'au détriment de services publics encore insuffisamment dotés.

C'est ainsi qu'on a été amené à classer les congrégations en congrégations autorisées et en congrégations non autorisées ; si cette dernière catégorie a été considérable, il convient d'autant plus de mettre en relief l'importance de la première, qui a bénéficié de la bienveillance de la loi.

C'est à cette pensée que répond notre livre.

*
* *

Au moment où la loi du 1er juillet 1901 entre dans une nouvelle phase d'exécution, il nous a paru intéressant de dresser une statistique rigoureuse des établissements congréganistes qui ont été autorisés au cours du siècle et dont l'existence légale reste à l'abri de toute contestation.

Subsidiairement, nous indiquerons les règles qui président au fonctionnement de ces mêmes établissements.

En ce qui concerne les congrégations d'hommes autorisées, certains jurisconsultes estimaient qu'il n'en existait point en France, pour cette raison que la reconnaissance d'une congrégation ne pouvait être que le résultat d'une loi et qu'aucune loi de cette espèce n'avait été promulguée. D'autres, se basant sur ce fait que des décrets antérieurs à la loi de 1817, qui a rappelé la nécessité d'une loi, étaient intervenus en faveur de certaines associations, considéraient celles-ci comme régulièrement autorisées.

Le Gouvernement a consulté sur cette situation le Conseil d'État, qui s'est prononcé par des avis en date des 16 janvier, 14 février et 1er août 1901, 3 et 9 juillet 1902[1].

Les questions posées à la haute assemblée administrative portaient également sur la valeur des titres invoqués par certaines associations qui, sans pouvoir produire de loi d'autorisation, mettaient en avant des décrets de reconnaissance comme associations vouées à l'enseignement, et sur la situation des congrégations annexées de la Savoie et du comté de Nice, qui ne pouvaient faire valoir que des lettres patentes du Gouvernement sarde. Enfin le Gouvernement demandait en même temps s'il existait des congrégations autorisées en dehors du culte catholique.

Les réponses furent formelles :

I. — On ne compte en France que cinq congrégations d'hommes bénéficiant de décrets ou d'ordonnances jugés suffisants pour constituer en leur faveur une véritable autorisation au sens de l'article 4 du décret du 3 messidor an XII.

Ce sont :

1° LES LAZARISTES, 95, rue de Sèvres[2] (*décret du 7 prairial an XII et ordonnance du 3 février 1816*);

2° Et LES MISSIONS ÉTRANGÈRES, 128, rue du Bac[3] (*décret du 2 germinal an XIII et ordonnance du 2 mars 1815*), spécialement et exclusivement reconnus pour les Missions hors de France ;

3° LES SPIRITINS, 30, rue Lhomond[4] (*ordonnance du 3 février 1816*), autorisés pour les Missions hors de France et la tenue d'un séminaire colonial ;

---

1. Voir *Annexes n°s 1, 2, 3 et 4.*
2. Voir *Annexe n° 1* : Avis du Conseil d'Etat du 16 janvier 1901.
3. *Idem.*
4. Voir *Annexe n° 3* : Avis du Conseil d'Etat du 1er août 1901.

4° Les Sulpiciens, à Issy [1] (*ordonnance du 3 avril* 1816), spécialement autorisés pour la tenue des grands séminaires dans les diocèses où le nombre des prêtres ne permet pas de recruter les professeurs nécessaires ;

5° Les Frères des Écoles chrétiennes, 27, rue Oudinot [2] (*article* 109 *du décret du* 17 *mars* 1808 *rendu en exécution de la loi du* 10 *mai* 1806), dont l'autorisation résulte d'un article même de la loi constitutive de l'Université.

Les quatre premières de ces congrégations n'ont été reconnues que pour un établissement. La question de savoir s'il en est de même pour la cinquième, c'est-à-dire si l'Institut de la rue Oudinot est seul reconnu, est plus douteuse, car les 1.500 établissements environ fondés par cette congrégation sur les divers points de la France ont souvent bénéficié de la capacité civile reconnue à l'Institut.

En tout cas, cet essaimage a pris fin du fait de la loi du 1er juillet 1901, qui exige pour chaque établissement nouveau d'hommes, comme la loi de 1825 l'avait déjà formulé pour les établissements de femmes, une autorisation spéciale. — Aussi 8 établissements qui avaient été subrepticement fondés depuis la nouvelle loi ont-ils été l'objet de décrets de fermeture.

II. — En second lieu, le Conseil d'Etat a répondu que les reconnaissances d'utilité publiques obtenues depuis 1817 par certaines associations enseignantes qui, en fait, sont de véritables congrégations, ne sont, comme l'avait déjà fait remarquer la Cour de cassation en 1861, que de simples autorisations provisoires de police et que, si la loi du 24 mai 1825 et le décret du 31 janvier 1852 avaient permis au Gouvernement, sous certaines conditions, de constituer par simple décret en personnes civiles des congrégations de femmes, il n'avait pas le même droit en ce qui concerne les congrégations d'hommes [3]. C'est pour cette raison que les associations de Frères autres que l'Institut de la rue Oudinot ont été écartées de la liste des congrégations autorisées.

III. — Il a établi, sur la troisième question, que les traités diplo-

---

1. Voir *Annexe n° 1* : Avis du Conseil d'Etat du 16 janvier 1901.
2. *Idem.*
3. *Idem.*

matiques n'ayant fait aucune réserve en ce qui touche le régime légal des congrégations, et que les droits acquis dont il était question ne s'appliquant qu'aux personnes, aucun établissement congréganiste ne pouvait se déclarer en possession d'un titre équivalent à une loi dans le comté de Nice ou en Savoie [1].

IV. — Enfin, en dernier lieu, il a été reconnu qu'il n'existait, en dehors du culte catholique, aucune congrégation autorisée, mais que les Diaconesses protestantes notamment, qui présentaient toutes les apparences et tous les caractères d'une véritable congrégation, devaient, par suite, se mettre en règle et solliciter une autorisation qui ne pourrait être accordée que par une loi [2].

*
**

La reconnaissance des congrégations de femmes, comme celle des congrégations d'hommes, exigeait en principe, depuis 1817, une loi.

Toutefois une dérogation a été apportée à ce principe par la loi du 24 mai 1825 et le décret du 31 janvier 1852, qui ont reconnu qu'un simple décret pourrait suffire à autoriser une nouvelle congrégation de femmes, lorsque celle-ci s'engagerait à adopter des statuts déjà vérifiés et enregistrés au Conseil d'État.

La jurisprudence est restée formelle sur ce point, et c'est ainsi que, tout récemment, une demande formée par une association de femmes en vue de se faire reconnaître dans un but nouveau (enseignement technique à l'étranger), avec des statuts n'ayant encore été l'objet d'aucune approbation, a été rejetée par le Conseil d'État [3].

La loi du 1er juillet 1901 n'a fait que confirmer cet état de choses en annulant les dérogations. A l'avenir, seules les branches d'un tronc déjà autorisé pourront recevoir l'existence légale par un acte du pouvoir exécutif, c'est-à-dire par simple décret.

*
**

Dans quelles conditions peut-on conférer cette existence légale ? Le Conseil d'État, au cours de ces vingt dernières années, a eu à

1. Voir *Annexe n° 2* : Avis du Conseil d'Etat du 14 février 1901.
2. Voir *Annexe n° 4* : Avis du Conseil d'Etat des 3 et 9 juillet 1902.
3. Voir *Annexe n° 5* : Avis du Conseil d'Etat du 3 mai 1900.

examiner un certain nombre de demandes, dont quelques-unes ne lui ont pas paru pouvoir être accueillies.

Les avis de principe qui ont été émis dans ces divers cas peuvent se résumer ainsi :

Ne peut être autorisé :

1° L'établissement qui devrait se rattacher à une congrégation reconnue à titre de simple communauté à supérieure locale ;

2° Celui dont l'œuvre pourrait recevoir une existence propre à raison de la nature ou de l'origine des ressources qui lui seraient destinées ;

3° L'établissement dont les services rendus ou à rendre paraîtraient insuffisants pour justifier la mesure proposée ;

4° L'établissement qui, au lieu de poursuivre un but purement charitable, devrait devenir une source de bénéfices pécuniaires pour la congrégation ;

5° L'établissement qui devrait être fondé dans un département où la congrégation posséderait déjà un grand nombre d'établissements.

D'autre part, les établissements doivent être soumis à la juridiction de l'ordinaire.

Cette formalité, qui se concilie mal avec l'organisation des grands ordres internationaux, a cependant de tout temps existé.

Lorsque intervint la loi du 18 germinal an X, qui rétablissait le culte catholique en France, il fut bien stipulé que le culte serait exercé sous la direction des archevêques et évêques dans leur diocèse et sous celle des curés dans leur paroisse. L'article 10 déclarait, d'ailleurs, expressément que tout privilège portant exemption de toute juridiction épiscopale était aboli.

Les congrégations n'échappèrent pas à cette soumission. Lorsque, le 24 vendémiaire an XI, un arrêté du Gouvernement autorisa le rétablissement des Sœurs de la Charité, — et ce fut la première autorisation provisoire donnée à une congrégation, — les consuls eurent bien soin de déclarer que ces Sœurs seraient sous la juridiction de l'ordinaire et qu'elles ne correspondraient avec aucun supérieur étranger (art. 3).

Le décret impérial du 18 février 1809, qui devait être la charte des maisons hospitalières de femmes, porte que chaque maison, et même celle du chef-lieu s'il y en a, sera soumise à l'évêque diocésain, qui la visitera et réglera exclusivement (art. 17).

Toutes les autorisations ou approbations données sous l'Empire le furent à la même condition. La loi de 1825 et le décret de 1852 contiennent les mêmes réserves en faveur des droits de l'ordinaire.

La loi du 1er juillet n'a donc ici encore rien modifié.

Aucun changement dans le mode d'existence d'une congrégation ne pouvait avoir lieu sans une autorisation.

L'article 2 du décret du 31 janvier 1852 permettait d'approuver les modifications de statuts par un acte du chef de l'État. Mais il était bien stipulé en même temps qu'on devait entendre par *modification* les améliorations de détail révélées par la pratique, par exemple l'extension des bonnes œuvres. S'il s'agissait en effet de changer le but fondamental de l'institution, ce n'était plus de simples modifications à introduire, mais des statuts entièrement nouveaux qui ne pouvaient plus, dès lors, être approuvés que par une loi. Tel eût été le cas d'une communauté religieuse qui aurait provoqué la revision de ses statuts dans l'unique intention d'être promue au rang de congrégation à supérieure générale.

Le Conseil d'État a reconnu qu'il devait en être de même de l'*affiliation*. Une communauté à supérieure locale ne peut être autorisée à se réunir à une autre communauté qu'autant qu'il ne devra pas subsister en fait, après la réunion, deux établissements distincts. Par contre, la *fusion* d'une communauté dans une autre déjà reconnue pourra être autorisée et, dans ce cas, tout l'actif mobilier ou immobilier ainsi que le passif de la communauté supprimée devront passer à la communauté à laquelle elle sera réunie, et la vente des immeubles conventuels supprimés sera ordonnée.

Le *changement de siège* d'une congrégation constitue également une modification des conditions de l'autorisation et nécessite, dès lors, une autorisation nouvelle qui doit être demandée avant que la translation ne soit effectuée.

De même, nul établissement autorisé comme faisant partie d'une congrégation à supérieure générale ne peut s'en séparer soit pour s'affilier à une congrégation, soit pour former une maison à supérieure locale indépendante, sans perdre, par cela seul, les effets de son autorisation.

C'est que tous les établissements particuliers d'une congrégation dépendent, au point de vue de la discipline, de l'établissement principal ou maison mère, qui conserve une action immédiate sur tous les sujets. Mais chaque établissement n'en possède pas moins une existence et un patrimoine propres, l'Administration ne reconnaissant en effet que des établissements.

Cette question du patrimoine collectif ou du patrimoine distinct a été tranchée, dès le commencement du siècle dernier, dans le sens de la division du patrimoine par établissement, lorsque, par application du décret du 26 décembre 1810, se reconstituaient les maisons religieuses dites du Refuge. La question a été de nouveau résolue dans le même sens par la loi du 24 mai 1825 (art. 4, amendement Lainé [1]), et, depuis lors, le principe consacré par la loi est demeuré intangible [2]. La loi du 1er juillet 1901 n'a rien modifié à cet état de choses.

Chaque établissement ne peut procéder aux actes de la vie civile qu'avec l'autorisation du Gouvernement, et l'article 910 du Code civil lui est applicable au même titre qu'à tous les établissements publics ou d'utilité publique.

Aucune acquisition, aliénation, échange, emprunt, acceptation de dons ou legs, ne peut avoir lieu que sur le vu d'un décret rendu en Conseil d'Etat, dit *décret de tutelle*. Ces décrets, même quand ils contiennent certaines obligations, ne peuvent équivaloir aux actes de souveraineté ou de haute police qui, après des formalités spéciales, ont seuls pour effet de conférer l'existence légale. Si certaines congrégations ont pu parfois s'y tromper, le Conseil d'Etat en avait depuis longtemps défini le caractère et établi la distinction [3].

Les établissements congréganistes sont encore soumis à d'autres obligations qui découlent tant des lois antérieures dans celles de leurs dispositions qui n'ont pas été abrogées que du fait de la loi nouvelle de 1901. Ces obligations ont été résumées dans trois circulaires que l'on trouvera *in fine* [4].

*
* *

Les actes qui conféraient l'existence légale aux congrégations déterminaient en même temps les conditions de leur fonctionnement.

---

1. Voir *Annexe n° 6.*
2. Avis du Conseil d'Etat des 19 juillet et 13 août 1861, 18 février et 21 juillet 1880, 17 janvier 1881 et 4 juin 1891. — Voir ce dernier, *Annexe n° 7.*
3. Voir *Annexe n° 8.*
4. Voir *Annexes n°* 9, 10 *et* 11.

Suivant le but poursuivi, ces ordres étaient autorisés soit comme *congrégations générales* pouvant s'étendre à toute la France, soit comme *congrégations diocésaines* exclusivement propres à un seul diocèse, soit comme *communautés autonomes* ne devant comporter qu'un seul établissement.

En d'autres termes, les congrégations avaient la faculté de demander l'autorisation de fonder des filiales ou succursales dans un rayon plus ou moins étendu, tandis que les communautés étaient condamnées à demeurer stériles.

Ces distinctions, qui existent toujours en droit, ont-elles été aussi scrupuleusement observées en fait? Nous avons été amené, dans certains cas, à constater le contraire : les unes ont, en effet, transféré leur siège dans un établissement quelconque de la congrégation ; les autres, d'indépendantes qu'elles étaient, se sont rattachées à des congrégations ; certaines enfin ont cessé d'exister. Nous n'avons pas cru, en général, devoir nous arrêter, dans notre statistique, à ces modifications *de fait* qu'aucun acte du pouvoir exécutif n'a sanctionnées. Toutefois, en ce qui concerne plus particulièrement les établissements qui ont disparu, laissant ainsi sans objet des décrets d'autorisation, titres vides qu'il y aura lieu de rapporter, nous les avons mis sous une rubrique spéciale à la fin de chaque département.

C'est, en effet, par départements que nous avons établi notre statistique.

Dans chacun d'eux, les congrégations ou communautés ont été classées par ordre alphabétique, en faisant abstraction des mots : sœurs, religieuses, filles, dames, etc... Chaque dénomination est suivie de l'indication du siège principal et des établissements particuliers qui en dépendent, s'il s'agit d'une congrégation, ou de la localité où se trouve situé l'établissement unique, s'il s'agit d'une communauté. La nature de l'ordre se trouve d'ailleurs indiquée par la suite, ainsi que le but dans lequel il a été reconnu.

Enfin, une table récapitulative a été dressée par congrégations avec l'énumération des départements où chacune d'elles possède des établissements autorisés dont le nombre a été totalisé pour chaque département et pour chaque congrégation.

*
* *

Ce travail nous a permis de constater qu'il existe en France :

Pour les congrégations d'hommes, 1.456 établissements, dont 1.452 dépendent de l'Institut des Frères des Ecoles chrétiennes. Le nombre des religieux qui les composent est d'environ 21.000.

Pour les congrégations de femmes, 3.218 établissements régulièrement autorisés, sur lesquels 348 ont disparu.

Ils se divisent en :

       304 hospitaliers,
     2.243 hospitaliers et enseignants,
       574 enseignants,
        16 contemplatifs,
        47 de gardes-malades,
        34 refuges,

qui renferment environ 55.000 religieuses et forment 909 ordres distincts se décomposant en :

       222 congrégations générales,
        42 congrégations diocésaines,
       645 communautés autonomes.

STATISTIQUE

DES

ÉTABLISSEMENTS CONGRÉGANISTES DE FEMMES

LÉGALEMENT AUTORISÉS

PAR DÉPARTEMENTS

LISTE DES ABRÉVIATIONS

M. M.	Maison mère.
A.	Arrêté.
D.	Décret.
L.	Loi.
L. P.	Lettres patentes du Gouvernement sarde.
O.	Ordonnance.

DÉNOMINATION DE LA CONGRÉGATION, COMMUNAUTÉ, ETC. SIÈGE PRINCIPAL, NATURE ET BUT DE L'INSTITUTION	ÉTABLISSEMENTS PARTICULIERS	DATE de L'AUTORISATION
Bernardines. . . . . Communauté enseignante.	Belley, rue des Barons	O. 13 février 1843.
Charité (Sœurs de la). — M. M. à Besançon (Doubs) . . . . . . Congrégation hospitalière et enseignante.	Bourg Pont-de-Veyle	21 décembre 1810 Id.
Instruction de l'Enfant-Jésus (Sœurs de l'). — M. M. au Puy, (Haute-Loire) . . . . Congrégation enseignante.	Illiat	1er mars 1858
Maristes (Sœurs). — M. M. à Belley. Congrégation enseignante.	. . . .	D. 11 décembre 1858
Saint-Charles (Sœurs de). — M. M. à Lyon . . . . Congrégation hospitalière et enseignante.	Feillens Marboz Trévoux Montrevel Replonges Dagneux Foissiat	12 janvier 1843 Id. Id. 18 mars 1852 19 décembre 1853 1er avril 1859 12 avril 1860
Saint-Joseph (Sœurs de). — M. M. à Bourg, rue du Lycée. . . . . . Congrégation hospitalière et enseignante.	Bourg (Sainte-Madeleine) Meximieux Cormoranche Cessy Brenod Pérouges Thoiry Neuville-les-Dames Châtillon-de-Michaille Bourg-Providence Rigneux-le-Franc Prévessin Parcieux Hauteville L'Huys Marlieux Cras Lancrans Virignin Ars Chevroux Domsure Péronnas Leyment Pont-de-Veyle Ceyzérieux Yon, commune d'Artananc	O. 31 août 1828 1er février 1829 22 décembre 1835 17 janvier 1836 Id. Id. 22 avril 1836 9 mars 1837 20 janvier 1840 31 décembre 1840 21 janvier 1841 5 juillet 1841 24 octobre 1841 18 novembre 1841 7 février 1850 1er août 1852 25 juillet 1853 18 juillet 1854 19 juillet 1854 12 juin 1856 10 septembre 1856 22 juin 1857 24 août 1857 6 juillet 1858 27 novembre 1859 30 janvier 1860 16 avril 1860 16 mai 1860
Saint-Joseph (Sœurs de) . . . . . Communauté hospitalière et enseignante.	Saint-Trivier-de-Courtes	10 avril 1812

DÉNOMINATION DE LA CONGRÉGATION, COMMUNAUTÉ, ETC. SIÈGE PRINCIPAL, NATURE ET BUT DE L'INSTITUTION	ÉTABLISSEMENTS PARTICULIERS	DATE de L'AUTORISATION
Saint-Joseph (Sœurs de) . . . . Communauté hospitalière et enseignante.	Beynost	Id.
Sainte-Marthe (Sœurs de). . . . Communauté hospitalière.	Bagé-le-Châtel	D. 25 novembre 1810
Sainte-Marthe (Sœurs de). . . . Communauté hospitalière.	Pont-de-Vaux	D. 25 novembre 1810
Sainte-Marthe (Sœurs de). . . . Communauté hospitalière.	Thoissey	D. 25 novembre 1810
Sainte-Marthe (Sœurs de). . . . Communauté hospitalière.	Châtillon-sur-Chalaronne	D. 25 novembre 1810
Ursulines. . . . . Communauté enseignante	Thoissey	O. 29 juillet 1827
Ursulines. . . . . Communauté enseignante.	Trévoux	D. 22 mars 1873
Visitation Sainte-Marie (Religieuses de la). . . . . Communauté enseignante.	Bourg, 25, rue Bourgmayer	O. 22 février 1826
Visitation Sainte-Marie (Religieuses de la). . . . . Communauté enseignante.	Gex, Grande-Rue	O. 22 février 1826
Visitation Sainte-Marie (Religieuses de la). . . . . Communauté enseignante.	Montluel	O. 22 février 1826

ÉTABLISSEMENTS CONGRÉGANISTES
AUTORISÉS, MAIS N'EXISTANT PLUS EN FAIT

Charité (Sœurs de la). — De Besançon.	Saint-Rambert Saint-Trivier	21 décembre 1810 Id.
Notre-Dame de Saint-Augustin. .	Bourg	8 novembre 1810
Notre-Dame de Saint-Augustin. .	Belley	Id.
Notre-Dame de Saint-Augustin. .	Chalamont	Id.
Saint-Charles (Sœurs de). — De Lyon.	Poncin	12 janvier 1813
Saint-Joseph (Sœurs de). — De Bourg.	Jayat Mollon Lantenay	6 novembre 1854 26 mai 1856 14 juin 1859

DÉNOMINATION DE LA CONGRÉGATION, COMMUNAUTÉ, ETC. SIÈGE PRINCIPAL, NATURE ET BUT DE L'INSTITUTION	ÉTABLISSEMENTS PARTICULIERS	DATE de L'AUTORISATION
Augustines-Hospitalières. Communauté hospitalière.	Château-Thierry, 9, rue du Château	D. 2 novembre 1810
Augustines-Hospitalières. Communauté hospitalière.	Laon, rue du Champ-Saint-Martin	D. 15 novembre 1810
Augustines-Hospitalières. Communauté hospitalière.	Soissons, rue des Chaperons-Rouges	D. 14 décembre 1810
Augustines-Hospitalières. Communauté hospitalière.	Saint-Quentin, 68, rue Saint-Martin	D. 14 décembre 1810
Augustines-Hospitalières, dites de la Croix. Communauté hospitalière.	Chauny, 1, rue-impasse Sainte-Croix	D. 2 novembre 1810
Croix (Filles de la). — M. M. à Saint-Quentin, chemin de Morcourt. Congrégation enseignante.	Soissons, 8, rue Saint-Jean	O. 23 mars 1828 8 août 1853
Enfant-Jésus (Sœurs de l'). — M. M. à Soissons, 6, rue du Coq-Lombard. Congrégation hospitalière et enseignante.	Trosly-Loire La Fère-en-Tardenois	O. 17 janvier 1827 23 novembre 1850 29 octobre 1852
Instruction charitable du Saint-Enfant-Jésus (Sœurs de), dites de *Saint-Maur.* — M. M. à Paris. Congrégation hospitalière et enseignante.	Guise, 1, rue Lesur Liesse, rue de Moncornet	19 janvier 1811 Id.
Notre-Dame (Sœurs de). — M. M. à Saint-Erme, rue d'En-Haut. Congrégation hospitalière et enseignante.	Bernot Vervins, 2, rue des Prêtres Bois-le-Pargny	O. 22 avril 1827 11 novembre 1848 29 août 1855 31 décembre 1856
Notre-Dame de Bon-Secours (Sœurs de). — M. M. à Charly, 142, Grande-Rue. Congrégation hospitalière et enseignante.	Soupir Château-Thierry, 135, rue de la Madeleine Condé-en-Brie	O. 17 janvier 1827 12 avril 1837 12 novembre 1850 24 septembre 1856
Notre-Dame de Bon-Secours (Sœurs de). — M. M. à Troyes. Congrégation garde-malades.	Laon, 2, rue Vichon	16 juillet 1863
Petites-Sœurs des Pauvres. — M. M. à Saint-Pern (Ille-et-Vilaine). Congrégation hospitalière.	Saint-Quentin 46, rue du Cateau	2 avril 1864
Présentation de la Sainte-Vierge (Sœurs de la). — M. M. à Tours. Congrégation hospitalière et enseignante.	Villers-Cotterets, 30, Grande-Rue de Soissons	19 janvier 1811

DÉNOMINATION DE LA CONGRÉGATION, COMMUNAUTÉ, ETC. SIÈGE PRINCIPAL, NATURE ET BUT DE L'INSTITUTION	ÉTABLISSEMENTS PARTICULIERS	DATE de L'AUTORISATION
Sœurs de la Présentation de la Sainte-Vierge de Tours (Suite)	Villers-Cotterets, 8, rue Alexandre-Dumas	19 janvier 1811
Providence (Sœurs de la). — M. M. à Laon, 2, rue Clerjot . . . . . Congrégation hospitalière et enseignante.		O. 17 janvier 1827
	Catelet	4 mai 1847
	Montcornet	19 avril 1854
ÉTABLISSEMENTS CONGRÉGANISTES AUTORISÉS, MAIS N'EXISTANT PLUS EN FAIT		
Bernardines.	Saint-Paul-aux-Bois	23 mars 1828
Enfant-Jésus (Sœurs de l'). — De Soissons.	Beaumont-en-Beine	16 mai 1830
Instruction charitable du Saint-Enfant-Jésus (Sœurs de l'), dites **de Saint-Maur.** — De Paris . . .	Hirson	19 janvier 1811
Notre-Dame (Sœurs de). — De Saint-Erme.	Autreppes	14 août 1857
Notre-Dame de Bon-Secours (Sœurs de). — De Charly. . . .	Essommes	25 janvier 1860
Présentation de la Sainte-Vierge (Sœurs de la). — De Tours. . . .	Blérancourt	19 janvier 1811

DÉNOMINATION DE LA CONGRÉGATION, COMMUNAUTÉ, ETC. SIÈGE PRINCIPAL, NATURE ET BUT DE L'INSTITUTION	ÉTABLISSEMENTS PARTICULIERS	DATE de L'AUTORISATION
Missionnaires de Notre-Dame-d'Afrique (Sœurs). — M. M. à Kouba. . . . . Congrégation diocésaine, hospitalière et enseignante.	. . . .	D. 6 juillet 1875
Petites-Sœurs des Pauvres. — M. M. à Saint-Pern (Ille-et-Vilaine). Congrégation hospitalière.	Bouzaréah.	3 mars 1879

ALLIER (Département de l')

DÉNOMINATION DE LA CONGRÉGATION, COMMUNAUTÉ, ETC. SIÈGE PRINCIPAL, NATURE ET BUT DE L'INSTITUTION	ÉTABLISSEMENTS PARTICULIERS	DATE de L'AUTORISATION
Augustines (Chanoinesses régulières de Saint-Augustin de la Congrégation de Notre-Dame) . Communauté enseignante.	Moulins, 9, rue du Lycée	O. 19 novembre 1826
Charité (Sœurs de la), dites *du Saint-Sacrement.* — M.M. à Bourges (Cher). Congrégation hospitalière et enseignante.	Néris-les-Bains	16 février 1811
Charité et de l'Instruction chrétienne (Sœurs de la). — M. M. à Nevers . . . . Congrégation hospitalière et enseignante.	Moulins, 49, rue de Paris St-Pourçain-sur-Sioule	19 janvier 1811 Id.
Franciscaines de la régulière observance (Sœurs). — M. M. à Vichy, rue de la Chaume. . . . . Congrégation diocésaine, hospitalière et enseignante.	. . . .	D. 21 juin 1876
Instruction charitable du Saint-Enfant-Jésus (Sœurs de l'), dites *de Saint-Maur.* — M. M. à Paris . . Congrégation hospitalière et enseignante.	Montluçon rue des Grenouilles	22 octobre 1826
Notre-Dame de Bon-Secours (Sœurs de). — M. M. à Troyes. . . . . Congrégation garde-malades.	Montluçon, rue de la Gaîté	28 novembre 1866
Notre-Dame de la Charité du Bon-Pasteur (Sœurs de). — M. M. à Angers . . . . Congrégation hospitalière et enseignante.	Moulins, 37, rue de Decize	5 décembre 1855
Présentation de Marie (Sœurs de la). — M. M. à Bourg-Saint-Andéol (Ardèche). . . . . Congrégation enseignante.	Moulins, 1, rue Achille-Roche Saint-Gérand-le-Puy	13 octobre 1838 31 mai 1859
Saint-Joseph (Sœurs de). — M. M. à Cusset. . . . . Congrégation hospitalière et enseignante.	. . . .	D. 4 juillet 1855
Saint-Joseph (Sœurs de). — M. M. à Lyon . . . . Congrégation hospitalière et enseignante.	Le Donjon	26 mars 1841

DÉNOMINATION DE LA CONGRÉGATION, COMMUNAUTÉ, ETC. SIÈGE PRINCIPAL, NATURE ET BUT DE L'INSTITUTION	ÉTABLISSEMENTS PARTICULIERS	DATE de L'AUTORISATION
Saint-Joseph du Bon-Pasteur (Sœurs de). — M. M. à Clermont (Puy-de-Dôme). . . . . Congrégation hospitalière et enseignante.	Lurcy-Lévy Isserpent Arfeuilles Noyant	13 mars 1847 10 juillet 1850 8 février 1854 7 mars 1860
Ursulines. — M. M. à Rongères . . Congrégation diocésaine, hospitalière et enseignante.	. . . .	D. 13 août 1867
ÉTABLISSEMENTS CONGRÉGANISTES AUTORISÉS, MAIS N'EXISTANT PLUS EN FAIT		
Charité (Sœurs de la), dites **du Saint-Sacrement.** — De Bourges . . .	Gannat Ebreuil	16 février 1811 Id.
Instruction chrétienne (Sœurs de l'), dites **de la Providence.** — De Portieux	Moulins	3 février 1828

BASSES-ALPES (Département des)

DÉNOMINATION DE LA CONGRÉGATION, COMMUNAUTÉ, ETC. SIÈGE PRINCIPAL, NATURE ET BUT DE L'INSTITUTION	ÉTABLISSEMENTS PARTICULIERS	DATE de L'AUTORISATION
Doctrine chrétienne (Sœurs de la), dites **de la Sainte-Enfance.** — M. M. à Notre-Dame-du-Bourg, commune de Digne . . . . . . Congrégation hospitalière et enseignante.	. . . .	O. 11 juillet 1842 et D. 9 mars 1853
Doctrine chrétienne (Sœurs de la), dites **Watelottes.** — M. M. à Nancy. Congrégation hospitalière et enseignante.	Saint-Maime	16 juillet 1849
Notre-Dame des Anges (Sœurs de). Communauté hospitalière et enseignante.	Digne.	D. 13 janvier 1869
Notre-Dame de la Présentation (Sœurs de). — M. M. à Manosque. Congrégation enseignante.	. . . .	O. 7 juin 1826
Présentation de Marie (Sœurs de la). — M. M. à Bourg-Saint-Andéol (Ardèche) . . . . Congrégation enseignante.	Gréoux	24 avril 1842
Saint-Martin (Sœurs de). . . . . Communauté enseignante.	Saint-Martin, commune de Digne	O. 16 janvier 1846, D. 3 août 1853 et 22 novembre 1863
Trinitaires. — M. M. à Valence . . Congrégation hospitalière et enseignante.	Sisteron	26 juillet 1826
Ursulines. . . . . Communauté enseignante.	Digne, avenue des Bains	O. 27 août 1826

HAUTES-ALPES (Département des)

DÉNOMINATION DE LA CONGRÉGATION, COMMUNAUTÉ, ETC. SIÈGE PRINCIPAL, NATURE ET BUT DE L'INSTITUTION	ÉTABLISSEMENTS PARTICULIERS	DATE de L'AUTORISATION
Providence (Sœurs de la). — M. M. à Gap, 3, place Jeanne-d'Arc. . . . . Congrégation hospitalière et enseignante.		O. 21 janvier 1841
Saint-Cœur de Marie (Sœurs du). — M. M. à Gap, 1, place Ladoucette. Congrégation enseignante.	. . . .	D. 29 novembre 1853
Saint-Joseph (Sœurs de). — M. M. à Gap (Puy-Maure) . . . . Congrégation hospitalière et enseignante.	. . . .	D. 30 avril 1853
ÉTABLISSEMENT CONGRÉGANISTE AUTORISÉ MAIS N'EXISTANT PLUS EN FAIT		
Providence (Sœurs de la). — De Gap.	Saint-Didier-en-Devoluy	11 juin 1858

DÉNOMINATION DE LA CONGRÉGATION, COMMUNAUTÉ, ETC. SIÈGE PRINCIPAL, NATURE ET BUT DE L'INSTITUTION	ÉTABLISSEMENTS PARTICULIERS	DATE de L'AUTORISATION
Charité et Instruction chrétienne (Sœurs de la). — M. M. à Nevers. Congrégation hospitalière et enseignante.	Vence	19 janvier 1811
Fidèles-Compagnes de Jésus. — M. M. à Paris . . . . Congrégation enseignante.	Nice, 71-81, rue de France	10 juillet 1864
Petites-Sœurs des Pauvres. — M. M. à Saint-Pern (Ille-et-Vilaine). Congrégation hospitalière.	Nice, 16, route de Levens Cannes, quartier de la Peyrière Grasse	13 mars 1867 23 décembre 1873 27 juin 1874
Sainte-Marthe (Sœurs de). — M. M. à Grasse, avenue des Capucins . . Congrégation hospitalière et enseignante.	. . . .	D. 15 janvier 1859
Saint-Thomas de Villeneuve de Notre-Dame-de-Grâce (Religieuses hospitalières de). — M. M. à Aix. . Congrégation hospitalière et enseignante.	Grasse Cannes, 18, rue Grande	5 avril 1852 19 janvier 1859
Visitation Sainte-Marie (Religieuses de la) . . . . Communauté enseignante.	Nice, rue Sainte-Claire	D. du 1er mai 1806 et L. P. des 20 février 1816 et 14 décembre 1829

ARDÈCHE (Département de l')

DÉNOMINATION DE LA CONGRÉGATION, COMMUNAUTÉ, ETC. SIÈGE PRINCIPAL, NATURE ET BUT DE L'INSTITUTION	ÉTABLISSEMENTS PARTICULIERS	DATE de L'AUTORISATION
Gardes-Malades de Notre-Dame Auxiliatrice. — M. M. à Montpellier. Congrégation garde-malades.	Bourg-Saint-Andéol, rue de Tourne	13 janvier 1866
Notre-Dame (Sœurs de). Communauté enseignante.	Tournon, 154, rue du Doux	O. 23 mars 1828
Notre-Dame de la Charité du Bon-Pasteur (Sœurs de). — M. M. à Angers. Congrégation hospitalière et enseignante.	Annonay, rue de la Croizette	11 février 1860
Petites-Sœurs des Pauvres. — M.M. à Saint-Pern (Ille-et-Vilaine). Congrégation hospitalière.	Annonay, rue de la Croizette	24 novembre 1873
Présentation de Marie (Sœurs de la). — M. M. à Bourg-Saint-Andéol, faubourg Notre-Dame. Congrégation enseignante.	Viviers, quartier de la Cire Serrières Rochemaure Le Teil	O. 29 mai 1830 25 août 1837 Id. Id. Id.
Providence (Sœurs de la). Communauté enseignante.	Annonay	O. 24 janvier 1843
Sacré-Cœur de Jésus (Sœurs du). — M. M. à Privas. Congrégation hospitalière et enseignante.	Saint-Pierreville	D. 14 décembre 1853 et 14 janvier 1861 Id.
Sacrés-Cœurs de Jésus et de Marie (Sœurs des). — M. M. à Tournon, 5, rue du Mail. Congrégation hospitalière et enseignante.	Peaugres	D. 1er août 1853 et 16 août 1859 Id.
Saint-Charles (Sœurs de). — M. M. à Lyon. Congrégation hospitalière et enseignante.	Vinzieux	4 octobre 1826
Saint-François-Regis (Sœurs de). — M. M. à Aubenas. Congrégation enseignante.		D. 19 avril 1854
Saint-Joseph (Sœurs de), dites **des Vesseaux.** — M. M. à Aubenas. Congrégation hospitalière et enseignante.		O. 22 février 1829, D. 20 juillet 1859 et 10 mai 1876
Saint-Joseph (Sœurs de). — M. M. au Cheylard. Congrégation hospitalière et enseignante.	Chalençon	O. 26 novembre 184 et D. 23 mai 1855 23 mai 1855

DÉNOMINATION DE LA CONGRÉGATION, COMMUNAUTÉ, ETC. SIÈGE PRINCIPAL, NATURE ET BUT DE L'INSTITUTION	ÉTABLISSEMENTS PARTICULIERS	DATE de L'AUTORISATION
Saint-Joseph (Sœurs de). — M. M. à Ruoms . . . . Congrégation hospitalière et enseignante.	. . . .	D. 4 août 1856 et 14 août 1876
Saint-Joseph (Sœurs de). — M. M. à Saint-Etienne-de-Lugdarès. . . . Congrégation hospitalière et enseignante.	. . . .	D. 23 décembre 1854
Saint-Joseph (Sœurs de). — M. M. à Saint-Félicien . . . . Congrégation hospitalière et enseignante.	Vaudevant Vion	D. 1er février 1854 5 juillet 1858 6 décembre 1858
Saint-Joseph (Sœurs de). — M. M. à Vanosc. . . . . Congrégation hospitalière et enseignante.	. . . .	D. 26 juin 1855
Saint-Joseph (Sœurs de). — M. M. aux Vans. . . . . Congrégation hospitalière et enseignante.	. . . .	O. 14 février 1830
Saint-Joseph (Sœurs de) . . . . Communauté hospitalière et enseignante.	Satillieu	O. 11 novembre 1827
Très-Saint-Sacrement (Sœurs du). — M. M. à Romans (Drôme) . . . Congrégation hospitalière et enseignante.	Tournon, 8, rue de l'Hôpital Aubenas Desaignes	13 janvier 1813 Id. Id.
Trinitaires. — M. M. à Valence (Drôme) . . . . Congrégation hospitalière et enseignante.	Annonay	11 décembre 1813
Ursulines. . . . . Communauté enseignante.	Annonay, 10, rue Sainte-Marie	D. 15 juin 1807
Ursulines. . . . . Communauté enseignante.	Boulieu	O. 4 octobre 1826
ÉTABLISSEMENTS CONGRÉGANISTES AUTORISÉS, MAIS N'EXISTANT PLUS EN FAIT		
Saint-Charles (Sœurs de). — De Lyon	Préaux Saint-Marcel-lès-Annonay Boulieu	12 janvier 1813 Id. Id.
Très-Saint-Sacrement (Sœurs du). — De Romans.	Lamastre Roiffieux Rochepaule Aubenas	13 janvier 1813 Id. Id. 22 avril 1827

DÉNOMINATION DE LA CONGRÉGATION, COMMUNAUTÉ, ETC. SIÈGE PRINCIPAL, NATURE ET BUT DE L'INSTITUTION	ÉTABLISSEMENTS PARTICULIERS	DATE de L'AUTORISATION
Doctrine chrétienne (Sœurs de la), dites **Watelottes.** — M. M. à Nancy. . . . . Congrégation hospitalière et enseignante.	Nouart	24 juillet 1844
Enfance de Jésus et de Marie (Sœurs de l'), dites **de Sainte-Chrétienne.**— M.M. à Longuyon (Meurthe-et-Moselle) . . . . Congrégation hospitalière et enseignante.	Donchery	26 décembre 1810 et 25 avril 1816
	Mézières	Id.
	Rethel	Id.
	Rocroi	Id.
	Fumay	Id.
	Renwez	Id.
	Thugny	26 décembre 1810
	Sedan	6 mai 1827
Sacré-Cœur (Dames du). — M. M. à Paris . . . . Congrégation enseignante.	Charleville, 18, rue de l'Arquebuse	22 avril 1827 et 18 août 1835
Saint-Charles (Sœurs de). — M. M. à Nancy. . . . . Congrégation hospitalière et enseignante.	Château-Porcien Mézières, 1, rue Saint-Louis	14 décembre 1810 Id.
Saint-Enfant-Jésus (Sœurs du). — M. M. à Reims . . . . Congrégation hospitalière et enseignante.	Monthois	1er août 1857
Saint-Sépulcre (Sœurs du). . . . . Communauté enseignante.	Charleville, 12, rue de l'Eglise	O. 23 mars 1828
ÉTABLISSEMENTS CONGRÉGANISTES AUTORISÉS, MAIS N'EXISTANT PLUS EN FAIT		
Divine Providence (Sœurs de la). — De Reims.	Lalobbe	17 janvier 1857
Enfance de Jésus et de Marie (Sœurs de l'), dites **de Sainte-Chrétienne.** — De Longuyon	Septfontaines	26 décembre 1810 et 25 avril 1816
	Trugny	26 décembre 1810
	Warnécourt	4 juillet 1850

DÉNOMINATION DE LA CONGRÉGATION, COMMUNAUTÉ, ETC. SIÉGE PRINCIPAL, NATURE ET BUT DE L'INSTITUTION	ÉTABLISSEMENTS PARTICULIERS	DATE de L'AUTORISATION
Charité et de l'Instruction chrétienne (Sœurs de la). — M. M. à Nevers . . . . Congrégation hospitalière et enseignante.	Foix Mirepoix Saint-Lizier	19 janvier 1811 Id. Id.
Charité de Saint-Vincent-de-Paul (Filles de la). — M. M. à Paris. . . Congrégation hospitalière et enseignante.	Mazères	4 mai 1853
Croix (Filles de la), dites **de Saint-André.** — M. M. à la Puye (Vienne). Congrégation hospitalière et enseignante.	Léran Lézat	13 août 1845 13 mars 1847
Notre-Dame (Sœurs de). . . . . Communauté enseignante.	Pamiers	O. 31 octobre 1836
Saint-Joseph de Tarbes (Sœurs de). — M. M. à Cantaous-Tuzaguet (Hautes-Pyrénées). . . . . . . Congrégation hospitalière et enseignante.	Mas-d'Azil Tarascon Prat	17 mai 1858 15 octobre 1858 16 avril 1860

DÉNOMINATION DE LA CONGRÉGATION, COMMUNAUTÉ, ETC. SIÈGE PRINCIPAL, NATURE ET BUT DE L'INSTITUTION	ÉTABLISSEMENTS PARTICULIERS	DATE de L'AUTORISATION
Augustines-Hospitalières. . . . Communauté hospitalière.	Troyes (Saint-Martin-ès-Vignes)	D. 13 novembre 1810 et 9 juin 1855
Bon-Pasteur (Sœurs du). . . . Communauté enseignante.	Troyes, 2, rue du Cloître-St-Etienne	O. 22 avril 1827
Charité de Saint-Vincent-de-Paul (Filles de la). — M. M. à Paris . . Congrégation hospitalière et enseignante.	Troyes (Saint-Martin-ès-Vignes) Troyes, rue du Sauvage Troyes, rue du Cloître-St-Etienne	10 juillet 1837 19 janvier 1842 22 juin 1850
Instruction chrétienne (Sœurs de l'), dites **de la Providence.** — M. M. à Troyes, 21, rue des Terrasses. . . Congrégation hospitalière et enseignante.	Montiéramey Lantages Troyes (quartier Haut) La Motte-Tilly Rumilly-les-Vaudes Ricey-Bas Plancy Saint-Thibault	O. 14 mai 1826 et 13 décembre 1835 4 septembre 1845 4 octobre 1846 14 avril 1852 12 novembre 1852 19 juillet 1854 9 mars 1857 23 août 1858 6 décembre 1858
Instruction chrétienne (Sœurs de l'), dites **Ursulines.** — M. M. à Troyes, 21, rue Notre-Dame. . . . . . Congrégation hospitalière et enseignante.	Gyé-sur-Seine Bar-sur-Aube Arcis-sur-Aube Nogent-sur-Seine Ervy Méry-sur-Seine	D. 14 décembre 1810 Id. 14 décembre 1810 et 14 mai 1826 14 décembre 1810 14 mai 1826 11 mars 1839 6 avril 1841
Notre-Dame de Bon-Secours (Sœurs de). — M. M. à Troyes, 11, rue du Cloître-Saint-Etienne . . . . . Congrégation garde-malades.	Bar-sur-Aube Arcis-sur-Aube	D. 14 août 1852 24 octobre 1855 27 février 1857
Petites-Sœurs des Pauvres. — M. M. à Saint-Pern (Ille-et-Vilaine). Congrégation hospitalière.	Troyes	24 octobre 1866
Visitation Sainte-Marie (Religieuses de la). . . . . Communauté enseignante.	Troyes, 57, faubourg Croncels	O. 14 mars 1843
ÉTABLISSEMENTS CONGRÉGANISTES AUTORISÉS, MAIS N'EXISTANT PLUS EN FAIT		
Instruction chrétienne (Sœurs de l'), dites **de la Providence.** — De Troyes.	Aix-en-Othe Gyé-sur-Seine Bordes-de-Lantages	2 octobre 1838 27 mars 1850 18 janvier 1858

DÉNOMINATION DE LA CONGRÉGATION, COMMUNAUTÉ, ETC. SIÉGE PRINCIPAL, NATURE ET BUT DE L'INSTITUTION	ÉTABLISSEMENTS PARTICULIERS	DATE de L'AUTORISATION
Instruction chrétienne (Sœurs de l'), dites **Ursulines.** — De Troyes	Mussy-sur-Seine Lignières Pont-sur-Seine	14 décembre 1810 Id. 14 mai 1826
Présentation de la Sainte-Vierge (Sœurs de la). — De Tours	Clairvaux	19 janvier 1811
Providence (Sœurs de la). — De Sens.	Lignières	20 septembre 1841

AUDE (Département de l')

DÉNOMINATION DE LA CONGRÉGATION, COMMUNAUTÉ, ETC. SIÈGE PRINCIPAL, NATURE ET BUT DE L'INSTITUTION	ÉTABLISSEMENTS PARTICULIERS	DATE de L'AUTORISATION
Ange Gardien (Sœurs de l'). — M. M. à la Molle, commune de Montauban . . . . Congrégation hospitalière et enseignante.	Quillan	31 août 1843, 11 décembre 1852 et 21 février 1859
Charité et de l'Instruction chrétienne (Sœurs de la). — M. M. à Nevers. . . . . Congrégation hospitalière et enseignante.	Castelnaudary, 66, rue de l'Hôpital Montréal Lagrasse Castelnaudary	19 janvier 1811 Id. 29 avril 1842 31 août 1843
Charité de Saint-Vincent-de-Paul (Filles de la). — M. M. à Paris . . Congrégation hospitalière et enseignante.	Saissac Rieux-Minervois	25 septembre 1842 9 avril 1856
Notre-Dame (Sœurs de). . . . . . Communauté enseignante.	Carcassonne, 38, rue Victor-Hugo	O. 11 février 1827
Notre-Dame (Sœurs de). . . . . . Communauté enseignante.	Narbonne, 1, rue du Capitole	O. 11 février 1827
Notre-Dame (Sœurs de). . . . . . Communauté enseignante.	Castelnaudary, 2, place Montmorency	D. 15 mars 1854
Notre-Dame du Refuge (Sœurs de). Communauté hospitalière.	Narbonne, 17, rue Ancienne Porte de Béziers	D. 15 mars 1854
Petites-Sœurs des Pauvres. — M. M. à Saint-Pern (Ille-et-Vilaine). . . Congrégation hospitalière.	Carcassonne, route de Narbonne	15 janvier 1903
Sainte-Famille (Sœurs de la). — M. M. à Pezens. . . . . Congrégation hospitalière et enseignante.	. . . . Belcaire	D. 3 janvier 1853 31 août 1860
Saint-Joseph (Sœurs de). — M. M. à Lyon . . . . Congrégation hospitalière et enseignante.	Sallèles	24 août 1857
Saint-Joseph de Cluny (Sœurs de). — M. M. à Paris . . . . Congrégation hospitalière et enseignante.	Limoux, rue Bretonnière	30 décembre 1858
Saint-Nom de Joseph (Sœurs du). — M. M. à Mailhac . . . . . . Congrégation hospitalière et enseignante.	. . . .	D. 25 juin 1856
ÉTABLISSEMENT CONGRÉGANISTE AUTORISÉ MAIS N'EXISTANT PLUS EN FAIT		
Présentation de Marie (Sœurs de la). — De Bourg-Saint-Andéol. . . .	Fontcouverte	5 octobre 1845

AVEYRON (Département de l')

DÉNOMINATION DE LA CONGRÉGATION, COMMUNAUTÉ, ETC. SIÈGE PRINCIPAL, NATURE ET BUT DE L'INSTITUTION	ÉTABLISSEMENTS PARTICULIERS	DATE de L'AUTORISATION
Bénédictines de l'Adoration perpétuelle du Saint-Sacrement. Communauté enseignante.	Orient (c^{ne} de Laval-Roquecezière)	O. 19 novembre 1826 et D. 29 nov. 1853
Bienheureuse Vierge Marie, Adoratrices perpétuelles du Saint-Sacrement (Sœurs de la). Communauté enseignante.	Saint-Laurent-d'Olt	O. 22 avril 1827
Carmélites . . . . Communauté contemplative.	Rodez, 24, rue Combarel	O. 1er juillet 1827
Charité et de l'Instruction chrétienne (Sœurs de la). — M. M. à Nevers. . . . . Congrégation hospitalière et enseignante.	Rodez Saint-Affrique Villefranche Id.	19 janvier 1811 Id. Id. Id.
Charité de Saint-Vincent-de-Paul (Filles de la). — M. M. à Paris . . Congrégation hospitalière et enseignante.	Belmont	19 août 1836
Notre-Dame (Sœurs de). . . . . Communauté enseignante.	Rodez, 10, place de la Préfecture	O. 19 novembre 1826
Notre-Dame (Sœurs de). . . . . Communauté enseignante.	Saint-Geniez	O. 19 novembre 1826
Notre-Dame (Sœurs de). . . . . Communauté enseignante.	Tournemire	O. 10 décembre 1826
Notre-Dame (Sœurs de) . . . . . Communauté enseignante.	Saint-Julien-d'Empare (c^{ne} de Capdenac-Gare)	O. 13 janvier 1828
Notre-Dame (Sœurs de). . . . . Communauté enseignante.	Villeneuve	D. 16 juillet 1875
Notre-Dame (Sœurs de). . . . . Communauté enseignante.	Millau, rue Droite	D. 13 novembre 1876
Sainte-Famille (Sœurs de la). — M. M. à Villefranche, rue de la Fontaine. . . . . Congrégation hospitalière et enseignante.	. . . . Aubin Saint-Bauzély Najac Sainte-Geneviève	O. 17 janvier 1827 15 août 1827 22 décembre 1835 18 décembre 1851 2 novembre 1871
Saint-Joseph (Sœurs de). — M. M. à Estaing . . . . Congrégation diocésaine, hospitalière et enseignante.	. . . .	D. 9 juillet 1875
Saint-Joseph (Sœurs de). — M. M. à Veyreau . . . . Congrégation hospitalière et enseignante.	. . . .	O. 29 janvier 1845

DÉNOMINATION DE LA CONGRÉGATION, COMMUNAUTÉ, ETC. SIÈGE PRINCIPAL, NATURE ET BUT DE L'INSTITUTION	ÉTABLISSEMENTS PARTICULIERS	DATE de L'AUTORISATION
Saint-Joseph (Sœurs de), dites **de l'Union** . . . . Communauté enseignante.	Rodez, rue Saint-Just	O. 22 avril 1827
Saint-Joseph de l'Union ou **Immaculée-Conception de Marie** (Sœurs de), dites **de Marie conçue sans péché.** . . . . Communauté enseignante.	La Besse, cᵐᵉ de Villefranche-de-Panat	D. 19 avril 1854
Saint-Sacrement (Sœurs du). — M. M. à Autun. . . . . Congrégation hospitalière et enseignante.	Millau	26 décembre 1810
Ursulines de Jésus. — M. M. à Malet, commune de Saint-Côme. . Congrégation enseignante.	. . . . Nant Saint-Jean-de-Bruel Saint-Côme Laissac	O. 11 mai 1842 17 avril 1839 et 13 juin 1855 19 mai 1857 6 décembre 1860 Id.
ÉTABLISSEMENT CONGRÉGANISTE AUTORISÉ MAIS N'EXISTANT PLUS EN FAIT		
Visitation Sainte-Marie (Religieuses de la).	Mur-de-Barrez	13 avril 1859

DÉNOMINATION DE LA CONGRÉGATION, COMMUNAUTÉ, ETC. SIÈGE PRINCIPAL, NATURE ET BUT DE L'INSTITUTION	ÉTABLISSEMENTS PARTICULIERS	DATE de L'AUTORISATION
Hospitalières. . . . . Communauté hospitalière.	Belfort, rue de Mulhouse	D. 13 novembre 1810
ÉTABLISSEMENT CONGRÉGANISTE AUTORISÉ MAIS N'EXISTANT PLUS EN FAIT		
Hospitalières de Besançon (Religieuses), dites **de Saint-Jacques.** — De Besançon	Belfort	15 novembre 1810

BOUCHES-DU-RHONE (Département des)

DÉNOMINATION DE LA CONGRÉGATION, COMMUNAUTÉ, ETC. SIÈGE PRINCIPAL, NATURE ET BUT DE L'INSTITUTION	ÉTABLISSEMENTS PARTICULIERS	DATE de L'AUTORISATION
Adoration perpétuelle du Saint-Sacrement (Sœurs de l') . . . . Communauté enseignante.	Les Minimes, commune d'Aix	O. 22 avril 1827
Adoration perpétuelle du Saint-Sacrement (Sœurs de l'). . . . Communauté enseignante.	Marseille, 165, avenue du Prado	D. 27 mai 1865
Augustines-Hospitalières. . . . Communauté hospitalière.	Arles	D. 15 novembre 1810
Augustines-Hospitalières. . . . Communauté hospitalière.	Marseille, 59, Grande Route de St-Just	D. 14 décembre 1810
Capucines, dites *Clarisses.* . . . Communauté enseignante.	Marseille, 43, rue d'Isoard	O. 14 février 1830
Charité de Saint-Vincent-de-Paul (Filles de la). — M. M. à Paris . Congrégation hospitalière et enseignante.	Aix	29 janvier 1861
Clarisses . . . . Communauté enseignante.	Marseille, 17, rue Wulfran-Puget	O. 7 mars 1830
Gardes-Malades de Notre-Dame Auxiliatrice. — M. M. à Montpellier. Congrégation garde-malades.	Arles	3 décembre 1860
Marie-Immaculée (Sœurs de). — M.M. à Marseille, 4, montée de l'Oratoire. Congrégation diocésaine, hospitalière et enseignante.	. . . .	D. 6 juillet 1870
Marie-Joseph (Sœurs de). — M. M. au Dorat (Haute-Vienne) . . . . Congrégation-refuge.	Marseille, porte d'Aix	3 novembre 1873
Miséricorde (Sœurs de la). — M. M. à Moissac (Tarn-et-Garonne). . . Congrégation hospitalière et enseignante.	Saint-Rémy	15 septembre 1848
Notre-Dame de Charité du Bon-Pasteur (Sœurs de). — M. M. à Angers. Congrégation hospitalière et enseignante.	Arles	24 mars 1857
Notre-Dame de Charité du Refuge (Sœurs de), dites *de Saint-Michel.* Communauté-refuge.	Marseille, 141, boulevard Baille	O. 31 août 1843
Notre-Dame de la Compassion (Sœurs de). — M. M. à la Blancarde, commune de Marseille. . . Congrégation hospitalière et enseignante.	. . . .	D. 22 janvier 1857

DÉNOMINATION DE LA CONGRÉGATION, COMMUNAUTÉ, ETC. SIÈGE PRINCIPAL, NATURE ET BUT DE L'INSTITUTION	ÉTABLISSEMENTS PARTICULIERS	DATE de L'AUTORISATION
Petites-Sœurs des Pauvres. — M. M. à Saint-Pern (Ille-et-Vilaine). Congrégation hospitalière.	Marseille Aix Marseille	15 avril 1857 9 décembre 1887 7 novembre 1895
Présentation de Marie (Sœurs de la). — M. M. à Bourg-Saint-Andéol (Ardèche). Congrégation enseignante.	Aix	13 novembre 1859
Sacré-Cœur (Dames du). — M. M. à Paris. Congrégation enseignante.	Marseille Id.	19 mars 1829, 2 décembre 1833 et 18 août 1835 14 janvier 1861
Saint-Charles (Sœurs de). — M. M. à Lyon. Congrégation hospitalière et enseignante.	Marseille	9 novembre 1857
Saint-Joseph de l'Apparition (Sœurs de). — M. M. à Marseille, 145, avenue de la Capelette. Congrégation hospitalière et enseignante.		D. 17 octobre 1855
Saint-Joseph de Cluny (Sœurs de). — M. M. à Paris. Congrégation hospitalière et enseignante.	Marseille (quartier du Prado)	5 février 1868
Saint-Thomas de Villeneuve (Sœurs de). — M. M. à Paris. Congrégation hospitalière et enseignante.	Aix	16 juillet 1810
Saint-Thomas de Villeneuve de Notre-Dame de Grâce (Sœurs hospitalières de). — M. M. à Aix, 2, cours Saint-Louis. Congrégation hospitalière et enseignante.	Aubagne	D. 23 avril 1807 25 novembre 1854
Ursulines. Communauté enseignante.	Aix, 20, rue Mignet	O. 23 juillet 1826
Visitation Sainte-Marie (Religieuses de la). Communauté enseignante.	Marseille, chemin des Aygalades	O. 5 août 1829
Visitation Sainte-Marie (Religieuses de la). Communauté enseignante.	Tarascon, bould Itam	D. 1er février 1854
Visitation Sainte-Marie (Religieuses de la). Communauté enseignante.	Marseille, 80, bould de la Blancarde	D. 13 août 1867

DÉNOMINATION DE LA CONGRÉGATION, COMMUNAUTÉ, ETC. SIÈGE PRINCIPAL, NATURE ET BUT DE L'INSTITUTION	ÉTABLISSEMENTS PARTICULIERS	DATE de L'AUTORISATION
ÉTABLISSEMENTS CONGRÉGANISTES AUTORISÉS, MAIS N'EXISTANT PLUS EN FAIT		
Enfance de Jésus et de Marie (Sœurs de l'). — D'Aix	Aix (maison mère) Aix Id. Tarascon Id.	5 janvier 1813 Id. Id. Id. Id.
Saint-Thomas de Villeneuve (Sœurs de). — De Paris	Aix	16 juillet 1810
Saint-Thomas de Villeneuve de Notre-Dame de Grâce (Sœurs hospitalières de). — D'Aix.	Marseille	2 mars 1846

CALVADOS (Département du)

DÉNOMINATION DE LA CONGRÉGATION, COMMUNAUTÉ, ETC. SIÈGE PRINCIPAL, NATURE ET BUT DE L'INSTITUTION	ÉTABLISSEMENTS PARTICULIERS	DATE de L'AUTORISATION
Augustines, dites **Chanoinesses réguliéres de Saint-Augustin de la Congrégation de Notre-Dame.** Communauté enseignante.	Orbec, route de Lisieux	O. 19 novembre 1826
Augustines, dites **Chanoinesses réguliéres de Saint-Augustin de la Congrégation de Notre-Dame.** Communauté enseignante.	Honfleur, rue Boulard	O. 14 janvier 1827
Augustines, dites **Chanoinesses réguliéres de Saint-Augustin de la Congrégation de Notre-Dame.** Communauté enseignante.	Condé-sur-Noireau	D. 7 juillet 1859
Augustines-Hospitalières. . . . Communauté hospitalière.	Falaise	D. 22 octobre 1810
Augustines-Hospitalières. . . . Communauté hospitalière et enseignante.	Bayeux, rue Jean-de-Mesmond	D. 25 novembre 1810
Augustines-Hospitalières. . . . Communauté hospitalière et enseignante.	Vire, 4, rue du Pont	D. 14 décembre 1810
Augustines-Hospitalières. . . . Communauté hospitalière.	Caen (hôtel-Dieu)	D. 26 décembre 1810
Bénédictines de l'Adoration perpétuelle du Saint-Sacrement. . Communauté hospitalière et enseignante.	Bayeux, rue Saint-Loup	O. 17 janvier 1827
Bénédictines de l'Adoration perpétuelle du Saint-Sacrement. . Communauté hospitalière et enseignante.	Caen, rue Élie-de-Beaumont	O. 17 janvier 1827
Bénédictines du Saint-Désir. . . Communauté enseignante.	Lisieux, 91, rue de Caen	O. 11 septembre 1816
Bon-Sauveur (Sœurs du). — M. M. à Caen, 91, rue Caponnière. . . . . Congrégation hospitalière et enseignante.	. . . .	O. 22 avril 1827 et 16 mars 1834
Éducation chrétienne (Sœurs de l'). — M. M. à Argentan (Orne). . . Congrégation enseignante.	Falaise	20 mars 1851
Miséricorde (Sœurs de la). — M. M. à Caen, 46, rue des Carmes. . . Congrégation garde-malades.	. . . .	D. 8 novembre 1852

DÉNOMINATION DE LA CONGRÉGATION, COMMUNAUTÉ, ETC. SIÈGE PRINCIPAL, NATURE ET BUT DE L'INSTITUTION	ÉTABLISSEMENTS PARTICULIERS	DATE de L'AUTORISATION
Miséricorde (Sœurs de la). — M. M. à Séez (Orne). . . . . Congrégation hospitalière.	Falaise Lisieux Vire Condé-sur-Noireau Bayeux	6 avril 1841 11 mars 1845 15 avril 1847 13 janvier 1855 23 novembre 1857
Miséricorde du Sacré-Cœur de Jésus (Sœurs de la). . . . . . Communauté hospitalière et enseignante.	Isigny	D. 17 janvier 1855
Miséricorde du Saint-Cœur de Marie (Sœurs de la). — M. M. à Blon, commune de Vaudry. . . Congrégation hospitalière et enseignante.	. . . . Saint-Manvieu	D. 10 mars 1852 et 5 août 1853 17 mai 1858
Notre-Dame de Charité (Sœurs de). — M. M. à Lisieux. . . . . . . Congrégation hospitalière et enseignante.	. . . . Lisieux	D. 22 octobre 1810 2 février 1856
Notre-Dame de Charité (Sœurs de). Communauté hospitalière et enseignante.	Saint-Vigor-le-Grand	O. 19 novembre 1826 et D. 7 décembre 1859
Notre-Dame de Charité (Sœurs de). Communauté hospitalière et enseignante.	Pont-l'Évêque	D. 22 octobre 1810 et O. 22 avril 1827
Notre-Dame de Charité (Sœurs de), dites **des Orphelines de Marie** ou **de la Vierge Fidèle** . . . . . Communauté hospitalière et enseignante.	La Délivrande, commune de Douvres	D. 7 juillet 1853
Notre-Dame de Charité du Refuge (Sœurs de), dites **de Saint-Michel.** Communauté-Refuge.	Caen, 12, quai Vendeuvre	D. 29 juin 1811
Petites-Sœurs des Pauvres. — M. M. à Saint-Pern (Ille-et-Vilaine). Congrégation hospitalière.	Caen Saint-Désir-de-Lisieux	9 novembre 1865 11 mai 1867
Providence (Sœurs de la). — M. M. à Lisieux, 9, rue du Bouteiller. . . Congrégation hospitalière et enseignante.	. . . . Pont-l'Évêque Bonnebosq Blangy Meules Saint-Julien-de-Mailloc	D. 30 septembre 1811 Id. Id. Id. Id. 28 juillet 1859
Providence (Sœurs de la). — M. M. à Séez (Orne) . . . . Congrégation hospitalière et enseignante.	Saint-Germain Caen	22 janvier 1811 6 décembre 1858

DÉNOMINATION DE LA CONGRÉGATION, COMMUNAUTÉ, ETC. SIÈGE PRINCIPAL, NATURE ET BUT DE L'INSTITUTION	ÉTABLISSEMENTS PARTICULIERS	DATE de L'AUTORISATION
Saint-Louis (Sœurs de), dites **Servantes de Jésus**. . . . . . Communauté hospitalière.	Caen (hôpital Saint-Louis)	D. 15 novembre 1810
Saint-Louis (Sœurs de), dites **Servantes de Jésus**. . . . . . Communauté hospitalière et enseignante.	Vire, rue du Haut-Chemin	D. 27 juillet 1850
Ursulines. . . . . Communauté enseignante.	Caen, 14, rue Pasteur	O. 19 juillet 1826
Ursulines. . . . . Communauté enseignante.	Bayeux, rue des Bouchers	O. 23 juillet 1826
Visitation Sainte-Marie (Religieuses de la). . . . . Communauté enseignante.	Caen, 1, rue de l'Abbatiale	O. 22 février 1826
ÉTABLISSEMENTS CONGRÉGANISTES AUTORISÉS, MAIS N'EXISTANT PLUS EN FAIT		
Augustines-Hospitalières. . . .	Honfleur	22 octobre 1810
Augustines-Hospitalières. . . .	Falaise	2 novembre 1810
Providence (Sœurs de la). — De Lisieux.	Saint-Hymer	30 septembre 1811
	Moyaux	Id.
	Saint-Martin-de-Mailloc	Id.
	Heurtevent	Id.
	Beuvron	Id.
	Rumesnil	Id.
	Littry	Id.
	Saint-Vaast	Id.
	Norolles	Id.
	Villers-Canivet	30 novembre 1852
	Le Pré-d'Auge	4 août 1856
Providence (Sœurs de la). — De Rouen.	Bény-sur-Mer	29 janvier 1851
	Fresney-le-Puceux	20 janvier 1853
Providence (Sœurs de la). — De Séez	Gavrus	22 janvier 1811
	Landes	Id.
	Crouay	Id.

CANTAL (Département du)

DÉNOMINATION DE LA CONGRÉGATION, COMMUNAUTÉ, ETC. SIÈGE PRINCIPAL, NATURE ET BUT DE L'INSTITUTION	ÉTABLISSEMENTS PARTICULIERS	DATE de L'AUTORISATION
Clarisses, dites **Urbanistes** . . . Communauté enseignante.	Aurillac, 34, rue des Carmes	O. 22 avril 1827
Enfant-Jésus (Sœurs de l'), dites **de l'Instruction.** — M. M. à Aurillac, 21, rue du Collège . . . . . . Congrégation enseignante.	. . . .	D. 25 juillet 1855
Notre-Dame (Sœurs de). . . . . Communauté enseignante.	Saint-Flour, rue de la Boucherie	O. 19 novembre 1826
Notre-Dame (Sœurs de). . . . . Communauté enseignante.	Salers	O. 1ᵉʳ avril 1827
Notre-Dame (Sœurs de). . . . . Communauté enseignante. .	Mauriac, rue Guillaume .	O. 22 avril 1827 et D. 4 janvier 1851
Petites-Sœurs des Malades. — M. M. à Mauriac, rue du Balat. . . . . Congrégation diocésaine hospitalière.	. . . .	D. 14 août 1877
Présentation de Marie (Sœurs de la). — M. M. à Bourg-Saint-Andéol (Ardèche). . . . . Congrégation enseignante.	Chaudesaigues-Saint-Julien	11 août 1839
Saint-Joseph (Sœurs de). — M. M. à Saint-Flour, faubourg Sainte-Christine. . . . . Congrégation hospitalière et enseignante.	. . . . Menet Coren Talizat Oradour Condat Saint-Martin-Valmeroux	O. 9 janvier 1840 et D. 3 août 1853 6 avril 1858 Id. Id. Id. Id. Id.
Saint-Joseph (Sœurs de). . . . . Communauté hospitalière et enseignante.	Pléaux	O. 11 septembre 1816
Saint-Joseph (Sœurs de). . . . . Communauté hospitalière et enseignante.	Neuvéglise	O. 11 novembre 1827
Saint-Joseph (Sœurs de). . . . . Communauté hospitalière et enseignante.	Pierrefort	D. 14 juin 1853
Visitation Sainte-Marie (Religieuses de la). . . . . Communauté enseignante.	Aurillac	D. 16 mars 1852
Visitation Sainte-Marie (Religieuses de la). . . . . Communauté enseignante.	Saint-Flour	D. 15 janvier 1856

DÉNOMINATION DE LA CONGRÉGATION, COMMUNAUTÉ, ETC. SIÈGE PRINCIPAL, NATURE ET BUT DE L'INSTITUTION	ÉTABLISSEMENTS PARTICULIERS	DATE de L'AUTORISATION
ÉTABLISSEMENTS CONGRÉGANISTES AUTORISÉS, MAIS N'EXISTANT PLUS EN FAIT		
Charité et de l'Instruction chrétienne (Sœurs de la). — De Nevers.	Aurillac Saint-Flour	19 janvier 1811 Id.
Présentation de la Sainte-Vierge (Sœurs de la). — De Tours. . . .	Leynhac	31 mars 1857
Saint-Joseph (Sœurs de)	Allanche	1er juillet 1827

CHARENTE (Département de la)

DÉNOMINATION DE LA CONGRÉGATION, COMMUNAUTÉ, ETC. SIÈGE PRINCIPAL, NATURE ET BUT DE L'INSTITUTION	ÉTABLISSEMENTS PARTICULIERS	DATE de L'AUTORISATION
Charité du Sacré-Cœur de Jésus (Sœurs de la). — M. M. à la Salle-de-Vihiers (Maine-et-Loire) . . . . Congrégation hospitalière et enseignante.	Ruffec	10 mai 1855
Croix (Filles de la), dites **de Saint-André**. — M. M. à la Puye (Vienne). Congrégation hospitalière et enseignante.	Angoulême Bouex	8 juillet 1829 5 novembre 1837
Notre-Dame des Anges (Sœurs de). — M. M. à Puyperoux . . . . . Congrégation diocésaine, hospitalière et enseignante.		D. 19 novembre 1875
Notre-Dame de Charité du Bon-Pasteur (Sœurs de). — M. M. à Angers. . . . . Congrégation hospitalière et enseignante.	Angoulême	30 mars 1864
Sagesse (Filles de la). — M. M. à Saint-Laurent-sur-Sèvre (Vendée). . Congrégation hospitalière et enseignante.	Angoulême Cognac	27 février 1811 Id.
Sainte-Anne de la Providence (Sœurs de). — M. M. à Saint-Hilaire-Saint-Florent (Maine-et-Loire). . . Congrégation hospitalière et enseignante.	Saint-Fraigne	12 novembre 1850
Sainte-Marie de la Providence (Sœurs de). — M. M. à Saintes (Charente-Inférieure) . . . . . . Congrégation hospitalière et enseignante.	Châteaubernard	19 janvier 1859
Sainte-Marthe (Sœurs de). — M. M. à Angoulême, 11, rue François Iᵉʳ. Congrégation hospitalière et enseignante.	 Larochefoucault Chalais Montbron Ruffec	D. 15 novembre 1810 et 25 janvier 1860 Id. 24 novembre 1810 et 25 janvier 1860 14 décembre 1810 et 25 janvier 1860 Id.
Ursulines de Jésus. — M. M. à Chavagnes-en-Paillers (Vendée). Congrégation hospitalière et enseignante.	Angoulême	15 juin 1828

DÉNOMINATION DE LA CONGRÉGATION, COMMUNAUTÉ, ETC. SIÈGE PRINCIPAL, NATURE ET BUT DE L'INSTITUTION	ÉTABLISSEMENTS PARTICULIERS	DATE de L'AUTORISATION
ÉTABLISSEMENTS CONGRÉGANISTES AUTORISÉS, MAIS N'EXISTANT PLUS EN FAIT		
Charité de Saint-Vincent-de-Paul (Sœurs de la). — De Paris.	Aigre	27 juillet 1847
Hospitalières . . . . ·	Confolens	2 novembre 1810
Hospitalières . . . . ·	Brigueil	Id.
Hospitalières . . . . ·	Aubeterre	14 décembre 1810

CHARENTE-INFÉRIEURE (Département de la)

DÉNOMINATION DE LA CONGRÉGATION, COMMUNAUTÉ, ETC. SIÈGE PRINCIPAL, NATURE ET BUT DE L'INSTITUTION	ÉTABLISSEMENTS PARTICULIERS	DATE de [L'AUTORISATION
Bénédictines du Saint-Cœur de Marie . . . . Communauté enseignante.	Saint-Jean-d'Angély, 45, rue des Jacobins	O. 17 janvier 1827
Charité de Saint-Vincent-de-Paul (Filles de la). — M. M. à Paris . . Congrégation hospitalière et enseignante.	Surgères	19 octobre 1828
	La Rochelle, 12, rue Arcère	28 mars 1830
	Saint-Eugène	11 juillet 1842
	Semussac	3 octobre 1848
	Royan, 37, rue Saint-Pierre	7 juillet 1858
Croix (Filles de la), dites **de Saint-André**. — M. M. à la Puye (Vienne). Congrégation hospitalière et enseignante.	Charron	23 décembre 1837
Miséricorde (Sœurs de la). — M. M. à Séez (Orne) . . . . Congrégation hospitalière.	Saint-Jean-d'Angély, 4, rue Coybeau	11 mars 1873
Notre-Dame de Charité du Refuge (Sœurs de), dites **de Saint-Michel**. Communauté-Refuge.	La Rochelle, 17-19, quai de Maubec	D. 23 juillet 1811
Petites-Sœurs des Pauvres. — M. M. à Saint-Pern (Ille-et-Vilaine). Congrégation hospitalière.	La Rochelle, 8, rue de la Barrière	29 mai 1857
	Rochefort, 95, rue du 14-Juillet	23 mai 1873
	Saintes, 11, rue Saint-Saloine	22 novembre 1877
Sagesse (Filles de la). — M. M. à Saint-Laurent-sur-Sèvre (Vendée) . Congrégation hospitalière et enseignante.	La Rochelle (hospice Saint-Louis)	27 février 1811
	La Rochelle (Lafond)	Id.
	La Rochelle (Laleu)	Id.
	Château-d'Oléron (Ile d'Ol.)	Id.
	Dolus (Ile d'Oléron)	Id.
	Loix (Ile de Ré)	Id.
	La Flotte (Ile de Ré)	Id.
	Saint-Georges-d'Oléron	Id.
	Saint-Jean-d'Angély, avenue du Port	Id.
	Saintes, 35, r. Saint-Pallais	Id.
	Saint-Trojan (Ile d'Oléron)	5 août 1838
	Ars (Ile de Ré)	11 décembre 1838
	Saint-Denis-d'Oléron	13 novembre 1859
Saint et Immaculé Cœur de Marie (Filles du). — M. M. à Niort (Deux-Sèvres). . . . . Congrégation hospitalière et enseignante.	Juicq	16 décembre 1854
Saint-Joseph de la Providence (Sœurs de) . . . . Communauté hospitalière et enseignante.	La Rochelle, 41, rue Dauphine	D. 15 novembre 1810

DÉNOMINATION DE LA CONGRÉGATION, COMMUNAUTÉ, ETC. SIÈGE PRINCIPAL, NATURE ET BUT DE L'INSTITUTION	ÉTABLISSEMENTS PARTICULIERS	DATE de L'AUTORISATION
Sainte-Marie de la Providence (Sœurs de). — M. M. à Saintes, Esplanade du Capitole. . . . . Congrégation hospitalière et enseignante.		O. 22 avril 1827 et D. 22 juillet 1853
	Gemozac, rue Gambetta	29 mai 1857
	Matha	Id.
	Mortagne	Id.
	Rochefort, 9, rue Amiral-Courbet	Id.
Ursulines de Jésus. — M. M. à Chavagnes-en-Paillers (Vendée) . . . Congrégation hospitalière et enseignante.	La Rochelle, 3-5, rue des Augustins	23 juillet 1826 et 27 septembre 1836
	Saintes, 5, rue Saint-Eutrope	26 avril 1829
	Saint-Jean-d'Angély, 1, rue Regnault	31 mars 1852
Ursulines du Sacré-Cœur. — M. M. à Pons, rue des Dames. . . . . Congrégation enseignante.		O. 22 avril 1827
	Chenac	25 juillet 1853
	Arvert	7 février 1856
	Mirambeau	22 décembre 1857
ÉTABLISSEMENTS CONGRÉGANISTES AUTORISÉS, MAIS N'EXISTANT PLUS EN FAIT		
Sagesse (Filles de la). — De Saint-Laurent-sur-Sèvre	Saint-Xandre	27 février 1811
Sainte-Marie de la Providence (Sœurs de). — De Saintes . . .	Dampierre	29 mai 1857
	Royan	Id.
Ursulines de Jésus. — De Chavagnes-en-Paillers	Saint-Pierre (Ile d'Oléron)	23 août 1829

DÉNOMINATION DE LA CONGRÉGATION, COMMUNAUTÉ, ETC. SIÈGE PRINCIPAL, NATURE ET BUT DE L'INSTITUTION	ÉTABLISSEMENTS PARTICULIERS	DATE de L'AUTORISATION
Bénédictines du Saint-Sacrement, dites **de Saint-Laurent** . . . . Communauté enseignante.	Bourges, rue Porte-Jaune et rue Franche	O. 18 mars 1827
Charité (Sœurs de la), dites du **Saint-Sacrement.** — M. M. à Bourges, rue Saint-Médard (actuellement route de Saint-Michel, 26) . . . . . . Congrégation hospitalière et enseignante.	Bourges, rue Saint-Sulpice Vierzon (village) Saint-Amand Châteauneuf Dun-sur-Auron Sancerre Veaugues Mehun-sur-Yèvre Argent Bourges, rue Porte-Saint-Jean Saint-Satur Préveranges Venesmes Vierzon, place du Marché-au-Blé Sury-ès-Bois Charenton Herry	D. 16 février 1811 Id. Id. Id. Id. Id. Id. Id. Id. 29 septembre 1838 11 juillet 1842 10 décembre 1842 20 novembre 1850 8 septembre 1851 26 janvier 1855 31 mai 1856 8 février 1858 28 septembre 1859
Croix (Filles de la), dites **de Saint-André.** — M. M. à la Puye (Vienne). Congrégation hospitalière et enseignante.	Bengy-sur-Craon	30 avril 1838
Marie Immaculée (Sœurs de). — M.M. à Bourges, 6, place du Château. . Congrégation hospitalière et enseignante.	. . . .	D. 18 mai 1867
Notre-Dame de Charité du Bon-Pasteur (Sœurs de). — M. M. à Angers. Congrégation hospitalière et enseignante.	Bourges, avenue de la Gare	1er août 1857
Petites-Sœurs des Pauvres. — M. M. à Saint-Pern (Ille-et-Vilaine). Congrégation hospitalière.	Bourges, enclos des Bénédictins	15 novembre 1858
Sacré-Cœur (Dames du). — M. M. à Paris . . . . Congrégation enseignante.	Bourges, boulevard de l'Industrie	17 mai 1858
Sainte-Famille (Sœurs de la). — M. M. à Besançon. . . . . Congrégation enseignante.	Bourges, 8, rue de la Grosse-Armée	9 février 1827
Ursulines . . . . Communauté enseignante.	Bourges, 9, rue Émile-Deschamps	O. 13 août 1826
ÉTABLISSEMENT CONGRÉGANISTE AUTORISÉ MAIS N'EXISTANT PLUS EN FAIT		
Hospitalières	Bourges	8 novembre 1810

DÉNOMINATION DE LA CONGRÉGATION, COMMUNAUTÉ, ETC. SIÈGE PRINCIPAL, NATURE ET BUT DE L'INSTITUTION	ÉTABLISSEMENTS PARTICULIERS	DATE de L'AUTORISATION
Charité et de l'Instruction chrétienne (Sœurs de la). — M. M. à Nevers . . . . Congrégation hospitalière et enseignante.	Brive, place Thiers Brive Tulle, rue de l'Hospice Tulle, rue de la Vieille-Préfecture	19 janvier 1811 Id. Id. Id.
Notre-Dame (Sœurs de). . . . . Communauté enseignante.	Ussel	O. 13 mai 1841
Saint-Cœur de Marie (Sœurs du). — M. M. à Treignac. . . . . Congrégation enseignante.	. . . .	D. 19 août 1856
Ursulines. . . . . Communauté enseignante.	Argentat	O. 8 octobre 1826
Ursulines. . . . . Communauté enseignante.	Brive, avenue d'Alsace-Lorraine	O. 8 octobre 1826
Ursulines. . . . . Communauté enseignante.	Beaulieu	O. 24 janvier 1827
Ursulines. . . . . Communauté enseignante.	Tulle, 25, quai de Vallois	O. 26 mars 1841

DÉNOMINATION DE LA CONGRÉGATION, COMMUNAUTÉ, ETC. SIÈGE PRINCIPAL, NATURE ET BUT DE L'INSTITUTION	ÉTABLISSEMENTS PARTICULIERS	DATE de L'AUTORISATION
Saint-Joseph (Sœurs de). — M. M. à Lyon . . . . Congrégation hospitalière et enseignante.	Ajaccio, rue Sœur-Alphonse	7 juillet 1858

<h1 style="text-align:center">CÔTE-D'OR (Département de la)</h1>

DÉNOMINATION DE LA CONGRÉGATION, COMMUNAUTÉ, ETC. SIÈGE PRINCIPAL, NATURE ET BUT DE L'INSTITUTION	ÉTABLISSEMENTS PARTICULIERS	DATE de L'AUTORISATION
Bon-Pasteur (Sœurs du) . . . . Communauté-Refuge.	Dijon, 32, rue Saint-Lazare	D. 23 octobre 1852
Charité (Sœurs hospitalières de la). Communauté hospitalière et enseignante.	Beaune	D. 18 février 1812
Charité de Saint-Vincent-de-Paul (Filles de la). — M. M. à Paris . . Congrégation hospitalière et enseignante.	Nuits Aisey-sur-Seine	3 avril 1854 9 mai 1859
Doctrine Chrétienne (Sœurs de la), dites **Watelottes**. — M. M. à Nancy. Congrégation hospitalière et enseignante.	Puligny	17 décembre 1859
Hospitalières . . . . Communauté hospitalière.	Dijon	D. 2 novembre 1810
Hospitalières . . . . Communauté hospitalière.	Nuits	D. 13 novembre 1810
Hospitalières . . . . Communauté hospitalière.	Arnay-sur-Arroux	D. 15 novembre 1810
Hospitalières . . . . Communauté hospitalière.	Semur	D. 14 décembre 1810
Hospitalières . . . . Communauté hospitalière.	Auxonne	D. 14 décembre 1810
Hospitalières . . . . Communauté hospitalière.	Beaune	D. 26 décembre 1810
Hospitalières . . . . Communauté hospitalière.	Châtillon-sur-Seine	D. 29 janvier 1811
Hospitalières . . . . Communauté hospitalière.	Saint-Jean-de-Losne	D. 9 avril 1811
Hospitalières . . . . Communauté hospitalière.	Seurre	D. 9 avril 1811
Petites-Sœurs des Pauvres. — M. M. à Saint-Pern (Ille-et-Vilaine). Congrégation hospitalière.	Dijon	24 juillet 1860
Providence (Sœurs de la). — M. M. à Langres (Haute-Marne) . . . . Congrégation hospitalière et enseignante.	Lux Les Maillys	27 août 1851 4 janvier 1859
Providence (Sœurs de la), dites **de l'Instruction chrétienne**. — M. M. à Vitteaux. . . . . Congrégation hospitalière et enseignante.	. . . .	O. 18 mars 1827, 31 mars 1835 et 21 septembre 1840

DÉNOMINATION DE LA CONGRÉGATION, COMMUNAUTÉ, ETC. SIÈGE PRINCIPAL, NATURE ET BUT DE L'INSTITUTION	ÉTABLISSEMENTS PARTICULIERS	DATE de L'AUTORISATION
Sœurs de la Providence, dites de l'Instruction chrétienne, de Vitteaux (Suite).	Beaumont-sur-Vingeanne Larochepot Ampilly-le-Sec Molesme Saint-Aubin Flée Seurre	2 août 1850 8 mai 1854 23 mai 1855 7 avril 1857 23 août 1858 30 janvier 1860 6 août 1860
Saint-Cœur de Marie (Sœurs du). — M. M. à Gap (Hautes-Alpes) . . . Congrégation enseignante.	Beaune	11 juin 1858
Sainte-Marthe (Sœurs de) . . . . . Communauté hospitalière et enseignante.	Dijon, 56, rue de la Préfecture	D. 2 novembre 1810
Ursulines. . . . . Communauté enseignante.	Montbard	O. 1er octobre 1826
Ursulines. . . . . Communauté enseignante.	Flavigny	O. 22 mars 1829
Ursulines. . . . . Communauté enseignante.	Montigny-sur-Vingeanne	O. 6 septembre 1829
Ursulines. — M. M. à Dijon, 10, rue Cazotte . . . . Congrégation enseignante.	. . . . Semur	D. 15 juin 1854 et 5 novembre 1877 23 avril 1856
Visitation Sainte-Marie (Religieuses de la). . . . . Communauté enseignante.	Dijon, 6, rue Crébillon	O. 22 février 1826
ÉTABLISSEMENTS CONGRÉGANISTES AUTORISÉS, MAIS N'EXISTANT PLUS EN FAIT		
Hospitalières	Nolay	15 novembre 1810
Hospitalières de Besançon, dites de *Saint-Jacques.* — De Besançon.	Auxonne Beaune Seurre	Id. Id. Id.
Ursulines.	Semur	29 juin 1828

<h1 style="text-align:center">COTES-DU-NORD (Département des)</h1>

DÉNOMINATION DE LA CONGRÉGATION, COMMUNAUTÉ, ETC. SIÉGE PRINCIPAL, NATURE ET BUT DE L'INSTITUTION	ÉTABLISSEMENTS PARTICULIERS	DATE de L'AUTORISATION
Bon-Sauveur (Sœurs du). — M. M. à Caen . . . . Congrégation hospitalière et enseignante.	Bégard	29 mars 1858
Charité de la Providence (Sœurs de la). — M.M. à Ruillé-sur-Loir (Sarthe). Congrégation hospitalière et enseignante.	Pleubian (Launay) Quemper-Guezennec	13 avril 1828 7 avril 1858
Charité de Saint-Vincent-de-Paul (Filles de la). — M. M. à Paris. Congrégation hospitalière et enseignante.	Lamballe, rue Saint-Lazare Saint-Brieuc, rue Saint-Michel et rue Madeleine Erquy	7 octobre 1841 25 juin 1847 14 juillet 1859
Croix (Filles de la). . . . . Communauté enseignante.	Guingamp, rue de Montbareil	O. 22 avril 1827
Croix (Filles de la). . . . . Communauté enseignante	Merdrignac	D. 6 janvier 1853
Croix (Filles de la). . . . . . . Communauté enseignante.	Tréguier, rue Saint-André	D. 8 décembre 1853
Croix (Filles de la). . . . . Communauté enseignante.	Loudéac	D. 27 décembre 1858
Croix (Filles de la). . . . . Communauté enseignante.	Magoar (Le Bois-de-la-Croix)	D. 26 février 1873
Divine Providence (Filles de la), dites **Mères des Pauvres**. — M. M. à Créhen. . . . . Congrégation hospitalière et enseignante.	. . . . Langast Morieux	O. 18 novembre 1841 17 février 1849 23 juin 1854
Hospitalières, dites **de la Miséricorde de Jésus**. . . . . . . Communauté hospitalière.	Tréguier, rue Guillaume	D. 15 novembre 1810
Hospitalières, dites **de la Miséricorde de Jésus**. . . . . . Communauté hospitalière.	Lannion (Sainte-Anne)	D. 15 décembre 1810
Hospitalières, dites **de la Miséricorde de Jésus**. . . . . . Communauté hospitalière.	Guingamp, place du Champ-au-Roy	D. 26 décembre 1810
Hospitalières, dites **de la Miséricorde de Jésus**. . . . . . Communauté hospitalière.	Gouarec	O. 10 février 1828
Notre-Dame de Charité du Refuge (Sœurs de), dites **de Saint-Michel**. Communauté-Refuge.	Saint-Brieuc, rue Notre-Dame	D. 10 octobre 1811

DÉNOMINATION DE LA CONGRÉGATION, COMMUNAUTÉ, ETC. SIÈGE PRINCIPAL, NATURE ET BUT DE L'INSTITUTION	ÉTABLISSEMENTS PARTICULIERS	DATE de L'AUTORISATION
Petites-Sœurs des Pauvres. — M. M. à Saint-Pern (Ille-et-Vilaine). Congrégation hospitalière.	Dinan, rue de Brest	30 octobre 1858
Providence (Filles de la). — M. M. à Saint-Brieuc, 2 rue des Casernes. Congrégation diocésaine, hospitalière et enseignante.	. . . .	O. 2 octobre 1838 et D. 7 avril 1877
Retraite, dite du Sacré-Cœur de **Jésus** (Filles de la). — M. M. à Quimper. . . . . Congrégation enseignante.	Lannion, rue de la Bienfaisance	4 mars 1838
Sacré-Cœur (Dames du). — M. M. à Paris. . . . . Congrégation enseignante.	Saint-Brieuc, rue Saint-Benoît	18 mars 1858
Sacrés-Cœurs de Jésus et de Marie (Sœurs des). — M. M. à Saint-Quay-Portrieux . . . . Congrégation enseignante.	. . . .	O. 17 janvier 1827
Sagesse (Filles de la). — M. M. à Saint-Laurent-sur-Sèvre (Vendée). Congrégation hospitalière et enseignante.	Dinan, rue de la Garaye Loudéac (hospice)	27 février 1811 Id.
Saint-Esprit (Filles du). — M. M. à Saint-Brieuc, 20, rue des Capucins. Congrégation hospitalière et enseignante.	. . . .	D. 13 novembre 1810 et O. 21 mars 1836
	Andel	13 novembre 1810
	Pléguien	Id.
	Plœuc	Id.
	Plaintel	13 novembre 1810 et 25 janvier 1829
	Étables	D. 13 novembre 1810 et 7 décembre 1853
	Trégomeur	Id.
	Uzel	13 novembre 1810 et 12 mai 1859
	La Landec	1er février 1839
	Plélan-le-Petit	Id.
	Binic	29 juin 1841 et 7 décembre 1853
	Pordic	31 août 1843
	Saint-Juvat	Id.
	Plouha	30 septembre 1844
	Saint-Martin-des-Prés	14 octobre 1846
	Saint-Caradec	16 janvier 1847
	Hillion	Id.
	Plélo	10 septembre 1850
	Trégueux	23 mai 1851
	La Motte	29 novembre 1853
	Plourhan	7 décembre 1853
	Plouvara	17 mai 1858
	Tréguier	5 mai 1859

DÉNOMINATION DE LA CONGRÉGATION, COMMUNAUTÉ, ETC. SIÈGE PRINCIPAL, NATURE ET BUT DE L'INSTITUTION	ÉTABLISSEMENTS PARTICULIERS	DATE de L'AUTORISATION
Filles du Saint-Esprit, de Saint-Brieuc (Suite).	Plufur Le Fœil Saint-Samson	23 juillet 1859 4 janvier 1860 22 juin 1860
Sainte-Marie de la Présentation (Filles de). — M. M. à Broons . . Congrégation hospitalière et enseignante.	. . . . Saint-Nicolas-du-Pélem Plouasne	O. 30 mars 1839 20 mars 1860 15 juillet 1884
Saint-Thomas de Villeneuve (Sœurs de). — M. M. à Paris . . . . . Congrégation hospitalière et enseignante.	Saint-Brieuc, rue des Capucins Lamballe (hospice) Lamballe, rue Courbe Quintin (hospice) Dinan (hospice) Moncontour (hospice)	16 juillet 1810 Id. Id. 16 juillet 1810 Id. 16 juillet 1810 et 9 avril 1826
Trinitaires. — M. M. à Valence (Drôme). . . . . Congrégation hospitalière et enseignante.	Plancoët	6 décembre 1854 et 21 juin 1877
Ursulines. . . . . Communauté enseignante.	Lamballe, rue Saint-Martin	O. 23 juillet 1826
Ursulines. . . . . Communauté enseignante.	Tréguier, route de Lannion	O. 23 juillet 1826
Ursulines. . . . . Communauté enseignante.	Dinan, rue de la Halle	O. 20 août 1826
Ursulines. . . . . Communauté enseignante.	Quintin, rue Saint-Yves	O. 14 janvier 1827
ÉTABLISSEMENT CONGRÉGANISTE AUTORISÉ MAIS N'EXISTANT PLUS EN FAIT		
Sagesse (Filles de la). — De Saint-Laurent-sur-Sèvre.	Trégavon	27 février 1811

DÉNOMINATION DE LA CONGRÉGATION, COMMUNAUTÉ, ETC. SIÈGE PRINCIPAL, NATURE ET BUT DE L'INSTITUTION	ÉTABLISSEMENTS PARTICULIERS	DATE de L'AUTORISATION
Charité et de l'Instruction chrétienne (Sœurs de la). — M. M. à Nevers. . . . . Congrégation hospitalière et enseignante.	Bourganeuf	19 janvier 1811
Croix (Filles de la). — M. M. à Limoges. . . . . Congrégation enseignante.	Guéret	25 avril 1827
Saint-Joseph de la Providence (Sœurs de). . . . . Communauté enseignante.	Guéret, 8, faubourg de la Sénatorerie	O. 2 octobre 1838
Saint-Roch (Sœurs de). — M. M. à Felletin, rue du Marché. . . . . Congrégation hospitalière et enseignante.	. . . . Crocq	D. 1er juin 1807 et 5 août 1853 5 août 1853
Saint-Roch (Sœurs de). . . . . . Communauté hospitalière et enseignante.	Aubusson	D. 26 avril 1849
Sauveur et de la Sainte-Vierge (Sœurs du). — M. M. à la Souterraine, rue de Lavaud. . . . . . Congrégation hospitalière et enseignante.	. . . . Ahun	O. 23 décembre 1838 et D. 1er août 1852 20 février 1857
Verbe Incarné (Sœurs du). . . . Communauté hospitalière et enseignante.	Evaux	O. 20 juin 1827
Verbe Incarné (Sœurs du). . . . Communauté hospitalière et enseignante.	Azérables	D. 6 avril 1867
ÉTABLISSEMENTS CONGRÉGANISTES AUTORISÉS, MAIS N'EXISTANT PLUS EN FAIT		
Hospitalières de Saint-Dominique.	Bénévent	22 octobre 1810
Verbe Incarné (Sœurs du). . . .	Dun	23 juillet 1811

DORDOGNE (Département de la)

DÉNOMINATION DE LA CONGRÉGATION, COMMUNAUTÉ, ETC. SIÈGE PRINCIPAL, NATURE ET BUT DE L'INSTITUTION	ÉTABLISSEMENTS PARTICULIERS	DATE de L'AUTORISATION
Charité et de l'Instruction chrétienne (Sœurs de la). — M. M. à Nevers. Congrégation hospitalière et enseignante.	Hautefort	19 janvier 1811
Charité de Saint-Vincent-de-Paul (Filles de la). — M. M. à Paris . . Congrégation hospitalière et enseignante.	Bourrou	18 octobre 1851
Clarisses, dites **Petites-Ursulines de Sainte-Claire.** . . . . . . Communauté enseignante.	Lagarde (cᵐ de Périgueux)	O. 5 août 1829
Doctrine chrétienne (Sœurs de la). — M. M. à Bordeaux. . . . . . Congrégation enseignante.	Allemans Clermont-de-Beauregard	19 janvier 1859 20 juillet 1859
Miséricorde (Sœurs de la) . . . . Communauté hospitalière.	Bergerac, faubourg de la Madeleine	D. 25 novembre 1810
Petites-Sœurs des Pauvres. — M. M. à Saint-Pern (Ille-et-Vilaine). Congrégation hospitalière.	Périgueux, 12, r. St-Laurent-des-Bains	4 août 1874
Sauveur et de la Sainte-Vierge (Sœurs du). — M. M. à la Souterraine (Creuse). . . . . Congrégation hospitalière et enseignante.	Bergerac Terrasson	8 février 1854 30 août 1854
Sainte-Marthe (Sœurs de). — M. M. à Périgueux, 4, rue de la Cité. . . Congrégation hospitalière et enseignante.	. . . . Cherval Périgueux (Noviciat) Saint-Avit-Sénieur La Tour-Blanche Ribérac	D. 13 novembre 1810 et 8 novembre 1852 1ᵉʳ juillet 1856 21 juillet 1856 6 juillet 1857 25 janvier 1861 23 février 1861
Sainte-Marthe (Sœurs de) . . . . Communauté hospitalière.	Brantôme	D. 2 novembre 1810
Sainte-Marthe (Sœurs de) . . . . Communauté hospitalière.	Mussidan	D. 13 novembre 1810
Sainte-Marthe (Sœurs de) . . . . Communauté hospitalière.	Thiviers	D. 25 novembre 1810
Sainte-Marthe (Sœurs de) . . . . Communauté hospitalière.	Belvès	D. 25 novembre 1810
Sainte-Marthe (Sœurs de) . . . . Communauté hospitalière.	Bergerac	D. 25 novembre 1810
Sainte-Marthe (Sœurs de) . . . . Communauté hospitalière.	Beaumont	D. 25 novembre 1810

DÉNOMINATION DE LA CONGRÉGATION, COMMUNAUTÉ, ETC. SIÈGE PRINCIPAL, NATURE ET BUT DE L'INSTITUTION	ÉTABLISSEMENTS PARTICULIERS	DATE de L'AUTORISATION
Sainte-Marthe (Sœurs de) . . . . Communauté hospitalière.	Ribérac	D. 25 novembre 1810
Sainte-Marthe (Sœurs de) . . . . Communauté hospitalière.	Montpazier	D. 14 décembre 1810
Sainte-Marthe (Sœurs de) . . . . Communauté hospitalière.	Eymet	D. 6 janvier 1811
Sainte-Marthe (Sœurs de) . . . . Communauté hospitalière.	Sarlat (hospice)	O. 24 juillet 1844
Ursulines . . . . Communauté enseignante.	Périgueux, 15, rue de Bordeaux	O. 19 juillet 1826
Visitation Sainte-Marie (Religieuses de la). . . . . Communauté enseignante.	Périgueux, 3, rue Littré	O. 3 septembre 1826
ÉTABLISSEMENTS CONGRÉGANISTES AUTORISÉS, MAIS N'EXISTANT PLUS EN FAIT		
Charité et de l'Instruction chrétienne (Sœurs de la). — De Nevers.	Villefranche-du-Périgord	19 janvier 1811
Saint-Joseph (Sœurs de).	Belvès	15 novembre 1829
Sainte-Marthe (Sœurs de).	Excideuil	25 novembre 1810
Sainte-Marthe (Sœurs de). . . .	Terrasson	25 novembre 1810
Saint-Paul (Sœurs de), dites **de Saint-Maurice**, de Chartres. . .	Sarlat	23 juillet 1811

DOUBS (Département du)

DÉNOMINATION DE LA CONGRÉGATION, COMMUNAUTÉ, ETC. SIÈGE PRINCIPAL, NATURE ET BUT DE L'INSTITUTION	ÉTABLISSEMENTS PARTICULIERS	DATE de L'AUTORISATION
Charité (Sœurs de la). — M. M. à Besançon, 131, Grande-Rue. . . . . Congrégation hospitalière et enseignante.	. . . . Besançon, 131, Grande-Rue Besançon, rue Champrond Besançon, asile départemental Besançon, 19, rue du Clos Besançon, paroisse Saint-Pierre Baume-les-Dames Maîche Le Russey Flangebouche Mandeure Sancey-le-Grand Pouilley-les-Vignes Bonnevaux-Mouthe Ouhans Vauclusotte	D. 28 août 1810 21 décembre 1810 Id. Id. Id. Id. Id. Id. Id. Id. Id. Id. Id. 30 octobre 1851 30 juin 1852 9 septembre 1852
Divin Rédempteur (Sœurs du), dites **du Très-Saint-Sauveur.** — M. M. à Épinal. . . . . Congrégation garde-malades.	Ornans	21 juin 1865
Hospitalières de Besançon (Religieuses), dites **de Saint-Jacques.** — M. M. à Besançon, hôpital Saint-Jacques . . . . Congrégation hospitalière.	. . . . Pontarlier Ornans	D. 15 novembre 1810 Id. Id.
Notre-Dame de Charité du Refuge (Sœurs de), dites **de Saint-Michel.** Communauté-Refuge.	Besançon, 10-12, rue de la Vieille-Meunerie	D. 27 juillet 1856
Petites-Sœurs des Pauvres. — M. M. à Saint-Pern (Ille-et-Vilaine). Congrégation hospitalière.	Besançon, 6, rue Megevand	27 novembre 1859
Sacré-Cœur (Dames du). — M. M. à Paris. . . . . Congrégation enseignante.	Besançon, 14, rue de l'Orme-de-Chamars	23 août 1858
Sainte-Famille (Sœurs de la). — M. M. à Besançon, 6, rue du Cingle. Congrégation enseignante.	. . . .	O. 28 mai 1826
Ursulines. — M. M. à Montmartin, commune de Huanne-Montmartin. Congrégation diocésaine, hospitalière et enseignante.	. . . .	D. 25 août 1867
Ursulines. . . . . Communauté enseignante.	Orchamps-Vennes	O. 31 janvier 1839

DÉNOMINATION DE LA CONGRÉGATION, COMMUNAUTÉ, ETC. SIÈGE PRINCIPAL, NATURE ET BUT DE L'INSTITUTION	ÉTABLISSEMENTS PARTICULIERS	DATE de L'AUTORISATION
ÉTABLISSEMENTS CONGRÉGANISTES AUTORISÉS, MAIS N'EXISTANT PLUS EN FAIT		
Charité (Sœurs de la). — De Besançon.	Besançon, hospice de la Visitation	21 décembre 1810
	Besançon, hospice Saint-Louis	Id.
	Besançon, paroisse Saint-Maurice	Id.
	Besançon, paroisse Saint-François-Xavier	Id.
	Besançon, paroisse Sainte-Marie-Madeleine	Id.
	Vercel	Id.
	Naisey	Id.
	Pierrefontaine	Id.
	Gonsans	Id.

DÉNOMINATION DE LA CONGRÉGATION, COMMUNAUTÉ, ETC. SIÈGE PRINCIPAL, NATURE ET BUT DE L'INSTITUTION	ÉTABLISSEMENTS PARTICULIERS	DATE de L'AUTORISATION

DÉNOMINATION DE LA CONGRÉGATION, COMMUNAUTÉ, ETC. SIÈGE PRINCIPAL, NATURE ET BUT DE L'INSTITUTION	ÉTABLISSEMENTS PARTICULIERS	DATE de L'AUTORISATION
Charité de Saint-Vincent-de-Paul (Filles de la). — M. M. à Paris . . . Congrégation hospitalière et enseignante.	La Teppe, commune de Tain Valence, 14, rue Jonchères	6 août 1859 11 janvier 1860
Gardes-Malades de Notre-Dame-Auxiliatrice. — M. M. à Montpellier . . . . Congrégation garde-malades.	Valence, place des Ormeaux	3 décembre 1860
Nativité de Notre-Seigneur Jésus-Christ (Sœurs de la). — M. M. à Valence, 27, avenue Victor-Hugo. Congrégation enseignante.	. . . . Crest, 89, rue de la Nativité Saint-Vallier, 7, rue de Roybon	O. 28 mai 1826 27 août 1826 17 septembre 1826
Notre-Dame de Charité du Refuge (Sœurs de), dites **de Saint-Michel.** Communauté-Refuge.	Valence, 25, rue du Refuge	O. 20 novembre 1825
Petites-Sœurs des Pauvres. — M. M. à Saint-Pern (Ille-et-Vilaine). Congrégation hospitalière.	Valence, rue Châteauvert	22 avril 1874
Sacrés-Cœurs de Jésus et de Marie (Sœurs des). . . . . Communauté enseignante.	Recoubeau	D. 28 novembre 1866
Saint-Joseph (Sœurs de) . . . . Communauté hospitalière et enseignante.	Saint-Vallier, 3, rue de la Caserne	O. 22 mars 1827
Saint-Nom de Jésus (Sœurs du). — M. M. à Loriol, rue du Pouzin . . Congrégation hospitalière et enseignante.	. . . .	D. 27 octobre 1855
Sainte-Marthe (Sœurs de). — M. M. à Romans, 1, rue Jacquemart, et rue Saint-Yves. Congrégation enseignante.	. . . . Montélimar, 26, rue Saint-Gaucher Peyrins Upie	O. 28 mai 1826 28 juillet 1845 9 septembre 1846 24 octobre 1853 et 25 mai 1875
Trappistines. . . . . Communauté enseignante.	Maubec (Montélimar)	D. 18 septembre 1857
Très-Saint-Sacrement (Sœurs du). — M. M. à Valence. . . . . . Congrégation hospitalière et enseignante.	. . . . Die, 7, rue Bouvier Grignan (hospice) Saint-Jean-en-Royans	D. 13 janvier 1813 et 13 décembre 1866 13 janvier 1813 Id. Id.

DÉNOMINATION DE LA CONGRÉGATION, COMMUNAUTÉ, ETC. SIÈGE PRINCIPAL, NATURE ET BUT DE L'INSTITUTION	ÉTABLISSEMENTS PARTICULIERS	DATE de L'AUTORISATION
Sœurs du Très-Saint-Sacrement, de Valence (Suite).	Saint-Paul-Trois-Châteaux (hôpital)	13 janvier 1813
	Valence, clos Saint-Victor	Id.
	Margès	6 août 1861
Trinitaires. — M. M. à Valence, 10, rue Farnerie . . . . Congrégation hospitalière et enseignante.	. . . . Montélimar, 64, Grande-Rue	D. 16 juillet 1810 11 décembre 1813
	Crest, rue Sainte-Marie Crest, rue de l'Hôpital	Id. 2 avril 1826
Visitation Sainte-Marie (Religieuses de la). . . . . Communauté enseignante.	Valence, place de la Visitation	O. 25 mars 1827
Visitation Sainte-Marie (Religieuses de la). . . . . Communauté enseignante.	Montélimar, 2, Grande-Rue	D. 1er février 1854
Visitation Sainte-Marie (Religieuses de la). . . . . Communauté enseignante.	Romans, 1, rue Sainte-Marie	D. 13 mars 1862
ÉTABLISSEMENTS CONGRÉGANISTES AUTORISÉS, MAIS N'EXISTANT PLUS EN FAIT		
Saint-Joseph de Cluny (Sœurs de). — De Paris.	Oriol-en-Royans	3 juin 1853
Très-Saint-Sacrement (Sœurs du). — De Valence.	Étoile (hospice) Saint-Agnan Saint-Donat	13 janvier 1813 Id. Id.
Trinitaires. — De Valence. . . .	Valence (hôpital-hospice)	11 décembre 1813

EURE (Département de l')

DÉNOMINATION DE LA CONGRÉGATION, COMMUNAUTÉ, ETC. SIÉGE PRINCIPAL, NATURE ET BUT DE L'INSTITUTION	ÉTABLISSEMENTS PARTICULIERS	DATE de L'AUTORISATION
Augustines-Hospitalières. . . . Communauté hospitalière.	Harcourt	D. 22 octobre 1810
Bénédictines. . . . . Communauté hospitalière et en- seignante.	Verneuil, place Notre-Dame	D. 14 décembre 1810
Carmélites . . . . Communauté contemplative.	Gravigny	O. 28 octobre 1827 et D. 16 avril 1856
Charité de Saint-Vincent-de-Paul (Filles de la). — M. M. à Paris. . Congrégation hospitalière et en- seignante.	Évreux	29 avril 1858
Miséricorde (Sœurs de la). . . . Communauté hospitalière.	Louviers, 11, rue de l'Hôtel-de-Ville	D. 22 octobre 1810
Notre-Dame de Bon-Secours (Sœurs de). — M. M. à Troyes. . . . . Congrégation hospitalière.	Évreux	29 avril 1858
Notre-Dame de Lorette (Sœurs de), dites **de Saint-Joseph de la Sainte- Famille.** — M. M. à Bordeaux . . Congrégation enseignante.	Saint-Germain-Village	9 décembre 1860
Petites-Sœurs des Pauvres. — M. M. à Saint-Pern (Ille-et-Vilaine). Congrégation hospitalière.	Évreux	16 novembre 1885
Providence (Sœurs de la). — M. M. à Évreux, 7, rue Joséphine. . . . Congrégation hospitalière et en- seignante.	. . . . Le Gros-Theil Saint-Denis-le-Ferment Le Routot Pacy-sur-Eure, rue du Faubourg	D. 2 novembre 1810 20 mars 1850 20 décembre 1850 28 juin 1851 7 avril 1857
Providence (Sœurs de la). — M. M. à Lisieux . . . . Congrégation hospitalière et en- seignante.	Thiberville	30 septembre 1811
Providence (Sœurs de la). — M. M. à Rouen. . . . . Congrégation enseignante.	Saint-Pierre-de-Cernières	4 juillet 1849
Sacré-Cœur de Jésus (Sœurs du). — M. M. à Saint-Aubin-Jouxte (Seine- Inférieure) . . . . Congrégation enseignante.	Notre-Dame-du-Hamel	25 janvier 1860
Sacré-Cœur (Sœurs du), dites **d'Er- nemont.** — M. M. à Rouen. . . . Congrégation hospitalière et en- seignante.	Pont-Audemer Écouis Bézu-le-Long	19 janvier 1811 Id. 2 mars 1847

DÉNOMINATION DE LA CONGRÉGATION, COMMUNAUTÉ, ETC. SIÈGE PRINCIPAL, NATURE ET BUT DE L'INSTITUTION	ÉTABLISSEMENTS PARTICULIERS	DATE de L'AUTORISATION
Sœurs du Sacré-Cœur, dites d'Ernemont, de Rouen (Suite).	Écouis Pont-Audemer	26 mars 1849 25 mai 1861
Saint-Paul (Sœurs de), dites de **Saint-Maurice.** — M.M. à Chartres. Congrégation hospitalière et enseignante.	Vernon Le Neubourg	23 juillet 1811 Id.
Ursulines. . . . . Communauté enseignante.	Évreux, place Dupont-de-l'Eure	O. 23 juillet 1826
ÉTABLISSEMENTS CONGRÉGANISTES AUTORISÉS, MAIS N'EXISTANT PLUS EN FAIT.		
Augustines-Hospitalières. . . .	Bernay	25 novembre 1810
Providence (Sœurs de la). — De Lisieux	Capelles-les-Grands Courbépine Malouy Saint-Germain-la-Campagne	30 septembre 1811 Id. Id. Id.
Sacré-Cœur (Sœurs du), dites **d'Ernemont.** — De Rouen	Longchamps	19 janvier 1811
Saint-Paul (Sœurs de), dites de **Saint-Maurice.** — De Chartres .	Conches	23 juillet 1811

DÉNOMINATION DE LA CONGRÉGATION, COMMUNAUTÉ, ETC. SIÈGE PRINCIPAL, NATURE ET BUT DE L'INSTITUTION	ÉTABLISSEMENTS PARTICULIERS	DATE de L'AUTORISATION
Charité de Notre-Dame (Sœurs de la). — M. M. à Evron (Mayenne). Congrégation hospitalière et enseignante.	Soizé	1er décembre 1838
Charité de la Providence (Sœurs de la). — M. M. à Ruillé-sur-Loir (Sarthe) . . . . Congrégation hospitalière et enseignante.	Châteaudun, 16, rue Saint-Valérien Montigny-le-Gannelon	19 juillet 1829 1er août 1850
Immaculée-Conception (Sœurs de l'). — M. M. à Nogent-le-Rotrou, 84, rue Gouverneur. . . . . Congrégation enseignante.	. . . .	O. 17 janvier 1827 et D. 16 septembre 1859
Notre-Dame (Sœurs de). — M. M. à Chartres, 13, rue des Jubelins. . . Congrégation hospitalière et enseignante.	. . . .	D. 23 mars 1857 et 25 octobre 1862
Petites-Sœurs des Pauvres. — M. M. à Saint-Pern (Ille-et-Vilaine). Congrégation hospitalière.	Chartres	23 juillet 1859
Présentation de la Sainte-Vierge (Sœurs de la). — M. M. à Tours. . Congrégation hospitalière et enseignante.	Toury Janville Sainville	19 janvier 1811 Id. 19 juillet 1860
Providence (Sœurs de la). . . . . Communauté enseignante.	Chartres, 1, rue Saint-Eman	D. 20 novembre 1816
Providence de Saint-Rémy (Filles de la), dites **de Bon-Secours.** — M. M. à Chartres, 13, rue Saint-Maurice. Congrégation hospitalière et enseignante.	. . . . Dreux, 4, r. des Mousseaux Châteaudun, rue de Blois	D. 29 janvier 1811, 19 février 1851 et 13 août 1856 22 juin 1857 23 janvier 1860
Saint-Cœur de Marie (Sœurs du). . Communauté enseignante.	Chartres, 7, rue Avedan	D. 25 août 1867
Saint-Paul (Sœurs de), dites **de Saint-Maurice.** — M. M. à Chartres, 5, rue Saint-Jacques. . . . . . Congrégation hospitalière et enseignante.	. . . . Chartres (hospice Saint-Brice) Courville Champrond-en-Gâtine Châteauneuf Dreux, 15, Grande-Rue Brezolles Gallardon Brou Illiers	D. 23 juillet 1811 Id. Id. Id. Id. Id. Id. Id. Id. Id.

DÉNOMINATION DE LA CONGRÉGATION, COMMUNAUTÉ, ETC. SIÈGE PRINCIPAL, NATURE ET BUT DE L'INSTITUTION	ÉTABLISSEMENTS PARTICULIERS	DATE de L'AUTORISATION
Sœurs de Saint-Paul, dites de Saint-Maurice, de Chartres (Suite). . . .	Pontgouin La Ferté-Villeneuil Senonches Varize Dreux, 23, rue Saint-Thibault Bû	D. 23 juillet 1811 Id. 29 septembre 1838 16 mars 1846 29 novembre 1853 10 novembre 1857
ÉTABLISSEMENTS CONGRÉGANISTES AUTORISÉS, MAIS N'EXISTANT PLUS EN FAIT		
Charité et de l'Instruction chrétienne (Sœurs de la). — De Nevers.	Nogent-le-Roi	19 janvier 1811
Charité de Notre-Dame (Sœurs de la). — d'Evron.	Charbonnières	16 mars 1846
Saint-Paul (Sœurs de), dites de **Saint-Maurice.** — De Chartres. .	Nogent-le-Rotrou	23 juillet 1811

FINISTÈRE (Département du)

DÉNOMINATION DE LA CONGRÉGATION, COMMUNAUTÉ, ETC. SIÈGE PRINCIPAL, NATURE ET BUT DE L'INSTITUTION	ÉTABLISSEMENTS PARTICULIERS	DATE de L'AUTORISATION
Adoration perpétuelle du Saint-Sacrement (Sœurs de l'). — M. M. à Quimper, rue de la Providence. . Congrégation enseignante.	. . . . Lambezellec	O. 24 avril 1842 1er août 1852 et 18 juillet 1856
Augustines-Hospitalières, dites de **la Miséricorde** . . . . Communauté hospitalière et enseignante.	Saint-Martin-des-Champs	D. 15 novembre 1810 et O. 9 février 1837
Augustines-Hospitalières, dites de **la Miséricorde** . . . . Communauté hospitalière et enseignante.	Pont-l'Abbé (Hospice)	D. 15 novembre 1810 et 17 mai 1859
Bénédictines de Notre-Dame du Calvaire. — M. M. à Orléans . . Congrégation enseignante.	Landerneau, au Calvaire	17 janvier 1827 et 13 juin 1827
Charité de la Providence (Sœurs de la). — M. M. à Ruillé-sur-Loir (Sarthe) . . . . Congrégation hospitalière et enseignante.	Brest, rue d'Aiguillon	21 juillet 1827
Miséricorde (Sœurs de la) . . . . . Communauté-Refuge.	Kernisy (cne de Penhars)	D. 18 septembre 1869
Petites-Sœurs des Pauvres. — M. M. à Saint-Pern (Ille-et-Vilaine). Congrégation hospitalière.	Brest, rue Conseil	16 juillet 1863
Retraite dites **du Sacré-Cœur de Jésus** (Filles de la). — M. M. à Quimper, 27, rue des Reguaires. . . . Congrégation enseignante.	. . . . Lesneven, r. de la Fontaine Brest, rue Voltaire	O. 17 janvier 1827 et 23 avril 1845 27 janvier 1828 19 octobre 1860
Sacré-Cœur (Dames du). — M. M. à Paris . . . . Congrégation enseignante.	Quimper, rue de Bourgs-les-Bourgs	14 octobre 1827
Sagesse (Filles de la). — M. M. à Saint-Laurent-sur-Sèvre (Vendée) . Congrégation hospitalière et enseignante.	Brest, hôpital de la Marine Quimperlé, rue Thiers Lesneven (hospice)	27 février 1811 Id. Id.
Saint-Esprit (Filles du). — M. M. à Saint-Brieuc . . . . Congrégation hospitalière et enseignante.	Plouguerneau Locquenolé Pleiber-Christ Taulé Riec Quimper, r. des Reguaires Elliant	15 décembre 1846 30 octobre 1849 2 juillet 1855 13 mars 1857 28 juillet 1858 4 juin 1826 et 9 mai 1859 12 novembre 1860

DÉNOMINATION DE LA CONGRÉGATION, COMMUNAUTÉ, ETC. SIÈGE PRINCIPAL, NATURE ET BUT DE L'INSTITUTION	ÉTABLISSEMENTS PARTICULIERS	DATE de L'AUTORISATION
Saint-Joseph de Cluny (Sœurs de). — M. M. à Paris . . . . Congrégation hospitalière et enseignante.	Brest, 8, rue Vauban	29 juillet 1827
Saint-Thomas de Villeneuve (Dames de). — M. M. à Paris. . . Congrégation hospitalière et enseignante.	Brest, rue Traverse Morlaix, rue du Château Landerneau (hospice) Saint-Pol-de-Léon, rue de la Salette Plougastel-Daoulas (hospice)	16 juillet 1810 Id. Id. Id. 17 octobre 1859
Ursulines. . . . . Communauté enseignante.	Morlaix, rue de Bréhat	O. 19 juillet 1826
Ursulines. . . . . Communauté enseignante.	Quimper, rue Verdelet	O. 19 juillet 1826
Ursulines. . . . . Communauté enseignante.	Saint-Pol-de-Léon, rue Cadion	O. 19 juillet 1826
Ursulines. . . . . Communauté enseignante.	Quimperlé, rue de Clohars	O. 30 juillet 1826
Ursulines. . . . . Communauté enseignante.	Carhaix	O. 27 avril 1828

DÉNOMINATION DE LA CONGRÉGATION, COMMUNAUTÉ, ETC. SIÈGE PRINCIPAL, NATURE ET BUT DE L'INSTITUTION	ÉTABLISSEMENTS PARTICULIERS	DATE de L'AUTORISATION
Assomption (Dames de l'). — M. M. à Paris . . . . Congrégation enseignante.	Nîmes, rue de Bouillargues	11 janvier 1860
Charité (Sœurs de la), dites **de Besançon**. — M. M. à Nîmes, 7, rue de la Faïence . . . . Congrégation hospitalière et enseignante.	. . . .	D. 31 juillet 1855
Charité et de l'Instruction chrétienne (Sœurs de la). — M. M. à Nevers . . . . Congrégation hospitalière et enseignante.	Aramon Bagnols Beaucaire (hospice) Beaucaire (hôtel-Dieu) Nîmes (hôpital) Le Vigan	19 janvier 1811 Id. Id. Id. Id. Id.
Charité de Saint-Vincent-de-Paul (Filles de la). — M. M. à Paris . . Congrégation hospitalière et enseignante.	Beaucaire Le Vigan	4 octobre 1846 22 janvier 1857
Franciscaines de la Petite Famille du Sacré-Cœur de Jésus. — M. M. à Alais, quai de la Comté. . . . Congrégation diocésaine garde-malades.	. . . .	D. 5 novembre 1877
Gardes-Malades de Notre-Dame Auxiliatrice. — M. M. à Montpellier . . . . Congrégation garde-malades.	Nîmes	3 décembre 1860
Instruction charitable du Saint-Enfant-Jésus (Sœurs de l'), dites **de Saint-Maur**. — M. M. à Paris. . Congrégation hospitalière et enseignante.	Nîmes, place de l'Esplanade Saint-Ambroix Uzès Bagnols	19 janvier 1811 Id. Id. Id. Id.
Marie-Thérèse (Sœurs de), dites **Servantes de Jésus** . . . . . Communauté hospitalière et enseignante [1].	Nîmes	O. 21 septembre 1838
Petites-Sœurs des Pauvres. — M. M. à Saint-Pern (Ille-et-Vilaine). Congrégation hospitalière.	Nîmes	22 avril 1874
Présentation de Marie (Sœurs de la). — De Bourg-Saint-Andéol (Ardèche) . . . . Congrégation enseignante.	Alais Anduze	23 mai 1836 29 février 1840

1. Avait été autorisé comme établissement dépendant de la congrégation des Sœurs de Marie-Thérèse de Bordeaux, autorisée par ordonnance du 17 janvier 1827 et supprimée par décret du 18 août 1882.

DÉNOMINATION DE LA CONGRÉGATION, COMMUNAUTÉ, ETC. SIÈGE PRINCIPAL, NATURE ET BUT DE L'INSTITUTION	ÉTABLISSEMENTS PARTICULIERS	DATE de L'AUTORISATION
Saint-Joseph (Hospitalières de) . . Communauté hospitalière.	Nîmes, 24, rue Jean-Reboul	D. 8 novembre 1810
Saint-Thomas de Villeneuve de Notre - Dame - de - Grâce (Sœurs hospitalières de). — M. M. à Aix. Congrégation hospitalière et enseignante.	Nîmes	25 août 1837
Ursulines. . . . . Communauté enseignante.	Sommières, rue de l'Abbé-Fabre	O. 25 septembre 1842
ÉTABLISSEMENT CONGRÉGANISTE AUTORISÉ MAIS N'EXISTANT PLUS EN FAIT		
Charité et de l'Instruction chrétienne (Sœurs de la). — De Nevers.	Villeneuve-lès-Avignon	19 janvier 1811

HAUTE-GARONNE (Département de la)

DÉNOMINATION DE LA CONGRÉGATION, COMMUNAUTÉ, ETC. SIÈGE PRINCIPAL, NATURE ET BUT DE L'INSTITUTION	ÉTABLISSEMENTS PARTICULIERS	DATE de L'AUTORISATION
Bénédictines du Saint-Sacrement. Communauté enseignante.	Toulouse, 13, place Saint-Raymond	O. 17 janvier 1827
Charité de Saint-Vincent-de-Paul (Filles de la). — M. M. à Paris . . Congrégation hospitalière et enseignante.	Fronton Roques	20 septembre 1841 3 décembre 1856
Croix (Filles de la), dites **de Saint-André.** — M. M. à la Puye (Vienne). Congrégation hospitalière et enseignante.	Paulhac Colomiers Portet Castelnau-d'Estrétefond Villefranche Saint-Lys Lherm Montberon Villematier, commune de Villemur Seysses Bruncan, commune de Sauveterre Saint-Cézert Montlaur Cugnaux Pibrac Auterive Avignonet Saint-Martin-du-Touch	20 mai 1838 11 mai 1839 24 janvier 1843 16 juillet 1844 3 octobre 1844 19 février 1848 17 février 1849 23 novembre 1850 5 décembre 1850 7 juin 1852 30 juin 1852 Id. 3 avril 1854 1er septembre 1856 18 septembre 1857 30 avril 1860 31 décembre 1860 16 janvier 1861
Croix (Sœurs de la). — M. M. à Lavaur (Tarn) . . . . Congrégation hospitalière et enseignante.	Verfeil	28 septembre 1859
Instruction charitable du Saint-Enfant-Jésus (Sœurs de l'), dites **de Saint-Maur.** — M. M. à Paris. Congrégation hospitalière et enseignante.	Toulouse, 11, rue des Teinturiers	19 janvier 1811
Miséricorde (Sœurs de la). — M. M. à Moissac (Tarn-et-Garonne). . . Congrégation hospitalière et enseignante.	Toulouse, 5, rue Picquenid	7 décembre 1853
Notre-Dame (Sœurs de). . . . . Communauté enseignante.	Toulouse, 16-20, rue Pharaon	O. 19 novembre 1826
Notre-Dame de Charité du Refuge (Sœurs de), dites **de Saint-Michel.** Communauté-Refuge.	Toulouse, 61, rue des Récollets	O. 17 août 1825
Notre-Dame de la Compassion (Sœurs de). — M. M. à Toulouse, 2, rue Romiguières . . . . Congrégation enseignante.	. . . .	O. 7 juin 1826

DÉNOMINATION DE LA CONGRÉGATION, COMMUNAUTÉ, ETC. SIÈGE PRINCIPAL, NATURE ET BUT DE L'INSTITUTION	ÉTABLISSEMENTS PARTICULIERS	DATE de L'AUTORISATION
Petites-Sœurs des Pauvres. — M. M. à Saint-Pern (Ille-et-Vilaine). Congrégation hospitalière.	Toulouse, Côte-Pavée	15 octobre 1858
Présentation de Notre-Dame (Sœurs de la). — M. M. à Castres (Tarn). . . . . Congrégation hospitalière et enseignante.	Toulouse, rue des Trente-Six-Ponts	22 décembre 1857
Sacré-Cœur (Dames du). — M. M. à Paris . . . . Congrégation enseignante.	Toulouse, 43, rue des Récollets	22 décembre 1857
Sainte-Famille (Sœurs de la). — M. M. à Toulouse, rue Saint-Roch-des-Minimes. . . . . Congrégation diocésaine, hospitalière et enseignante.	. . . .	D. 27 octobre 1875
Sainte-Famille de Nazareth (Sœurs de la). — M. M. au Plan. . . . Congrégation enseignante.	. . . . Saint-Geniès	D. 27 juillet 1855 3 septembre 1859
Saint-Nom de Jésus (Sœurs du). — M. M. à Toulouse, 8, rue des Regaus. Congrégation enseignante.	. . . . Montrejeau Cazères	O. 17 janvier 1827 28 décembre 1853 21 février 1859
Servantes de Marie. — M. M. à Anglet (Basses-Pyrénées) . . . . Congrégation hospitalière et enseignante.	Montastruc	11 juillet 1860
Visitation Sainte-Marie (Religieuses de la). . . . . Communauté enseignante.	Toulouse, 13, rue de la Dalbade	D. 29 novembre 1853
ÉTABLISSEMENT CONGRÉGANISTE AUTORISÉ MAIS N'EXISTANT PLUS EN FAIT		
Notre-Dame de la Compassion (Sœurs de). — De Toulouse . . .	Rieux	13 juillet 1857

DÉNOMINATION DE LA CONGRÉGATION, COMMUNAUTÉ, ETC. SIÉGE PRINCIPAL, NATURE ET BUT DE L'INSTITUTION	ÉTABLISSEMENTS PARTICULIERS	DATE de L'AUTORISATION
Carmélites . . . . Communauté contemplative.	Lectoure, rue Marie	O. 29 juillet 1827
Écoles chrétiennes de la Miséricorde (Sœurs des). — M. M. à Saint-Sauveur-le-Vicomte (Manche). . . Congrégation hospitalière et enseignante.	Gimont	27 mai 1868
Immaculée-Conception de la Vierge (Sœurs de l'). — M. M. à Bordeaux . . . . Congrégation enseignante.	Valence-sur-Baïse	17 janvier 1857
Notre-Dame (Sœurs de). . . . . Communauté enseignante.	Masseube, rue Nationale	O. 19 novembre 1826
Notre-Dame (Sœurs de). . . . . Communauté enseignante.	L'Isle-en-Jourdain	D. 12 mars 1856
Petites - Sœurs des Pauvres. — M. M. à Saint-Pern (Ille-et-Vilaine). Congrégation hospitalière.	Auch (Barrail)	23 octobre 1877
Providence (Sœurs de la). — M. M. à Gap . . . . Congrégation hospitalière et enseignante.	Lectoure	17 mai 1859
Sainte-Marie de Fontevrault (Sœurs de). . . . . Communauté enseignante.	Boulaur	O. 15 mai 1847
Tiers-Ordre des Filles de Marie. — M. M. à Auch, rue Augusta. . . . Congrégation hospitalière et enseignante.	. . . . Montesquiou Cologne Sarrant Fleurance Cazaubon Saint-Clar	D. 13 février 1856 et 11 novembre 1865 22 septembre 1858 22 août 1859 Id. Id. Id. 19 avril 1860
Ursulines. . . . . Communauté enseignante.	Auch, rue de l'Oratoire	O. 20 juin 1827
Ursulines. . . . . Communauté enseignante.	Auch, rue du Prieuré	O. 18 septembre 1838
Ursulines. . . . . Communauté enseignante.	Condom, rue Sainte-Eulalie	O. 30 mars 1839
ÉTABLISSEMENT CONGRÉGANISTE AUTORISÉ MAIS N'EXISTANT PLUS EN FAIT		
Marie - Immaculée (Filles de). — D'Agen	Condom	17 mai 1858

DÉNOMINATION DE LA CONGRÉGATION, COMMUNAUTÉ, ETC. SIÈGE PRINCIPAL, NATURE ET BUT DE L'INSTITUTION	ÉTABLISSEMENTS PARTICULIERS	DATE de L'AUTORISATION
Bon-Pasteur (Sœurs du). — M. M. à Caudéran, 6, cours Saint-Médard. Congrégation diocésaine hospitalière.	. . . .	D. 13 août 1867
Charité et de l'Instruction chrétienne (Sœurs de la). — M. M. à Nevers. . . . . Congrégation hospitalière et enseignante.	Bordeaux, 99, cours Saint-Jean	19 janvier 1811
	Bordeaux, chemin de la Béchade	Id.
	Bordeaux, 183, route de Toulouse	Id.
	Monségur	Id.
	Sainte-Foy-la-Grande, rue de l'Hôpital	Id.
Doctrine chrétienne (Sœurs de la). — M. M. à Bordeaux, 9, rue Bigot. Congrégation enseignante.	Saint-Christoly Gaillan	O. 28 mai 1826 7 avril 1858 5 juillet 1859
Immaculée-Conception de la Vierge (Sœurs de l'). — M. M. à Bordeaux, 36, rue du Mirail . . . . . . Congrégation enseignante.	. . . .	O. 7 juin 1826
Instruction charitable du Saint-Enfant-Jésus (Sœurs de l'), dites de Saint-Maur. — M. M. à Paris. Congrégation hospitalière et enseignante.	Bordeaux, 171, rue Saint-Genès Gensac	19 janvier 1811 24 juin 1827
Marie-Joseph (Sœurs de). — M. M. au Dorat (Haute-Vienne) . . . . Congrégation-Refuge.	Bordeaux, 237, rue Saint-Genès	24 octobre 1853
Miséricorde (Sœurs de la) . . . . Communauté-Refuge.	Bordeaux, 64, rue Sainte-Eulalie	D. 17 février 1872
Notre-Dame (Sœurs de). . . . . Communauté enseignante.	Bordeaux, 45, rue du Palais-Gallien	O. 5 avril 1827
Notre-Dame-de-Lorette (Sœurs de), dites de **Saint-Joseph de la Sainte-Famille**. — M. M. à Bordeaux, 21-33, rue Sainte-Eulalie . . . . Congrégation enseignante.	. . . .	O. 7 juin 1826
Petites-Sœurs des Pauvres. — M.M. à Saint-Pern (Ille-et-Vilaine). . . Congrégation hospitalière.	Bordeaux, 181, rue Judaïque	8 novembre 1858
Présentation de Marie (Sœurs de la). — M. M. à Bourg-Saint-Andéol (Ardèche) . . . . Congrégation enseignante.	Bordeaux, 61, route de Toulouse	19 juin 1837

DÉNOMINATION DE LA CONGRÉGATION, COMMUNAUTÉ, ETC. SIÈGE PRINCIPAL, NATURE ET BUT DE L'INSTITUTION	ÉTABLISSEMENTS PARTICULIERS	DATE de L'AUTORISATION
Réunion au Sacré-Cœur de Jésus (Sœurs de la). – M. M. à Libourne, rue Saint-Jean. . . . . Congrégation enseignante.	. . . . La Réole	O. 28 mai 1826, 6 septembre 1826 et D. 18 mars 1901 28 mai 1826
Sacré-Cœur (Dames du). — M. M. à Paris . . . . Congrégation enseignante.	Quadrille, c^{ne} de Caudéran	17 mai 1858
Sagesse (Filles de la). — M. M. à Saint-Laurent-sur-Sèvre (Vendée) . Congrégation hospitalière et enseignante.	Cadillac	27 février 1811
Saint-Joseph (Sœurs de). — M. M. à Bordeaux, 17, rue du Hâ . . . . Congrégation hospitalière et enseignante.	. . . .	D. 23 octobre 1852
Saint-Joseph (Sœurs de). — M. M. à Bourg. . . . . Congrégation hospitalière et enseignante.	Civrac (Médoc)	27 août 1851
Ursulines. . . . . Communauté enseignante.	Bordeaux, 4, place de la Monnaie	O. 25 février 1827
Ursulines. . . . . Communauté enseignante.	Bazas	O. 26 mars 1843
Ursulines. . . . . Communauté enseignante.	Langon	O. 21 juillet 1843
ÉTABLISSEMENT CONGRÉGANISTE AUTORISÉ MAIS N'EXISTANT PLUS EN FAIT		
Instruction chrétienne du Sacré-Cœur de Jésus (Sœurs de l'). . .	Bordeaux	7 juin 1826

DÉNOMINATION DE LA CONGRÉGATION, COMMUNAUTÉ, ETC. SIÈGE PRINCIPAL, NATURE ET BUT DE L'INSTITUTION	ÉTABLISSEMENTS PARTICULIERS	DATE de L'AUTORISATION
Augustines de la Charité de Notre-Dame. . . . . Communauté hospitalière.	Béziers, 3, r. des Capucins	D. 14 décembre 1810
Augustines de la Charité de Notre-Dame. . . . . Communauté hospitalière.	Clermont-l'Hérault	O. 5 mars 1826
Charité et de l'Instruction chrétienne (Sœurs de la). — M. M. à Nevers . . . . Congrégation hospitalière et enseignante.	Montpellier, rue de la Garenne Gignac	28 mars 1830 22 novembre 1860
Charité de Saint-Vincent-de-Paul (Filles de la). — M. M. à Paris. . . Congrégation hospitalière et enseignante.	Montpellier, rue du Faubourg-St-Jaumes	5 octobre 1864
Franciscaines. — M. M. à Saint-Chinian . . . . Congrégation diocésaine, hospitalière et enseignante.	. . . .	D. 8 avril 1876
Gardes-Malades de Notre-Dame Auxiliatrice. — M. M. à Montpellier, 1, rue Candolle. . . . . . Congrégation garde-malades.	. . . . Béziers Cette Matelles Lodève Pézenas Clermont Bédarieux	D. 26 mai 1858 3 décembre 1860 Id. Id. Id. Id. Id. 20 décembre 1865
Instruction charitable du Saint-Enfant-Jésus (Sœurs de l'), dites **de Saint-Maur.** — M. M. à Paris. . Congrégation hospitalière et enseignante.	Montpellier Montagnac Cette Béziers	19 janvier 1811 Id. Id. 5 mars 1814
Marie-Joseph (Sœurs de). — M. M. au Dorat (Haute-Vienne) . . . . Congrégation-Refuge.	Montpellier, chemin de Nazareth	5 mars 1860
Nativité de Notre-Seigneur Jésus-Christ (Sœurs de la). — M. M. à Valence (Drôme) . . . . . . Congrégation enseignante.	Clermont-l'Hérault Agde	22 avril 1836 19 février 1870
Notre-Dame du Refuge (Sœurs de). Communauté hospitalière.	Montpellier, 28, r. Lakanal	D. 13 août 1864
Notre-Dame de la Présentation (Sœurs de). — M. M. à Manosque (Basses-Alpes). . . . . Congrégation enseignante.	Lunel	25 novembre 1854

DÉNOMINATION DE LA CONGRÉGATION, COMMUNAUTÉ, ETC. SIÈGE PRINCIPAL, NATURE ET BUT DE L'INSTITUTION	ÉTABLISSEMENTS PARTICULIERS	DATE de L'AUTORISATION
Petites-Sœurs des Pauvres. — M. M. à Saint-Pern (Ille-et-Vilaine). Congrégation hospitalière.	Béziers Montpellier, rue Ferdinand-Fabre	13 janvier 1863 2 mai 1863
Présentation de Marie (Sœurs de la). — M. M. à Bourg-Saint-Andéol (Ardèche) . . . . Congrégation enseignante.	Roujan Pouzolles	7 octobre 1850 Id.
Sacré-Cœur (Dames du). — M. M. à Paris . . . . Congrégation enseignante.	Montpellier, rue Saint-Vincent-de-Paul	7 janvier 1861
Saint-Charles (Sœurs de). — M. M. à Lyon . . . . Congrégation hospitalière et enseignante.	Poussan Montpellier, 22, avenue de Toulouse	24 octobre 1827 27 novembre 1864
Saint-Cœur de Marie-Immaculée (Sœurs du). — M. M. à Béziers, 21, rue Ermengaud . . . . Congrégation hospitalière et enseignante.	. . . .	D. 19 août 1856
Saint-Joseph (Sœurs de). — M. M. à Lyon . . . . Congrégation hospitalière et enseignante.	Saint-Pons Bédarieux	28 août 1855 1er juin 1859
Saint-Joseph (Sœurs de), dites **de la Sainte-Famille.** — M. M. à Saint-Gervais-sur-Marc . . . . Congrégation hospitalière et enseignante.	. . . .	D. 29 novembre 1853
Ursulines. . . . . Communauté enseignante.	Pézenas	O. 30 juillet 1837
ÉTABLISSEMENT CONGRÉGANISTE AUTORISÉ MAIS N'EXISTANT PLUS EN FAIT		
Gardes-Malades de Notre-Dame Auxiliatrice. — De Montpellier.	Lunas	3 décembre 1860

ILLE-ET-VILAINE (Département d')

DÉNOMINATION DE LA CONGRÉGATION, COMMUNAUTÉ, ETC. SIÈGE PRINCIPAL, NATURE ET BUT DE L'INSTITUTION	ÉTABLISSEMENTS PARTICULIERS	DATE de L'AUTORISATION
Adoratrices de la Justice divine (Sœurs). — M. M. à Fougères, faubourg de Rillé. . . . . Congrégation hospitalière et enseignante.	. . . . Melesse Mézières	D. 1er février 1853 1er août 1857 6 décembre 1858
Charité de Notre-Dame (Sœurs de la). — M. M. à Evron (Mayenne). Congrégation hospitalière et enseignante.	Le Pertre	21 juillet 1843
Charité de la Providence (Sœurs de la). — M. M. à Ruillé-sur-Loir (Sarthe) . . . . Congrégation hospitalière et enseignante.	Corps-Nuds Fougeray Guichen Visseiche Gennes Noyal-sur-Vilaine Saint-Méloir-des-Ondes Bains Bruz Romillé Martigné-Ferchaud Irodouër Bourg-des-Comptes Amanlis La Guerche Messac Guipry	4 août 1836 6 avril 1838 11 décembre 1838 13 octobre 1839 25 décembre 1840 8 mai 1842 12 juin 1846 18 février 1818 27 janvier 1849 9 mars 1849 30 janvier 1850 20 juin 1854 17 octobre 1855 2 février 1857 19 mai 1859 26 mai 1859 Id.
Charité de Saint-Louis (Sœurs de la). — M. M. à Vannes . . . . . Congrégation enseignante.	Pléchâtel Paimpont	14 janvier 1817 29 juin 1850
Charité de Saint-Vincent-de-Paul (Filles de la). — M. M. à Paris . . Congrégation hospitalière et enseignante.	Saint-Malo, 13, rue Saint-Sauveur Redon Fougères (paroisse Saint-Léonard)	23 janvier 1844 2 février 1848 24 juillet 1856
Cœur-Immaculé de Marie (Filles du). — M. M. à Rennes, 4, rue de la Santé. . . . . Congrégation diocésaine hospitalière.	. . . . Châteaubourg (asile Saint-Joseph)	D. 9 juin 1875 24 mai 1879
Immaculée-Conception (Sœurs de l'). — M. M. à Saint-Méen . . . . . Congrégation hospitalière et enseignante.	. . . . Saint-Suliac Quédillac	D. 8 novembre 1852 26 avril 1858 9 mai 1859
Marie-Joseph (Sœurs de). — M. M. au Dorat (Haute-Vienne) . . . . Congrégation-Refuge.	Rennes, 43, faubourg Saint-Hélier	30 avril 1861

DÉNOMINATION DE LA CONGRÉGATION, COMMUNAUTÉ, ETC. SIÉGE PRINCIPAL, NATURE ET BUT DE L'INSTITUTION	ÉTABLISSEMENTS PARTICULIERS	DATE de L'AUTORISATION
Miséricorde de Jésus (Sœurs de la). Communauté hospitalière.	Rennes (hôtel-Dieu)	D. 15 novembre 1810
Miséricorde de Jésus (Sœurs de la). Communauté hospitalière.	Fougères (hôtel-Dieu)	D. 15 novembre 1810
Miséricorde de Jésus (Sœurs de la). Communauté hospitalière.	Vitré (hôtel-Dieu)	D. 15 novembre 1810
Notre-Dame de Charité du Refuge (Sœurs de), dites **de Saint-Michel.** Communauté-Refuge.	Rennes, 7, ruelle Saint-Cyr	D. 14 août 1811
Petites-Sœurs des Pauvres. — M. M. à Saint-Pern. . . . . Congrégation hospitalière.	. . . . Saint-Servan Rennes, 139, faubourg de Paris	D. 9 janvier 1856 et 21 avril 1869 23 août 1858 21 avril 1869
Sacré-Cœur (Dames du). — M. M. à Paris. . . . . Congrégation enseignante.	Rennes, 63, faubourg de Brest, et 12, ruelle Saint-Cyr	27 décembre 1858
Sacré-Cœur de Jésus (Sœurs du). — M. M. à Coutances (Manche). . Congrégation hospitalière et enseignante.	Louvigné-du-Désert	26 janvier 1856
Sagesse (Filles de la). - M. M. à Saint-Laurent-sur-Sèvre (Vendée). Congrégation hospitalière et enseignante.	Fougères (hospice) Fougères (orphelinat) Rennes, 2, rue du Manège Louvigné-de-Bais Les Ifs Miniac-Morvan Paramé Montfort Saint-Coulomb Gaël Janzé Pleurtuit Bais	27 février 1811 Id. Id. Id. Id. 27 février 1811 et 28 septembre 1859 27 février 1811 Id. 29 janvier 1826 23 mai 1836 12 mars 1837 5 novembre 1837 22 février 1859
Saints-Cœurs de Jésus et de Marie (Sœurs des), dites **de Notre-Dame des Chênes.** — M. M. à Paramé . . . . Congrégation hospitalière et enseignante.		D. 21 février 1859
Sainte-Marie de la Présentation (Sœurs de). — M. M. à Broons (Côtes-du-Nord) . . . . Congrégation hospitalière et enseignante.	Boistrudan	11 décembre 1858

DÉNOMINATION DE LA CONGRÉGATION, COMMUNAUTÉ, ETC. SIÈGE PRINCIPAL, NATURE ET BUT DE L'INSTITUTION	ÉTABLISSEMENTS PARTICULIERS	DATE de L'AUTORISATION
Saint-Thomas de Villeneuve (Dames de). — M. M. à Paris. . . Congrégation hospitalière et enseignante.	Saint-Malo (hospice)	16 juillet 1810
	Saint-Malo (hospice général)	Id.
	Rennes, 32, rue Saint-Louis	Id.
	Rennes, 2, rue de Fougères	Id.
	Rennes, à Pont-Chaillou	Id.
	Bécherel	Id.
	Baguer-Morvan	24 novembre 1849
	Bains	9 décembre 1854
	Marcillé-Robert	11 janvier 1860
	Saint-Laurent, commune de Rennes	12 novembre 1860
Sainte-Vierge (Filles de la) . . . Communauté hospitalière et enseignante.	Rennes, 54, rue Saint-Hélier	O. 17 janvier 1827
Ursulines. . . . . Communauté enseignante.	Vitré	D. 9 avril 1806 et 21 septembre 1808
Ursulines. . . . . Communauté enseignante.	Montfort	O. 20 novembre 1816
Ursulines. . . . . Communauté enseignante.	Redon	O. 30 juillet 1826
Ursulines. . . . . Communauté enseignante.	Châteaugiron	D. 5 août 1826
ÉTABLISSEMENTS CONGRÉGANISTES AUTORISÉS, MAIS N'EXISTANT PLUS EN FAIT		
Sagesse (Filles de la). — De Saint-Laurent-sur-Sèvre	Gévezé	27 février 1811
Saint-Thomas de Villeneuve (Dames de). — De Paris	Dol	16 juillet 1810
	Vitré	Id.

DÉNOMINATION DE LA CONGRÉGATION, COMMUNAUTÉ, ETC. SIÈGE PRINCIPAL, NATURE ET BUT DE L'INSTITUTION	ÉTABLISSEMENTS PARTICULIERS	DATE de L'AUTORISATION
Charité (Sœurs de la), dites **du Saint-Sacrement.** – M. M. à Bourges. Congrégation hospitalière et enseignante.	Châteauroux, rue des Cordeliers	16 février 1811
	Levroux	Id.
	Vatan	Id.
	La Châtre (hospice)	Id.
	La Châtre, rue de Juiverie	22 décembre 1835
	Déols	31 août 1846
	Saint-Gaultier	8 juin 1847
	Issoudun	15 octobre 1851
	Aigurande	29 novembre 1851
Charité du Sacré-Cœur de Jésus (Sœurs de la). — M. M. à la Salle-de-Vihiers (Maine-et-Loire) . . . Congrégation hospitalière et enseignante.	Mérigny	19 octobre 1860
Croix (Filles de la), dites **de Saint-André.** — M. M. à la Puye (Vienne). Congrégation hospitalière et enseignante.	Valençay	28 mars 1839
	Mézières-en-Brenne	19 mars 1852
Immaculée-Conception (Sœurs de l'). — M. M. à Buzançais. . . . Congrégation diocésaine, hospitalière et enseignante.	. . . .	D. 16 juin 1875
Petites-Sœurs des Pauvres. — M. M. à Saint-Pern (Ille-et-Vilaine). Congrégation hospitalière.	Châteauroux, rue Nationale	17 décembre 1864
Verbe-Incarné (Sœurs du). . . . Communauté hospitalière et enseignante.	Saint-Benoît-du-Sault	D. 26 août 1865
ÉTABLISSEMENTS CONGRÉGANISTES AUTORISÉS, MAIS N'EXISTANT PLUS EN FAIT		
Croix (Filles de la), dites **de Saint-André.** — De la Puye	Villentrois	13 mai 1841
Sainte-Anne de la Providence (Sœurs de). — De Saint-Hilaire-Saint-Florent	Châtillon-sur-Indre	14 décembre 1810

DÉNOMINATION DE LA CONGRÉGATION, COMMUNAUTÉ, ETC. SIÈGE PRINCIPAL, NATURE ET BUT DE L'INSTITUTION	ÉTABLISSEMENTS PARTICULIERS	DATE de L'AUTORISATION
Augustines . . . . Communauté hospitalière.	Tours, pl. de la Cathédrale	D. 26 décembre 1863
Augustines-Hospitalières. . . . Communauté hospitalière.	Chinon	D. 22 décembre 1811
Croix (Filles de la), dites **de Saint-André.** — M. M. à la Puye (Vienne). Congrégation hospitalière et enseignante.	Chinon, rue Jeanne-d'Arc Bossay	13 mai 1841 20 septembre 1844
Notre-Dame de Charité du Refuge (Sœurs de), dites **de Saint-Michel.** Communauté-Refuge.	Saint-Symphorien	D. 11 septembre 1816 et 13 février 1886
Petites-Sœurs des Pauvres. — M. M. à Saint-Pern (Ille-et-Vilaine). Congrégation hospitalière.	Tours, 41, rue de Lariche	8 novembre 1858
Présentation de la Sainte-Vierge (Sœurs de la).—M. M. à la Brétèche, commune de Saint-Symphorien, près Tours . . . . Congrégation hospitalière et enseignante.	. . . . Les Douets, c^{ne} de Saint-Symphorien Tours, 41, r. des Tanneurs Tours, 37-39, r. de Lariche	D. 18 janvier 1811, 14 août 1813 et 5 octobre 1845 28 juin 1856 20 juillet 1859 12 septembre 1866
Sacré-Cœur (Dames du). — M. M. à Paris . . . . Congrégation enseignante.	Marmoutiers, c^{ne} de Sainte-Radegonde	30 novembre 1858
Sacrés-Cœurs de Jésus et de Marie (Sœurs de), dites **du Saint-Esprit.** Communauté enseignante.	Tours, 17, rue de Lariche	O. 22 avril 1827
Sainte-Anne de la Providence (Sœurs de).— M. M. à Saint-Hilaire-Saint-Florent (Maine-et-Loire). . . Congrégation hospitalière et enseignante.	Candes Sainte-Maure	14 décembre 1810 Id.
Saint-Martin (Sœurs de). — M. M. à Bourgueil. . . . . Congrégation hospitalière et enseignante.	. . . .	O. 16 avril 1846
Ursulines. — M. M. à Tours, 28, rue de l'Archevêché . . . . Congrégation diocésaine enseignante.	. . . .	O. 19 juillet 1826 et D. 13 nov. 1877

DÉNOMINATION DE LA CONGRÉGATION, COMMUNAUTÉ, ETC. SIÈGE PRINCIPAL, NATURE ET BUT DE L'INSTITUTION	ÉTABLISSEMENTS PARTICULIERS	DATE de L'AUTORISATION
Chartreuses. . . . . Communauté enseignante.	Beauregard, commune de Coublevie	O. 17 janvier 1827
Gardes-Malades de Notre-Dame Auxiliatrice. — M. M. à Montpellier . . . . Congrégation garde-malades.	Vienne, 73, rue Boson Grenoble, 12, rue Saint-Joseph	10 mars 1866 22 janvier 1868
Nativité de Notre-Seigneur Jésus-Christ (Sœurs de la). — M. M. à Valence . . . . Congrégation enseignante.	Roussillon La Mure, rue du Jeu-de-Quilles	20 juin 1827 13 juillet 1857
Notre-Dame (Sœurs de). . . . . Communauté enseignante.	Vienne, montée de Bon-Accueil	O. 24 juin 1827 et 17 novembre 1838
Notre-Dame de Charité du Bon-Pasteur (Sœurs de). — M. M. à Angers . . . . Congrégation hospitalière et enseignante.	Saint-Martin-d'Hères (la Plaine)	11 mai 1864
Notre-Dame de la Croix (Sœurs de). — M. M. à Murinais . . . . Congrégation hospitalière et enseignante.	. . . . Varacieux Saint-Jean-de-Moirans	D. 27 novembre 1859 Id. Id.
Notre-Dame Sainte-Marie (Sœurs de). . . . . Communauté enseignante.	Grenoble, 8, rue des Beaux-Tailleurs, et 5 et 9, place des Tilleuls	O. 20 mars 1828
Notre-Dame Sainte-Marie (Sœurs de). . . . . Communauté enseignante.	Saint-Antoine	O. 21 décembre 1828
Notre-Dame du Saint-Rosaire (Sœurs de). — M. M. à Pont-de-Beauvoisin. . . . . Congrégation diocésaine, hospitalière et enseignante.	. . . .	D. 15 janvier 1868 et 23 janvier 1873
Petites-Sœurs des Pauvres. — M. M. à Saint-Pern (Ille-et-Vilaine). Congrégation hospitalière.	La Tronche Vienne (Estressin)	29 mars 1865 19 juin 1878
Providence (Sœurs de la). — M. M. à Corenc. Congrégation hospitalière et enseignante.	. . . . Theys Le Touvet Pact Saint-Prim Burcin La Terrasse	O. 28 mai 1826 et 31 octobre 1842 24 septembre 1826 1er avril 1827 7 février 1830 31 juillet 1844 11 mars 1845 25 octobre 1849

DÉNOMINATION DE LA CONGRÉGATION, COMMUNAUTÉ, ETC. SIÈGE PRINCIPAL, NATURE ET BUT DE L'INSTITUTION	ÉTABLISSEMENTS PARTICULIERS	DATE de L'AUTORISATION
Sacré-Cœur (Dames du). — M. M. à Paris . . . . Congrégation enseignante.	Corenc (Montfleury)	7 juillet 1858
Saint-Charles (Sœurs de). — M. M. à Lyon . . . . Congrégation hospitalière et enseignante.	Vienne, place des Capucins	26 mars 1841
Saint-Joseph (Sœurs de) . . . . Communauté hospitalière et enseignante.	Bougé-Chambalud	D. 14 novembre 1856
Saint-Sacrement (Sœurs du). — M. M. à Autun (Saône-et-Loire). . Congrégation hospitalière et enseignante.	Bourgoin, 15 et 16, rue Saint-Antoine	26 décembre 1810
Trinitaires. — M. M. à Valence. . Congrégation hospitalière et enseignante.	Marcolin Thodure Saint-André-Lapalud	10 juin 1827 13 janvier 1828 9 mars 1828
Ursulines. . . . . Communauté enseignante.	Tullins	O. 19 juillet 1826
Ursulines. . . . . Communauté enseignante.	Grenoble, 20, montée de Chalemont	O. 19 juillet 1826
Ursulines. . . . . Communauté enseignante.	Crémieu, rue du Marché-Vieux	O. 26 juillet 1826
Ursulines. . . . . Communauté enseignante.	Saint-Jean-de-Bournay	O. 6 décembre 1827
Ursulines. . . . . Communauté enseignante.	Pont-de-Beauvoisin	D. 26 septembre 1860
Ursulines. . . . . Communauté enseignante.	Viriville	D. 1er août 1864
Visitation Sainte-Marie (Religieuses de la). . . . . Communauté enseignante.	La Côte-Saint-André	O. 11 mai 1842
Visitation Sainte-Marie (Religieuses de la). . . . . Communauté enseignante.	Saint-Marcellin, rue Saint-Laurent	O. 31 août 1843
Visitation Sainte-Marie (Religieuses de la). . . . . Communauté enseignante.	Le May, commune de Voiron	D. 23 août 1858

DÉNOMINATION DE LA CONGRÉGATION, COMMUNAUTÉ, ETC. SIÈGE PRINCIPAL, NATURE ET BUT DE L'INSTITUTION	ÉTABLISSEMENTS PARTICULIERS	DATE de L'AUTORISATION
ÉTABLISSEMENTS CONGRÉGANISTES AUTORISÉS, MAIS N'EXISTANT PLUS EN FAIT		
Enfance de Jésus et de Marie (Sœurs de l'). — D'Aix.	Grenoble	5 janvier 1813
Saint-Pierre (Dames de), dites **du Sacré-Cœur de Jésus**	Montfleury, commune de Corenc	7 juin 1826 et 17 juillet 1833

DÉNOMINATION DE LA CONGRÉGATION, COMMUNAUTÉ, ETC. SIÈGE PRINCIPAL, NATURE ET BUT DE L'INSTITUTION	ÉTABLISSEMENTS PARTICULIERS	DATE de L'AUTORISATION
Charité (Sœurs de la). — M. M. à Besançon . . . . Congrégation hospitalière et enseignante.	Lons-le-Saunier, avenue Gambetta Saint-Laurent-la-Roche Maynal	21 décembre 1810 Id. 21 janvier 1861
Franciscaines de l'Immaculée-Conception (Tiers-Ordre). — M. M. à Lons-le-Saunier, rue Richebourg. Congrégation diocésaine, hospitalière et enseignante.	. . . .	D. 29 octobre 1874 et 19 avril 1879
Hospitalières . . . . Communauté hospitalière.	Dôle, rue de l'Hôtel-Dieu	D. 5 juin 1810
Hospitalières . . . . Communauté hospitalière.	Lons-le-Saunier (hôpital)	D. 14 décembre 1810
Hospitalières de Besançon (Religieuses), dites **de Saint-Jacques**. — M. M. à Besançon . . . . . Congrégation hospitalière.	Arbois (hôpital) Poligny (hôpital) Salins (hôpital)	15 novembre 1810 Id. Id.
Instruction chrétienne (Sœurs de l'), dites **de la Providence**. — M. M. à Portieux (Vosges) . . . . . . Congrégation hospitalière et enseignante.	Sellières	26 octobre 1831
Marie-Immaculée (Filles de). — M. M. à Agen . . . . Congrégation enseignante.	Arbois	15 juin 1828
Notre-Dame de Charité du Bon-Pasteur (Sœurs de). — M. M. à Angers . . . . Congrégation hospitalière et enseignante.	Dôle, faubourg de Besançon	15 janvier 1870
Petites-Sœurs des Pauvres. — M. M. à Saint-Pern (Ille-et-Vilaine). Congrégation hospitalière.	Lons-le-Saunier, route de Couliège	6 février 1875
Saint-Charles (Sœurs de). — M. M. à Nancy. . . . . Congrégation hospitalière et enseignante.	Dôle, rue du Collège	14 décembre 1810
Saint-Esprit (Hospitalières du). Communauté hospitalière et enseignante.	Poligny	D. 8 novembre 1810
Saint-Joseph (Sœurs de). — M. M. à Champagnole . . . . Congrégation hospitalière et enseignante.	. . . .	D. 25 mai 1859

DÉNOMINATION DE LA CONGRÉGATION, COMMUNAUTÉ, ETC. SIÉGE PRINCIPAL, NATURE ET BUT DE L'INSTITUTION	ÉTABLISSEMENTS PARTICULIERS	DATE de L'AUTORISATION
Saint-Sacrement (Sœurs du). — M. M. à Autun . . . . Congrégation hospitalière et enseignante.	Saint-Amour (hôpital) Cousance	26 décembre 1810 16 janvier 1843
Ursulines. . . . . Communauté enseignante.	Dôle, 14-16, rue Mont-Roland	O. 23 juillet 1826
Ursulines. . . . . Communauté enseignante.	Voiteur	D. 3 décembre 1856
ÉTABLISSEMENT CONGRÉGANISTE AUTORISÉ MAIS N'EXISTANT PLUS EN FAIT		
Saint-Joseph (Sœurs de).	Les Rousses	16 février 1826

LANDES (Département des)

DÉNOMINATION DE LA CONGRÉGATION, COMMUNAUTÉ, ETC. SIÈGE PRINCIPAL, NATURE ET BUT DE L'INSTITUTION	ÉTABLISSEMENTS PARTICULIERS	DATE de L'AUTORISATION
Croix (Filles de la), dites **de Saint-André.** — M. M. à la Puye (Vienne). Congrégation hospitalière et enseignante.	Sorde Pouillon (Saint-Joseph) Saint-Pandelon	3 août 1853 22 juin 1857 14 mai 1860
Doctrine chrétienne (Sœurs de la). — M. M. à Bordeaux. . . . . . Congrégation enseignante.	Roquefort	26 mars 1841
Notre-Dame de Lorette (Sœurs de), dites **de Saint-Joseph de la Sainte-Famille.** — M. M. à Bordeaux. . . . . Congrégation enseignante.	Mont-de-Marsan, rue Notre-Dame-de-Lorette	5 septembre 1836
Réunion au Sacré-Cœur de Jésus (Sœurs de la). — M. M. à Libourne. Congrégation enseignante.	Dax, rue du Palais	23 mai 1836
Ursulines. . . . . : . . . . Communauté enseignante.	Aire, rue Chanzy	O. 23 juillet 1826
Ursulines. . . . . Communauté enseignante.	Saint-Sever	O. 23 juillet 1826
Ursulines. . . . . Communauté enseignante.	Tartas	O. 17 septembre 1831
Établissement congréganiste autorisé, mais n'existant plus en fait		
Immaculée-Conception de la Vierge (Sœurs de l'). — De Bordeaux.	Montaut Saint-Justin	11 novembre 1848 18 octobre 1856
DÉNOMINATION DE LA CONGRÉGATION, COMMUNAUTÉ, ETC. SIÈGE PRINCIPAL, NATURE ET BUT DE L'INSTITUTION		L'AUTORISATION

LOIR-ET-CHER (Département de).

DÉNOMINATION DE LA CONGRÉGATION, COMMUNAUTÉ, ETC. SIÈGE PRINCIPAL, NATURE ET BUT DE L'INSTITUTION	ÉTABLISSEMENTS PARTICULIERS	DATE de L'AUTORISATION
Bénédictines de Notre-Dame du Calvaire. — M. M. à Orléans . . Congrégation enseignante.	Vendôme, rue du Puits	18 mars 1827
Carmélites . . . . Communauté contemplative.	Blois, 24, rue des Rouillis	O. 24 octobre 1827
Charité (Sœurs de la), dites **du Saint-Sacrement.** — M. M. à Bourges. . Congrégation hospitalière et enseignante.	Romorantin Chaumont-sur-Tharonne	16 février 1811 13 août 1856
Charité de la Providence (Sœurs de la). — M. M. à Ruillé-sur-Loir (Sarthe) . . . . Congrégation hospitalière et enseignante.	Montoire, rue Saint-Laurent Troô	20 janvier 1840 26 mai 1848
Instruction chrétienne (Dames de l'). — M. M. à Vendôme. . . . . . Congrégation diocésaine enseignante.	. . . .	D. 15 janvier 1870
Nativité de la Sainte-Vierge (Sœurs de la). — M. M. à Saint-Germain-en-Laye (Seine-et-Oise). . . . . Congrégation enseignante.	Pontlevoy	4 juillet 1850
Notre-Dame de Charité du Refuge (Sœurs de), dites **de Saint-Michel** . . . . Communauté-Refuge.	Blois, 11, rue de la Paix	D. 26 décembre 1863
Notre-Dame de la Providence (Sœurs de). — M. M. à Blois, 23, rue des Saintes-Maries . . . . Congrégation diocésaine enseignante.	. . . .	D. 23 février 1870
Petites-Sœurs des Pauvres. — M. M. à Saint-Pern (Ille-et-Vilaine). Congrégation hospitalière.	Blois, 85, rue du Foix	16 juillet 1863
Sagesse (Filles de la). — M. M. à Saint-Laurent-sur-Sèvre (Vendée). Congrégation hospitalière et enseignante.	Blois (hôtel-Dieu) Vendôme (hôpital)	27 février 1811 Id.
Saint-Cœur de Marie (Sœurs du). . Communauté hospitalière et enseignante.	Vendôme, rue du Saint-Cœur	6 janvier 1853
Saint-Paul (Sœurs de), dites **de Saint-Maurice.** — M. M. à Chartres . . Congrégation hospitalière et enseignante.	Cour-Cheverny Montrichard Vineuil Selles-sur-Cher Id.	23 juillet 1811 Id. Id. Id. 22 juillet 1851

DÉNOMINATION DE LA CONGRÉGATION, COMMUNAUTÉ, ETC. SIÈGE PRINCIPAL, NATURE ET BUT DE L'INSTITUTION	ÉTABLISSEMENTS PARTICULIERS	DATE de L'AUTORISATION
Ursulines. . . . . Communauté enseignante.	Blois, 37, rue du Bourg-Neuf	O. 17 septembre 1826
ÉTABLISSEMENTS CONGRÉGANISTES AUTORISÉS, MAIS N'EXISTANT PLUS EN FAIT		
Présentation de la Sainte-Vierge (Sœurs de la). — De Tours. . . .	Huisseau-en-Beauce	20 mars 1851
Saint-Paul (Sœurs de), dites de *Saint-Maurice.* — De Chartres. .	Blois (hospice) Blois, bureau de bienfaisance	23 juillet 1811 Id.

DÉNOMINATION DE LA CONGRÉGATION, COMMUNAUTÉ, ETC. SIÈGE PRINCIPAL, NATURE ET BUT DE L'INSTITUTION	ÉTABLISSEMENTS PARTICULIERS	DATE de L'AUTORISATION
Augustines de la Charité de Notre-Dame . . . . Communauté hospitalière.	Montbrison	D. 8 novembre 1810
Augustines de la Charité de Notre-Dame. . . . . Communauté hospitalière.	Feurs	D. 8 novembre 1810
Augustines de la Charité de Notre-Dame. . . . . Communauté hospitalière.	Roanne	D. 8 novembre 1810
Augustines de la Charité de Notre-Dame. . . . . Communauté hospitalière.	Saint-Chamond	D. 8 novembre 1810
Charité de Saint-Vincent-de-Paul (Filles de la). — M. M. à Paris. . Congrégation hospitalière et enseignante.	Le Coteau Saint-Chamond	30 octobre 1849 11 juin 1850
Enfant-Jésus (Sœurs de l'). — M. M. à Claveisolles (Rhône). . . . . . Congrégation enseignante.	Leigneux Chuyer	7 décembre 1859 12 novembre 1860
Petites-Sœurs des Pauvres. — M. M. à Saint-Pern (Ille-et-Vilaine). Congrégation hospitalière.	Saint-Étienne, 28, rue Denis-Épitalon Roanne, 25, quai du Bassin Rive-de-Gier, vallée d'Egarande	9 janvier 1861 7 septembre 1863 30 janvier 1878
Saint-Charles (Sœurs de). — M. M. à Lyon. . . . . Congrégation hospitalière et enseignante.	Saint-Jodart Saint-Étienne Montbrison Panissières Saint-Chamond Saint-Galmier Saint-Germain-Laval Perreux Violay Sainte-Agathe-en-Donzy Chazelles-sur-Lyon Pradines Coutrouve Mars Roanne Boën Poncin Maringes Feurs Montbrison (hospice) Montbrison (asiles) Ambierle Saint-Just-en-Chevalet	12 janvier 1813 Id. Id. Id. Id. Id. Id. Id. Id. Id. Id. Id. Id. Id. 2 août 1816 18 mars 1827 Id. Id. Id. Id. Id. Id. Id.

DÉNOMINATION DE LA CONGRÉGATION, COMMUNAUTÉ, ETC. SIÈGE PRINCIPAL, NATURE ET BUT DE L'INSTITUTION	ÉTABLISSEMENTS PARTICULIERS	DATE de L'AUTORISATION
Sœurs de Saint-Charles, de Lyon (Suite).	Néronde	18 mars 1827
	Roanne, Notre-Dame-des-Victoires	Id.
	Villemontais	Id.
	Pélussin	Id.
	Malleval	Id.
	Saint-Bonnet-le-Château	Id.
	Lay	28 septembre 1828
	Saint-Etienne, 13, rue Saint-Ennemond	31 août 1843
	Roanne, place du Phénix	2 juillet 1855
	Noirétable	12 juin 1856
	Rive-de-Gier, rue de Lyon	16 mars 1860
Saint-Joseph (Sœurs de) . . . . Communauté hospitalière et enseignante.	Saint-Etienne	10 avril 1812
	Chambon-Feugerolles	Id.
	Saint-Genest-Malifaux	Id.
	Saint-Christot-en-Jarez	Id.
	Firminy	Id.
	Chevrières	Id.
	Rochetaillée	Id.
	Saint-Nizier-de-Fornas	Id.
	Usson	Id.
	Saint-Jean-Bonnefonds	Id.
	Saint-Chamond	Id.
	Périgneux	Id.
	Saint-Hilaire-Cusson-la-Valmitte	Id.
	Saint-Rambert-sur-Loire	Id.
	Saint-Julien-en-Jarez	Id.
	La Valla (Saint-Chamond)	Id.
	Doizieu (Saint-Just)	Id.
	Saint-Maurice-en-Gourgois	Id.
	Estivareilles	Id.
	Rozier-Côtes d'Aurec	Id.
	Apinac	Id.
	Saint-Romain-les-Atheux	Id.
	Grammond	Id.
	Bouthéon	Id.
	Luriecq	Id.
	La Ricamarie	Id.
	Planfoy	Id.
	Jonzieux	Id.
	Marlhes	Id.
	Valfleury	Id.
	Bourg-Argental	Id.
	Fontanès	Id.
	Saint-Sauveur-en-Rue	Id.
	Sury-le-Comtal	Id.
	Saint-Just-en-Bas	Id.
	Roche	Id.
	Chalain-le-Comtal	Id.
	Saint-Marcelin	Id.
	Saint-Genest-Lerpt	Id.

DÉNOMINATION DE LA CONGRÉGATION, COMMUNAUTÉ, ETC. SIÈGE PRINCIPAL, NATURE ET BUT DE L'INSTITUTION	ÉTABLISSEMENTS PARTICULIERS	DATE de L'AUTORISATION
Saint-Joseph (Sœurs de). — M. M. à Lyon . . . . Congrégation hospitalière et enseignante.	Burdignes	30 juillet 1828
	Chalmazelles	Id.
	Champdieu	Id.
	Chatelus	Id.
	La Fouillouse	Id.
	Lupé	Id.
	Maclas	Id.
	Marols	Id.
	Moingt	Id.
	Montbrison	Id.
	Neulize	Id.
	Pavezin	Id.
	Pouilly-les-Feurs	Id.
	Rozier-en-Donzy	Id.
	Saint-Bonnet-le-Coureau	Id.
	Saint-Cyr-les-Vignes	Id.
	Saint-Didier-sur-Rochefort	Id.
	Saint-Etienne, 1, rue de la Mi-Carême	Id.
	Saint-Etienne, 6, rue Providence	Id.
	Saint-Etienne (Pieux-Secours), 35, rue de la Paix	Id.
	Saint-Germain-l'Espinasse	Id.
	Saint-Héand	Id.
	Doizieu (Saint-Laurent)	Id.
	Saint-Jean-de-Soleymieux	Id.
	Doizieu (Saint-Just)	Id.
	Saint-Just-la-Pendue	Id.
	Saint-Marcel-de-Félines	Id.
	Saint-Martin-en-Coailleux	30 juillet 1828 et 9 mai 1850
	Saint-Paul-en-Cornillon	30 juillet 1828
	Saint-Paul-en-Jarez	Id.
	Saint-Pierre-de-Bœuf	Id.
	Saint-Vincent-de-Boisset	Id.
	Sorbiers	Id.
	Saint-Etienne-Valbenoite, place de l'Abbaye	Id.
	Veauche	Id.
	Villers	Id.
	Bard	8 février 1829
	Bellegarde	Id.
	Virignieux	Id.
	Saint-Romain-d'Urfé	29 novembre 1829
	Balbigny	6 janvier 1830
	Saint-Victor-sur-Rhins	Id.
	Verrières	Id.
	Saint-Etienne (refuge), 22, rue Claude-Delaroa	26 novembre 1840
	Chirassimont	11 juillet 1842
	Montchal	14 novembre 1848
	Nandax	20 mars 1851
	Cottance	3 juillet 1853
	Belleroche	17 novembre 1853

DÉNOMINATION DE LA CONGRÉGATION, COMMUNAUTÉ, ETC. SIÈGE PRINCIPAL, NATURE ET BUT DE L'INSTITUTION	ÉTABLISSEMENTS PARTICULIERS	DATE de L'AUTORISATION
Sœurs de Saint-Joseph de Lyon (Suite).	Saint-André-d'Apchon	25 mars 1854
	Bully	19 avril 1854
	Crémeaux	27 juin 1854
	Chevrières	6 novembre 1854
	Saint-Priest-en-Jarez	24 janvier 1855
	Champoly	7 février 1855
	Sainte-Colombe	26 avril 1856
	Vendranges	12 juin 1856
	Saint-Jean-Bonnefonds	7 août 1856
	La Ricamarie	3 décembre 1856
	Mably	Id.
	Roche	Id.
	Saint-Denis-sur-Coise	16 décembre 1856
	La Pacaudière	28 février 1857
	Saint-Haon-le-Châtel	15 avril 1857
	Cellieu	24 août 1857
	Villerest	18 septembre 1857
	Saint-Martin-la-Sauveté	7 avril 1858
	Saint-Jean-la-Vêtre	22 novembre 1858
	Saint-Nizier-de-Fornas	9 mai 1859
	Izieux	19 septembre 1859
Sainte-Marthe (Sœurs de). . . . Communauté hospitalière.	Saint-Bonnet-le-Château	D. 25 novembre 1810
Sainte-Marthe (Sœurs de). . . . Communauté hospitalière.	Charlieu	D. 25 novembre 1810
Saint-Sacrement(Sœurs du).—M.M. à Autun (Saône-et-Loire). . . . . Congrégation hospitalière et enseignante.	Perreux Chavanay	26 décembre 1810 25 octobre 1854
Ursulines. . . . . Communauté enseignante.	Bourg-Argental	O. 26 juillet 1826
Ursulines. . . . . Communauté enseignante.	Saint-Chamond	O. 6 septembre 1826
ÉTABLISSEMENTS CONGRÉGANISTES AUTORISÉS, MAIS N'EXISTANT PLUS EN FAIT		
Saint-Charles (Sœurs de). — De Lyon	Saint-Martin-Lestra	18 mars 1827
Saint-Joseph (Sœurs de). — De Lyon	Saint-Michel	6 décembre 1858

DÉNOMINATION DE LA CONGRÉGATION, COMMUNAUTÉ, ETC. SIÈGE PRINCIPAL, NATURE ET BUT DE L'INSTITUTION	ÉTABLISSEMENTS PARTICULIERS	DATE de L'AUTORISATION
Charité de Saint-Vincent-de-Paul (Filles de la). — M. M. à Paris. . . Congrégation hospitalière et enseignante.	Le Puy, 4, avenue de Polignac	25 juin 1841
Clarisses. . . . . Communauté enseignante.	Le Puy, 2, rue Sainte-Claire	O. 3 février 1816
Croix (Sœurs de la). . . . . . . Communauté hospitalière.	Craponne	O. 10 février 1828
Croix (Sœurs de la). . . . . . . Communauté hospitalière et enseignante.	Montusclat	O. 19 octobre 1828
Croix (Sœurs de la). . . . . . . Communauté hospitalière.	Le Puy (hôpital général), rue Grasmanent	D. 8 décembre 1833
Croix (Sœurs de la). . . . . . . Communauté hospitalière et enseignante.	Saint-Pal-en-Chalençon	D. 9 mars 1870
Croix (Sœurs de la). . . . . . . Communauté hospitalière.	Sainte-Sigolène	D. 9 juin 1875
Dominicaines de la Mère Agnès . Communauté hospitalière et enseignante.	Le Puy, 30, boulevard Carnot	O. 29 février 1816
Instruction de l'Enfant-Jésus (Sœurs de l'). — M. M. au Puy, 2, rue de Vienne. . . . . Congrégation enseignante.	. . . .	O. 24 janvier 1843
Notre-Dame (Sœurs de). . . . . Communauté enseignante.	Pradelles	O. 19 novembre 1826
Notre-Dame (Sœurs de). . . . . Communauté enseignante.	Le Puy, avenue Alexandre-Clair	D. 26 janvier 1854
Notre-Dame de Charité du Bon-Pasteur (Sœurs de). — M. M. à Angers. . . . . Congrégation hospitalière et enseignante.	Le Puy, rue de Vienne	6 août 1855
Saint-Charles (Sœurs de). . . . Communauté hospitalière et enseignante.	Le Puy, 28, rue Vanneau	D. 30 décembre 1868
Saint-Dominique (Sœurs de). . . Communauté hospitalière et enseignante.	Allègre	O. 22 avril 1827
Saint-Dominique (Sœurs de). . . Communauté hospitalière et enseignante.	Craponne	O. 22 avril 1827

DÉNOMINATION DE LA CONGRÉGATION, COMMUNAUTÉ, ETC. SIÈGE PRINCIPAL, NATURE ET BUT DE L'INSTITUTION	ÉTABLISSEMENTS PARTICULIERS	DATE de L'AUTORISATION
Saint-Dominique (Sœurs de) . . Communauté hospitalière et enseignante.	Le Monastier	O. 20 juin 1830
Saint-Dominique (Sœurs de). . . Communauté hospitalière.	Brioude	D. 5 mai 1869
Saint-Dominique (Sœurs de), dites de **Sainte-Catherine** . . . . . Communauté enseignante.	Langeac	D. 2 février 1854
Saint-François (Sœurs de). . . . Communauté hospitalière et enseignante.	Allègre	O. 22 avril 1827
Saint-François (Sœurs de). . . . Communauté hospitalière et enseignante.	Le Mas (Tence)	D. 22 janvier 1868
Saint-Joseph (Sœurs de). — M. M. au Puy, 26, rue des Farges. . . . Congrégation diocésaine, hospitalière et enseignante.	. . . .	O. 22 avril 1827, 1er septembre 1827, et D. 23 octobre 1867
	Aurec	O. 1er septembre 1827 et D. 23 octobre 1867
	Bas	Id.
	Beaune	Id.
	Beauzac	Id.
	Blesle	Id.
	Boisset	Id.
	Borne	Id.
	Brioude	Id.
	Chamalières	Id.
	Craponne	Id.
	Dunières	Id.
	Fay-le-Froid	Id.
	Félines	Id.
	Grazac	Id.
	Jullianges	Id.
	La Chapelle-d'Aurec	Id.
	Lapte	Id.
	Loudes	Id.
	Montfaucon	Id.
	Montregard	Id.
	Monistrol-sur-Loire	Id.
	Monlet	Id.
	Pebrac	Id.
	Raucoulles	Id.
	Retournac	Id.
	Riotord	Id.
	Saint-André-de-Chalençou	Id.
	Saint-Arcons-d'Allier	Id.
	Saint-Bonnet-le-Froid	Id.
	Saint-Ferréol-d'Auroure	Id.
	Saint-Front	Id.
	Saint-Geneys, près Saint-Paulien	Id.

DÉNOMINATION DE LA CONGRÉGATION, COMMUNAUTÉ, ETC. SIÈGE PRINCIPAL, NATURE ET BUT DE L'INSTITUTION	ÉTABLISSEMENTS PARTICULIERS	DATE de L'AUTORISATION
Sœurs de Saint-Joseph, du Puy (Suite).	Saint-Georges-l'Agricol	1er septembre 1827 et 23 octobre 1867
	Saint-Haon	Id.
	Saint-Hostien	Id.
	Saint-Jeures	Id.
	Saint-Jean-d'Aubrigoux	Id.
	Saint-Julien-d'Ance	Id.
	Saint-Julien-Chapteuil	Id.
	Saint-Julien-Molhesabate	Id.
	Saint-Just, près Chomelix	Id.
	Saint-Maurice-de-Lignon	Id.
	Saint-Maurice-de-Roche	Id.
	Saint-Paulien	Id.
	Saint-Pierre-du-Champ	Id.
	Sainte-Sigolène	Id.
	Saint-Victor-Malescours	Id.
	Sembadel	Id.
	Tence	Id.
	Valprivas	Id.
	Yssingeaux	Id.
	Araules	14 octobre 1827 et 23 octobre 1867
	Saint-Just-Malmont	Id.
	Saint-Pal-de-Mons	Id.
	Saint-Préjet-d'Allier	Id.
	Saint-Romain-la-Chalm	Id.
	Malvalette	23 janvier 1828 et 23 octobre 1867
	Saint-Jean-la-Chalm	11 juillet 1866 et 23 octobre 1867
Sainte-Marie de Fontevrault (Sœurs de). . . . . Communauté enseignante.	Brioude, 17, rue des Olliers	O. 15 juillet 1829
Saint-Sacrement (Sœurs du). — M. M. à Autun (Saône-et-Loire). . Congrégation hospitalière et enseignante.	La Chaise-Dieu	26 décembre 1810
Tiers-Ordre de la Pénitence de Saint-François (Sœurs du) . . . Communauté hospitalière et enseignante.	Langeac	D. 29 juillet 1854
Tiers-Ordre régulier de Notre-Dame du Mont-Carmel (Sœurs du). Communauté hospitalière et enseignante.	Saugues	D. 3 mai 1860
Tiers-Ordre de Saint-Dominique (Sœurs du). . . . . Communauté hospitalière et enseignante.	Langeac	D. 6 novembre 1854
Tiers-Ordre de Saint-Dominique (Sœurs du). . . . . Communauté hospitalière et enseignante.	Saint-Just-Malmont	D. 9 juin 1858

DÉNOMINATION DE LA CONGRÉGATION, COMMUNAUTÉ, ETC. SIÈGE PRINCIPAL, NATURE ET BUT DE L'INSTITUTION	ÉTABLISSEMENTS PARTICULIERS	DATE de L'AUTORISATION
Tiers-Ordre de Saint-Dominique (Sœurs du), dites *de Saint-Pierre.* Communauté hospitalière et enseignante.	Le Puy, rue des Farges	D. 11 juin 1858
Ursulines. . . . . Communauté enseignante.	Monistrol-sur-Loire	D. 15 juin 1854
Visitation Sainte-Marie (Religieuses de la). . . . . Communauté enseignante.	Le Puy, place Saint-Maurice	D. 1er février 1854
Visitation Sainte-Marie (Religieuses de la). . . . . Communauté enseignante.	Brioude, montée Saint-Laurent	D. 14 novembre 1856
ÉTABLISSEMENTS CONGRÉGANISTES AUTORISÉS, MAIS N'EXISTANT PLUS EN FAIT		
Notre-Dame (Sœurs de).	Lamothe	19 novembre 1826
Saint-Dominique (Sœurs de) . . .	Sainte-Florine	10 janvier 1830

DÉNOMINATION DE LA CONGRÉGATION, COMMUNAUTÉ, ETC. SIÈGE PRINCIPAL, NATURE ET BUT DE L'INSTITUTION	ÉTABLISSEMENTS PARTICULIERS	DATE de L'AUTORISATION
Bénédictines de Notre-Dame du Calvaire. — M. M. à Orléans. . Congrégation enseignante.	Machecoul	6 juillet 1828
Charité du Sacré-Cœur de Jésus (Sœurs de la). — M. M. à la Salle-de-Vihiers (Maine-et-Loire) . . . Congrégation hospitalière et enseignante.	Saint-Mars-la-Jaille Maumusson	24 octobre 1855 21 janvier 1861
Franciscaines. — M. M. à Saint-Philbert-de-Grandlieu . . . . . Congrégation diocésaine, hospitalière et enseignante.	. . . .	D. 11 juin 1858 et 9 novembre 1874
Instruction chrétienne (Sœurs de l'). — M. M. à Saint-Gildas-des-Bois. . Congrégation hospitalière et enseignante.	. . . . Legé Casson Abbaretz Anetz Sainte-Marie Vertou	O. 24 septembre 1836 11 mai 1842 9 février 1852 19 août 1853 4 juin 1857 13 juillet 1857 12 octobre 1857
Jésus-Christ Bon-Pasteur et de Marie-Immaculée (Sœurs de). Communauté-Refuge.	Nantes, 18, route de Paris	D. 19 septembre 1874
Notre-Dame de Charité du Refuge (Sœurs de), dites **de Saint-Michel.** Communauté-Refuge.	Nantes, 13, rue de Gigant	D. 6 juin 1811
Petites-Sœurs des Pauvres. — M. M. à Saint-Pern (Ille-et-Vilaine). Congrégation hospitalière.	Nantes, passage Russeil Chantenay (abbaye)	23 août 1858 9 juin 1874
Providence (Sœurs de la), dites **de Marie-Joseph.** — M. M. à la Pommeraye (Maine-et-Loire) . . . . Congrégation hospitalière et enseignante.	La Boissière-du-Doré	28 avril 1855
Sacré-Cœur (Dames du). — M. M. à Paris . . . . Congrégation enseignante.	Nantes, 25, rue de Paris	17 mai 1858
Sagesse (Filles de la). — M. M. à Saint-Laurent-sur-Sèvre (Vendée). Congrégation hospitalière et enseignante.	Nantes, hospice civil et militaire Nantes, hospice Nantes Paimbœuf Machecoul Le Croisic Guérande Bourgneuf	27 février 1811 Id. Id. Id. Id. Id. Id. Id.

DÉNOMINATION DE LA CONGRÉGATION, COMMUNAUTÉ, ETC. SIÈGE PRINCIPAL, NATURE ET BUT DE L'INSTITUTION	ÉTABLISSEMENTS PARTICULIERS	DATE de L'AUTORISATION
Saint-Esprit (Filles du). — M. M. à Saint-Brieuc . . . . Congrégation hospitalière et enseignante.	Saint-Herblon	18 décembre 1851
Saint-Joseph de la Providence (Sœurs de) . . . . Communauté hospitalière.	Nantes, 19-23, rue des Orphelins	D. 8 novembre 1810
Saint-Thomas de Villeneuve (Dames de). — M. M. à Paris . . . . . Congrégation hospitalière et enseignante.	Châteaubriant	16 juillet 1810
Ursulines. . . . . Communauté enseignante.	Nantes, 33, rue Saint-Clément	O. 23 juillet 1826
Visitation Sainte-Marie (Religieuses de la). . . . . Communauté enseignante.	Nantes, 8, rue Saint-Clément	D. 17 mai 1858

DÉNOMINATION DE LA CONGRÉGATION, COMMUNAUTÉ, ETC. SIÈGE PRINCIPAL, NATURE ET BUT DE L'INSTITUTION	ÉTABLISSEMENTS PARTICULIERS	DATE de L'AUTORISATION
Augustines-Hospitalières . . . . Communauté hospitalière.	Orléans, rue Porte-Madeleine	D. 22 octobre 1810
Bénédictines de Notre-Dame du Calvaire. — M. M. à Orléans, rue des Gobelets . . . . . . Congrégation enseignante.	. . . .	O. 17 janvier 1827
Bon-Pasteur (Sœurs du). . . . . Communauté-Refuge.	Orléans, 61, faubourg Madeleine	O. 22 avril 1827
Bon-Secours de Notre-Dame Auxiliatrice (Sœurs du). — M. M. à Paris . . . . Congrégation garde-malades.	Orléans, 8, rue Sainte-Anne	20 décembre 1852
Charité (Sœurs de la), dites **du Saint-Sacrement.** — M. M. à Bourges. . Congrégation hospitalière et enseignante.	Jargeau Montargis Ouzouer-sur-Trézée	16 février 1811 28 avril 1857 3 février 1860
Charité de la Providence (Sœurs de la). — M. M. à Ruillé-sur-Loir (Sarthe) . . . . Congrégation hospitalière et enseignante.	Orléans, 1, rue Porte-Madeleine Orléans (Notre-Dame-des-Aydes), 323, faubourg Bannier Ferolles Loury	20 janvier 1840 30 septembre 1844 28 juillet 1845 19 janvier 1859
Charité de Saint-Vincent-de-Paul (Filles de la). — M. M. à Paris . . Congrégation hospitalière et enseignante.	Auxy	22 janvier 1849
Croix (Filles de la), dites **de Saint-André.** — M. M. à la Puye (Vienne). Congrégation hospitalière et enseignante.	Cléry Malesherbes Neuville-aux-Bois	27 mai 1827 19 juin 1837 7 septembre 1848
Petites-Sœurs des Pauvres. — M. M. à Saint-Pern (Ille-et-Vilaine). Congrégation hospitalière.	Orléans, 56, rue Bellébat	21 février 1863
Présentation de la Sainte-Vierge (Sœurs de la). — M. M. à Tours . . Congrégation hospitalière et enseignante.	Châtillon-Coligny Meung-sur-Loire Lorris Orléans, 23, rue Sainte-Anne	19 janvier 1811 Id. Id. 22 décembre 1857
Sagesse (Filles de la). — M. M. à Saint-Laurent-sur-Sèvre (Vendée). Congrégation hospitalière et enseignante.	Orléans (Sainte-Croix), 16, cloître de la Cathédrale Orléans (Saint-Pierre), 7, rue du Gros-Anneau	27 février 1811 Id.

DÉNOMINATION DE LA CONGRÉGATION, COMMUNAUTÉ, ETC. SIÈGE PRINCIPAL, NATURE ET BUT DE L'INSTITUTION	ÉTABLISSEMENTS PARTICULIERS	DATE de L'AUTORISATION
Filles de la Sagesse, de Saint-Laurent-sur-Sèvre (Suite)	Orléans (Saint-Paterne), 26, rue des Grands-Champs	27 février 1811
	Orléans (Saint-Marceau), 117, rue Saint-Marceau	Id.
	Montargis	Id.
Saint-Aignan (Sœurs de). — M. M. à Orléans, 20, rue Saint-Marc . . . Congrégation hospitalière et enseignante.	. . . .	D. 3 octobre 1855
Ursulines. . . . . Communauté enseignante.	Beaugency	O. 5 juillet 1826
Ursulines. . . . . Communauté enseignante.	Orléans, rue de Coligny	O. 30 juillet 1826
ÉTABLISSEMENT CONGRÉGANISTE AUTORISÉ MAIS N'EXISTANT PLUS EN FAIT		
Présentation de la Sainte-Vierge (Sœurs de la). — De Tours. . . .	Lailly	19 janvier 1811

LOT (Département du)

DÉNOMINATION DE LA CONGRÉGATION, COMMUNAUTÉ, ETC. SIÈGE PRINCIPAL, NATURE ET BUT DE L'INSTITUTION	ÉTABLISSEMENTS PARTICULIERS	DATE de L'AUTORISATION
Bénédictines de Notre-Dame du Calvaire. — M. M. à Orléans. . . Congrégation enseignante.	Lacapelle-Marival	30 septembre 1827 et 8 mai 1845
Charité et de l'Instruction chrétienne (Sœurs de la). — M. M. à Nevers. . . . . Congrégation hospitalière et enseignante.	Figeac Figeac Saint-Céré Cahors, rue Jean-Caviole	19 janvier 1811 Id. Id. 15 janvier 1859
Charité de Saint-Vincent-de-Paul (Filles de la). — M. M. à Paris. . . Congrégation hospitalière et enseignante.	Payrac	25 février 1860
Clarisses. . . . . Communauté enseignante	Gourdon	O. 22 avril 1827
Enfant-Jésus (Sœurs de l'), dites de **l'Instruction.** — M. M. à Aurillac. Congrégation enseignante.	Espédaillac	9 janvier 1860
Gardes-Malades de Notre-Dame Auxiliatrice (Sœurs). — M. M. à Montpellier. . . . . Congrégation garde-malades.	Cahors, rue du Château-du-Roi	1er décembre 1868
Jésus (Filles de). — M. M. à Vaylats. Congrégation hospitalière et enseignante.	. . . . Cahors, place de la Verrerie Bagnac Beauregard Goujounac Floirac Frayssinet	D. 10 novembre 1853 6 décembre 1858 Id. 11 décembre 1858 9 mai 1859 5 mars 1860 1er février 1861
Miséricorde (Sœurs de la). — M. M. à Moissac (Tarn-et-Garonne). . . Congrégation hospitalière et enseignante.	Cahors, cours de la Chartreuse	24 février 1828
Miséricorde (Sœurs de la). — M. M. à Montcuq. . . . . Congrégation hospitalière et enseignante.	. . . .	O. 11 juillet 1846
Miséricorde (Sœurs de la), dites **du Refuge.** . . . . Communauté-Refuge.	Cahors, 14, cours de la Chartreuse	D. 6 janvier 1869
Notre-Dame du Calvaire (Sœurs de). — M. M. à Gramat. . . . . Congrégation hospitalière et enseignante.	. . . . Meyronne Limogne	D. 8 décembre 1853 17 octobre 1859 3 février 1860

DÉNOMINATION DE LA CONGRÉGATION, COMMUNAUTÉ, ETC. SIÈGE PRINCIPAL, NATURE ET BUT DE L'INSTITUTION	ÉTABLISSEMENTS PARTICULIERS	DATE de L'AUTORISATION
Sainte-Famille (Sœurs de la). — M. M. à Villefranche (Aveyron). Congrégation hospitalière et enseignante.	Fons Figeac	28 avril 1842 16 novembre 1845
Saint-Joseph (Sœurs de), dites **de** l'Union . . . . Communauté enseignante.	Sainte-Colombe	D. 15 mars 1854
Ursulines . . . . Communauté enseignante.	Sousceyrac	O. 30 juillet 1826
Visitation Sainte-Marie (Religieuses de la). . . . . Communauté enseignante.	Saint-Céré	O. 22 avril 1827
ÉTABLISSEMENTS CONGRÉGANISTES AUTORISÉS, MAIS N'EXISTANT PLUS EN FAIT		
Jésus (Filles de). — De Vaylats . .	Issendolus	16 juin 1857
Présentation de la Sainte-Vierge (Sœurs de la). — De Tours . . .	Saint-Martin-de-Vers	23 février 1837
Réparation (Dames de la)	Cahors	23 janvier 1873
Saint-Joseph (Sœurs de), dites **de** l'Union	Rudelle	20 juin 1830

LOT-ET-GARONNE (Département de)

DÉNOMINATION DE LA CONGRÉGATION, COMMUNAUTÉ, ETC. SIÈGE PRINCIPAL, NATURE ET BUT DE L'INSTITUTION	ÉTABLISSEMENTS PARTICULIERS	DATE de L'AUTORISATION
Annonciade de la Vierge-Marie (Religieuses de l') . . . . Communauté hospitalière et enseignante.	Villeneuve-sur-Lot	O. 23 mars 1828
Croix (Sœurs de la) . . . . . . Communauté enseignante.	Aiguillon	O. 22 avril 1827
Croix (Sœurs de la). . . . . . . Communauté enseignante.	Villeneuve-sur-Lot	O. 22 avril 1827
Croix (Sœurs de la). . . . . . . Communauté enseignante.	Villeréal	O. 22 avril 1827
Croix (Sœurs de la) . . . . . . Communauté enseignante.	Casseneuil	D. 26 avril 1858
Croix (Sœurs de la) . . . . . . Communauté enseignante.	Monsempron	D. 18 juin 1870
Doctrine chrétienne (Sœurs de la). — M. M. à Bordeaux. . . . . . Congrégation enseignante.	Clairac	21 juin 1855
Marie-Immaculée (Filles de). — M. M. à Agen, rue des Augustins. . . Congrégation enseignante.	. . . . Lagupie	O. 23 mars 1828 26 avril 1858
Miséricorde (Sœurs de la). — M. M. à Moissac (Tarn-et-Garonne). . . . Congrégation hospitalière et enseignante.	Marmande Agen, rue des Autas	30 avril 1841 21 mai 1845
Notre-Dame de la Compassion (Sœurs de) . . . . Communauté hospitalière et enseignante.	Marmande	D. 14 août 1877
Petites-Sœurs des Pauvres. — M. M. à Saint-Pern (Ille-et-Vilaine). Congrégation hospitalière.	Agen, faubourg Rouquet	18 juillet 1864
Sainte-Marthe (Sœurs de). — M. M. à Périgueux . . . . Congrégation hospitalière et enseignante.	Cahuzac	4 juin 1857
ÉTABLISSEMENTS CONGRÉGANISTES AUTORISÉS, MAIS N'EXISTANT PLUS EN FAIT		
Saint-Joseph (Sœurs de)	Agen	29 février 1816
Sainte-Marthe (Sœurs de). — De Périgueux	Lévignac	11 décembre 1858

LOZÈRE (Département de la)

DÉNOMINATION DE LA CONGRÉGATION, COMMUNAUTÉ, ETC. SIÈGE PRINCIPAL, NATURE ET BUT DE L'INSTITUTION	ÉTABLISSEMENTS PARTICULIERS	DATE de L'AUTORISATION
Charité de Saint-Vincent-de-Paul (Filles de la). — M. M. à Paris. . Congrégation hospitalière et enseignante.	Malzieu-Ville	2 mai 1855
Instruction charitable du Saint-Enfant-Jésus (Sœurs de l'), dites **de Saint-Maur.** — M. M. à Paris. Congrégation hospitalière et enseignante.	La Canourgue	19 janvier 1811
Notre-Dame (Sœurs de). . . . . Communauté enseignante.	Langogne	O. 19 novembre 1826
Présentation de Marie (Sœurs de la). — M. M. à Bourg-Saint-Andéol (Ardèche). . . . . . Congrégation enseignante.	Florac Saint-Chély-d'Apcher	19 septembre 1849 30 novembre 1852
Providence (Sœurs de la). . . . Communauté enseignante.	Mende	D. 15 janvier 1870
Saint-Joseph du Bon-Pasteur (Sœurs de). — M. M. à Clermont. Congrégation hospitalière et enseignante.	Marvejols	8 octobre 1850
Tiers-Ordre de Saint-Dominique (Sœurs du). . . . . Communauté hospitalière.	Marvejols	D. 24 juillet 1872
Union chrétienne (Sœurs de l'). . Communauté enseignante.	Mende, 18, faubourg d'Angiran	D. 27 janvier 1869
Ursulines . . . . Communauté enseignante.	Ispagnac	O. 30 août 1826 et 8 mai 1845
Ursulines . . . . Communauté enseignante.	Chirac	O. 24 septembre 1826

DÉNOMINATION DE LA CONGRÉGATION, COMMUNAUTÉ, ETC. SIÈGE PRINCIPAL, NATURE ET BUT DE L'INSTITUTION	ÉTABLISSEMENTS PARTICULIERS	DATE de L'AUTORISATION
Augustines du Sacré-Cœur de Marie. . . . . Communauté enseignante.	Angers, 35, rue de la Madeleine	D. 10 janvier 1853
Bénédictines de Notre-Dame du Calvaire. — M. M. à Orléans. . . Congrégation enseignante.	Angers, 8, rue Vauvert	28 août 1827
Charité de Notre-Dame (Sœurs de la). — M. M. à Evron (Mayenne). . Congrégation hospitalière et enseignante.	Cheviré-le-Rouge	28 septembre 1859
Charité du Sacré-Cœur de Jésus (Sœurs de la). — M. M. à la Salle-de-Vihiers. . . . . Congrégation hospitalière et enseignante.	La Jumellière La Potherie	D. 2 avril 1852 24 janvier 1859 7 juillet 1859
Charité de Sainte-Marie (Sœurs de la), dites **de la Forêt.** — M. M. à Angers, chemins des Capucins. . Congrégation hospitalière et enseignante.	Jarzé Jallais	D. 15 novembre 1810 1er février 1853 et 30 avril 1862 20 mars 1860
Charité de Sainte-Marie (Sœurs de la). . . . . Communauté hospitalière et enseignante.	Candé	D. 15 novembre 1810
Charité de Sainte-Marie (Sœurs de la). . . . . Communauté hospitalière et enseignante.	Durtal	D. 15 novembre 1810
Charité de Sainte-Marie (Sœurs de la). . . . . Communauté hospitalière et enseignante.	Gonnord	D. 15 novembre 1810
Charité de Sainte-Marie (Sœurs de la). . . . . Communauté hospitalière et enseignante.	Morannes	D. 15 novembre 1810
Charité de Sainte-Marie (Sœurs de la). . . . . Communauté hospitalière et enseignante.	Puy-Notre-Dame	D. 15 novembre 1810
Charité de Saint-Vincent-de-Paul (Filles de la). — M. M. à Paris. . Congrégation hospitalière et enseignante.	Angers, boulevard Daviers	31 mars 1853

DÉNOMINATION DE LA CONGRÉGATION, COMMUNAUTÉ, ETC. SIÈGE PRINCIPAL, NATURE ET BUT DE L'INSTITUTION	ÉTABLISSEMENTS PARTICULIERS	DATE de L'AUTORISATION
Instruction chrétienne (Sœurs de l'). — M. M. à Saint-Gildas-des-Bois (Loire-Inférieure) . . . . . . Congrégation hospitalière et enseignante.	Louvaines Châtelais Angers, tertre Saint-Laurent Beaufort Chambellay	31 août 1849 20 décembre 1852 14 juillet 1855 28 février 1857 11 juin 1858
Notre-Dame de Charité du Bon-Pasteur (Sœurs de). — M. M. à Angers, 2, rue Brault. . . . . . Congrégation hospitalière et enseignante.	Cholet, route de Saumur	D. 13 septembre 1852 22 avril 1865
Petites-Sœurs de Saint-François-d'Assise. — M. M. à Angers, 7, rue Saint-Aignan. . . . . Congrégation diocésaine hospitalière.	. . . .	D. 16 juillet 1875
Petites-Sœurs des Pauvres. — M. M. à Saint-Pern (Ille-et-Vilaine). Congrégation hospitalière.	Angers, route de Biollay	27 décembre 1858
Providence (Sœurs de la), dites **de Marie-Joseph** — M. M. à la Pommeraye. . . . . Congrégation hospitalière et enseignante.	Juvardeil Le Toureil	D. 25 mars 1852 8 mars 1858 17 mai 1859
Retraite du Sacré-Cœur (Sœurs de la). — M. M. à Angers, rue Saumuroise [1]. . . . . Congrégation enseignante.	Angers (maison de l'Oratoire), rue Chevreul Cholet	O. 17 janvier 1827 et D. 8 février 1854 O. 28 août 1827 1er août 1852 et 17 février 1860 20 juin 1855
Sagesse (Filles de la). — M. M. à Saint-Laurent-sur-Sèvre (Vendée). Congrégation hospitalière et enseignante.	Champtocé Cholet, rue Tournerit Brissac Angers, parvis Saint-Maurice	27 février 1811 Id. 16 décembre 1856 30 janvier 1860
Sainte-Anne de la Providence (Hospitalières de). — M. M. à Saint-Hilaire-Saint-Florent. . . . . . Congrégation hospitalière et enseignante.	Mazé Montreuil-Bellay Allonnes	D. 14 décembre 1810, D. 19 avril 1854 et 30 décembre 1862 14 décembre 1810 Id. 9 janvier 1840

1. L'établissement principal des Sœurs de la Retraite du Sacré-Cœur, situé à Angers, primitivement autorisé à Redon, a fusionné avec l'établissement particulier autorisé dans la même ville, rue Saumuroise, par ordonnance du 28 août 1827, et n'existe plus en fait.

DÉNOMINATION DE LA CONGRÉGATION, COMMUNAUTÉ, ETC. SIÈGE PRINCIPAL, NATURE ET BUT DE L'INSTITUTION	ÉTABLISSEMENTS PARTICULIERS	DATE de L'AUTORISATION
Saint-Charles (Sœurs de). — M. M. à Angers, chemin du Silence. . . . Congrégation hospitalière et enseignante.	. . . . Baugé Volandry Angers, rue Saint-Michel Chavagnes Vernoil-le-Fourrier Montjean	D. 15 novembre 1810 27 février 1811 et 1er août 1864 22 décembre 1857 30 novembre 1858 9 mai 1859 17 novembre 1859 10 mai 1860
Saint-Cœur de Marie (Sœurs du). Communauté hospitalière.	Baugé (Incurables)	D. 25 novembre 1810
Saint-François-d'Assise (Sœurs de), dites **des Récollets**. . . . . . Communauté hospitalière et enseignante.	Doué	D. 13 décembre 1854
Saint-Joseph (Sœurs de) . . . . . Communauté hospitalière et enseignante.	Baugé (hôpital civil)	D. 25 novembre 1810
Saint-Joseph (Sœurs de) . . . . Communauté hospitalière.	Beaufort	D. 26 décembre 1810
Saint-Joseph (Sœurs de). . . . . Communauté hospitalière et enseignante.	Beaupréau (Saint-Martin)	D. 20 octobre 1852
Sainte-Marie (Sœurs de). — M. M. à Torfou . . . . Congrégation hospitalière et enseignante.	. . . .	D. 4 mai 1852
Sainte - Marie de Fontevrault (Sœurs de). . . . . Communauté enseignante.	Chemillé	O. 17 janvier 1827
Saint-Nicolas (Hospitalières de). . Communauté hospitalière.	Doué (hospice)	D. 2 novembre 1810
Trappistines. . . . . Communauté enseignante.	Les Gardes, commune de Chemillé	D. 23 décembre 1854
Ursulines. . . . . Communauté enseignante.	Angers, rue des Ursules	O. 30 juillet 1826
Ursulines de Jésus. — M. M. à Chavagnes-en-Paillers (Vendée) . . . Congrégation hospitalière et enseignante.	Beaupréau Saint-Georges-sur-Loire Saint-Lambert-la-Potherie Angers, rue Montaigne	24 février 1859 29 avril 1860 16 mai 1860 12 novembre 1860

DÉNOMINATION DE LA CONGRÉGATION, COMMUNAUTÉ, ETC. SIÈGE PRINCIPAL, NATURE ET BUT DE L'INSTITUTION	ÉTABLISSEMENTS PARTICULIERS	DATE de L'AUTORISATION
ÉTABLISSEMENTS CONGRÉGANISTES AUTORISÉS, MAIS N'EXISTANT PLUS EN FAIT		
Charité (Sœurs de la)	Pouancé	16 septembre 1811
Charité de Notre-Dame (Sœurs de la). — D'Evron	Champigné Marigné Maulévrier	9 avril 1850 29 juin 1850 23 mai 1851
Hospitalières	Martigné-Briand	2 novembre 1810
Hospitalières	Beaufort	15 novembre 1810
Hospitalières de la Sainte-Trinité.	Pouancé	13 novembre 1810
Retraite du Sacré-Cœur (Sœurs de la). — D'Angers	Angers [1]	17 janvier 1827 et 8 février 1854 28 août 1827
Sainte-Anne de la Providence (Hospitalières de). — De Saint-Hilaire-Saint-Florent	Saint-Florent	14 décembre 1810

1. L'établissement principal des Sœurs de la Retraite du Sacré-Cœur, situé à Angers, primitivement autorisé à Redon, a fusionné avec l'établissement particulier autorisé dans la même ville, rue Saumuroise, par ordonnance du 28 août 1827, et n'existe plus en fait.

MANCHE (Département de la)

DÉNOMINATION DE LA CONGRÉGATION, COMMUNAUTÉ, ETC. SIÈGE PRINCIPAL, NATURE ET BUT DE L'INSTITUTION	ÉTABLISSEMENTS PARTICULIERS	DATE de L'AUTORISATION
Augustines, (Chanoinesses régulières de Saint-Augustin de la Congrégation de Notre-Dame). Communauté enseignante.	Carentan, rue des Prêtres	O. 19 novembre 1826
Augustines (Chanoinesses régulières de Saint-Augustin de la Congrégation de Notre-Dame). Communauté enseignante.	Valognes, 4, rue de Poterie	O. 19 novembre 1826
Augustines (Chanoinesses régulières de Saint-Augustin de la Congrégation de Notre-Dame) Communauté enseignante.	Saint-Pierre-Eglise	O. 1er août 1827 et 6 mars 1846
Augustines-Hospitalières. . . . Communauté hospitalière et enseignante.	Barenton	O. 22 avril 1827
Augustines-Hospitalières. . . . Communauté hospitalière et enseignante.	Coutances, 12, rue de Morville	O. 22 avril 1827
Bénédictines de Notre-Dame de Protection. . . . . Communauté enseignante.	Valognes, 30, rue des Capucins	O. 17 janvier 1827
Bon-Sauveur (Religieuses du). — M. M. à Caen . . . . Congrégation hospitalière et enseignante.	Picauville	15 mai 1836
Bon-Sauveur (Religieuses du,. . . Communauté hospitalière et enseignante.	Saint-Lô, Grande-Rue	O. 22 avril 1827
Charité de Jésus et de Marie (Sœurs de la). — M. M. à Cherbourg. Congrégation hospitalière et enseignante.	. . . .	O. 8 janvier 1839 et 29 juillet 1854
Charité de Saint-Vincent-de-Paul (Filles de la). — M. M. à Paris . . Congrégation hospitalière et enseignante.	Valognes	14 août 1857
Ecoles chrétiennes de la Miséricorde (Sœurs des). — M. M. à Saint-Sauveur-le-Vicomte . . . . . Congrégation hospitalière et enseignante.	. . . .	O. 13 octobre 1838 et 30 avril 1851
Miséricorde du Saint-Cœur de Marie (Sœurs de la). — M. M. à Blou (Calvados) . . . . Congrégation hospitalière et enseignante.	Tessy-sur-Vire	10 février 1859

DÉNOMINATION DE LA CONGRÉGATION, COMMUNAUTÉ, ETC. SIÈGE PRINCIPAL, NATURE ET BUT DE L'INSTITUTION	ÉTABLISSEMENTS PARTICULIERS	DATE de L'AUTORISATION
Petites-Sœurs des Pauvres. — M. M. à Saint-Pern (Ille-et-Vilaine). Congrégation hospitalière.	Cherbourg Saint-Nicolas, près Granville, route de Hacqueville	16 mars 1874 15 janvier 1903
Providence (Sœurs de la). — M. M. à Sées (Orne) . . . . Congrégation hospitalière et enseignante.	Mortain Mortain	22 janvier 1811 16 juillet 1844
Sacré-Cœur de Jésus (Sœurs du). — M. M. à Coutances, 2, rue Quesnel-Canveaux . . . . Congrégation hospitalière et enseignante.	. . . . Marigny Saint-Hilaire-du-Harcouët Orglandes Saint-Martin-de-Varreville Saint-Germain-de-Varreville	O. 9 avril 1846 et D. 15 novembre 1858 Id. 30 juin 1852 21 novembre 1856 Id. Id.
Sagesse (Filles de la). — M. M. à Saint-Laurent-sur-Sèvre (Vendée). Congrégation hospitalière et enseignante.	Cherbourg Valognes Carentan Pontorson	27 février 1811 Id. Id. Id.
Saint-Thomas de Villeneuve (Dames de). — M. M. à Paris. . . Congrégation hospitalière et enseignante.	Avranches Granville Saint-James	16 juillet 1810 17 mars 1856 5 mars 1860
Tiers-Ordre régulier de Notre-Dame du Mont-Carmel (Sœurs du). — M. M. à Avranches. . . . Congrégation hospitalière et enseignante.	. . . .	D. 23 octobre 1852
Trinitaires . . . . Communauté hospitalière et enseignante.	Saint-James	O. 22 avril 1827
Ursulines. . . . . Communauté enseignante.	Avranches, boulevard de l'Ouest	O. 23 juillet 1826
Ursulines. . . . . Communauté enseignante.	Mortain, Grande-Rue du Rocher	O. 23 juillet 1826
ÉTABLISSEMENTS CONGRÉGANISTES AUTORISÉS, MAIS N'EXISTANT PLUS EN FAIT		
Instruction charitable du Saint-Enfant-Jésus (Sœurs de l'), dites de *Saint-Maur.* — De Paris. . .	Avranches	19 janvier 1811
Sagesse (Filles de la). — De Saint-Laurent-sur-Sèvre	Saint-Lô	27 février 1811

DÉNOMINATION DE LA CONGRÉGATION, COMMUNAUTÉ, ETC. SIÈGE PRINCIPAL, NATURE ET BUT DE L'INSTITUTION	ÉTABLISSEMENTS PARTICULIERS	DATE de L'AUTORISATION
Augustines *(Chanoinesses régulières de Saint-Augustin de la Congrégation de Notre-Dame)*. Communauté enseignante.	Châlons, 64, rue Grande-Étape	O. 23 mars 1828
Augustines *(Chanoinesses régulières de Saint-Augustin de la Congrégation de Notre-Dame)*. Communauté enseignante.	Reims, 8, r. Saint-Pierre-les-Dames	O. 30 mars 1828
Augustines-Hospitalières . . . . Communauté hospitalière.	Reims (hôtel-Dieu)	D. 13 novembre 1810
Carmélites. . . . . Communauté contemplative.	Reims, 84, rue du Barbâtre	O. 1er août 1827
Charité et de l'Instruction chrétienne *(Sœurs de la)*. — M. M. à Nevers. . . . . Congrégation hospitalière et enseignante.	Bouchy-le-Repos	14 août 1857
Charité de Saint-Vincent-de-Paul *(Filles de la)*. — M. M. à Paris. . Congrégation hospitalière et enseignante.	Villers-sous-Châtillon	1er avril 1844
Divine Providence *(Sœurs de la)*. — M. M. à Reims, 33, rue Saint-André. . . . . Congrégation enseignante.	. . . .	D. 8 décembre 1853
Enfance de Jésus et de Marie *(Sœurs de l')*, dites de Sainte-Chrétienne. — M. M. à Longuyon *(Meurthe-et-Moselle)*. . . . . . Congrégation hospitalière et enseignante.	Epernay, rue du Collège	8 janvier 1817 et 29 décembre 1819
Immaculée-Conception de la Vierge *(Sœurs de l')*. — M. M. à Bordeaux. . . . . Congrégation enseignante.	Somme-Suippe	13 novembre 1836
Instruction chrétienne *(Sœurs de l')*, dites de la Providence. — M. M. à Portieux *(Vosges)*. . . . . . Congrégation hospitalière et enseignante.	Vienne-le-Château	5 juin 1826
Nazareth *(Dames de)*. — M. M. à Montléan, commune de Montmirail. Congrégation enseignante.	. . . .	O. 17 janvier 1827
Notre-Dame de Bon-Secours *(Sœurs de)*. — M. M. à Troyes. . . . . Congrégation garde-malades.	Vitry-le-François, 13, rue Pavée	22 juin 1857

DÉNOMINATION DE LA CONGRÉGATION, COMMUNAUTÉ, ETC. SIÈGE PRINCIPAL, NATURE ET BUT DE L'INSTITUTION	ÉTABLISSEMENTS PARTICULIERS	DATE de L'AUTORISATION
Notre-Dame de Charité du Bon-Pasteur (Sœurs de). — M. M. à Angers. . . . . Congrégation hospitalière et enseignante.	Reims, 20, rue Gambetta	18 mars 1858
Petites-Sœurs des Pauvres. — M. M. à Saint-Pern (Ille-et-Vilaine). Congrégation hospitalière.	Reims, 32, avenue de Béthény	9 juillet 1874
Saint-Charles (Sœurs de). — M. M. à Nancy. . . . . Congrégation hospitalière et enseignante.	Sainte-Menehould Sainte-Menehould (la Charité)	14 décembre 1810 Id.
Saint-Enfant-Jésus (Sœurs du). — M. M. à Reims, 48, rue du Barbâtre. . . . . Congrégation hospitalière et enseignante.	Brimont Saint-Souplet	O. 17 janvier 1827 et D. 29 novembre 1853 14 août 1857 26 mai 1859
Visitation Sainte-Marie (Religieuses de la). . . . . Communauté enseignante.	Reims, 8, rue de l'Équerre	O. 1er octobre 1826
ÉTABLISSEMENT CONGRÉGANISTE AUTORISÉ MAIS N'EXISTANT PLUS EN FAIT		
Doctrine chrétienne (Sœurs de la), dites ***Watelottes***. — De Nancy.	Servon	19 juillet 1840

HAUTE-MARNE (Département de la)

DÉNOMINATION DE LA CONGRÉGATION, COMMUNAUTÉ, ETC. SIÈGE PRINCIPAL, NATURE ET BUT DE L'INSTITUTION	ÉTABLISSEMENTS PARTICULIERS	DATE de L'AUTORISATION
Annonciades (Sœurs). . . . . . Communauté contemplative.	Langres, 4, rue Longe-Porte	O. 23 mars 1828
Cœur Immaculé de Marie (Sœurs du). — M. M. à Saint-Loup . . . Congrégation hospitalière et enseignante.	. . . .	D. 1er février 1853
Divin Rédempteur (Sœurs du), dites ***du Très-Saint-Sauveur***. — M. M. à Épinal . . . . Congrégation garde-malades.	Langres, 15, rue Boullère	19 novembre 1868
Instruction charitable du Saint-Enfant-Jésus (Sœurs de l'), dites ***de Saint-Maur***. — M. M. à Paris. Congrégation hospitalière et enseignante.	Langres, place Jean-Duvet Wassy, 1, rue Chaulaire	19 janvier 1811 13 juillet 1828
Instruction chrétienne (Sœurs de l'), dites ***Ursulines***. — M. M. à Troyes. Congrégation hospitalière et enseignante.	La Chapelle-en-Blaisy	30 juin 1839
Petites-Sœurs des Pauvres. — M. M. à Saint-Pern (Ille-et-Vilaine). Congrégation hospitalière.	Saint-Dizier, rue de Joinville	3 août 1867
Providence (Sœurs de la). — M. M. à Langres, 6, rue Chambrulard, et rue Pierre-Durand . . . . Congrégation hospitalière et enseignante.	. . . . Huilliécourt Chezeaux Signéville Chauffourt Germainvilliers Savigny Saint-Urbain Rivière-le-Bois Perrogney Courcelles-en-Montagne Coiffy-le-Haut	O. 28 mai 1826 10 juin 1836 20 juin 1836 4 août 1836 13 novembre 1836 18 mai 1838 24 mai 1841 15 juin 1847 29 juin 1850 Id. Id. 27 février 1851
Saint-Charles (Sœurs de). — M. M. à Nancy. . . . . Congrégation hospitalière et enseignante.	Fays-Billot Bourbonne-les-Bains Joinville Saint-Dizier Wassy	14 décembre 1810 Id. Id. Id. Id.
Saint-Dominique (Sœurs de) . . . Communauté enseignante.	Langres, 8, rue de la Charité	O. 22 avril 1827
ÉTABLISSEMENTS CONGRÉGANISTES AUTORISÉS, MAIS N'EXISTANT PLUS EN FAIT		
Providence (Sœurs de la). — De Langres	Heuilley-le-Grand Meuvy Lanty	3 octobre 1844 28 juillet 1849 2 août 1850

MAYENNE (Département de la)

DÉNOMINATION DE LA CONGRÉGATION, COMMUNAUTÉ, ETC. SIÈGE PRINCIPAL, NATURE ET BUT DE L'INSTITUTION	ÉTABLISSEMENTS PARTICULIERS	DATE de L'AUTORISATION
Adoratrices de la Justice Divine (Sœurs). — M. M. à Fougères (Ille-et-Vilaine) . . . . Congrégation hospitalière et enseignante.	Pontmain	29 août 1855
Bénédictines de l'Adoration perpétuelle du Saint-Sacrement. . . Communauté enseignante.	Craon	O. 5 août 1829
Charité de Notre-Dame (Sœurs de la). — M. M. à Évron. . . . . . . Congrégation hospitalière et enseignante.	. . . .	D. 13 novembre 1810
	Laval (la Trinité)	Id.
	Laval (la Vénérand)	Id.
	Mayenne	Id.
	Beaulieu	Id.
	Brée	Id.
	Chailland	Id.
	Juvigné	Id.
	Montjean	Id.
	Montourtier	Id.
	Sainte-Gemmes	Id.
	Saint-Pierre-des-Landes	Id.
	Vaiges	Id.
	Ambrières	Id.
	Aron	Id.
	Champfrémont	Id.
	Champ-Généteux	Id.
	La Chapelle-au-Riboul	Id.
	Colombiers	Id.
	Contest	Id.
	Courcité	Id.
	Ernée	Id.
	Hardanges	Id.
	Jublains	Id.
	Larchamp	Id.
	Le Pas	Id.
	Placé	Id.
	Oisseau	Id.
	Saint-Denis-de-Gastines	Id.
	Saint-Samson	Id.
	Trans	Id.
	Ruillé-Froid-Fonds	Id.
	Saint-Aignan	Id.
	Mayenne (hospice)	Id.
	Cuillé	21 octobre 1836
	Montsurs	9 mars 1837
	Chantrigné	31 décembre 1837
	Grazay	2 octobre 1838
	Astillé	26 avril 1839
	Montenay	25 décembre 1839
	Lignières-la-Doucelle	25 février 1840
	Meslay	31 décembre 1840
	Désertines	3 janvier 1841
	Loiron	21 février 1841
	Arquenay	8 juin 1842
	Belgeard	12 septembre 1842

DÉNOMINATION DE LA CONGRÉGATION, COMMUNAUTÉ, ETC. SIÈGE PRINCIPAL, NATURE ET BUT DE L'INSTITUTION	ÉTABLISSEMENTS PARTICULIERS	DATE de L'AUTORISATION
Sœurs de la Charité de Notre-Dame, d'Evron (Suite)	Chemazé	30 septembre 1844
	Commer	30 mars 1845
	Carelles	16 janvier 1846
	Méral	13 mars 1847
	Saint-Aubin-du-Désert	14 juin 1847
	Saint-Cénéré	24 août 1847
	Saint-Denis-d'Anjou	10 février 1848
	Brains-sur-les-Marches	11 février 1848
	Epineux-le-Séguin	18 février 1848
	Menil	24 juillet 1848
	La Bazouge-de-Chemeré	27 janvier 1849
	Grez-en-Bouère	3 décembre 1849
	Nuillé-sur-Vicoin	21 janvier 1850
	Saint-Cyr-le-Gravelais	10 juillet 1850
	La Cropte	7 octobre 1850
	Ballée	31 octobre 1850
	Le Bignon	12 novembre 1850
	Avesnières (Laval)	5 mars 1851
	Pommérieux	21 novembre 1851
	Laigné	17 juin 1852
	Louverné	1er août 1852
	Villers-Charlemagne	25 octobre 1854
	Torcé-en-Charnie	10 janvier 1855
	Bourgneuf-la-Forêt	28 avril 1855
	Vautort ?	27 décembre 1856
	Daon	13 juillet 1857
	Niort	8 février 1858
	Saint-Mars-sur-Colmont	17 mai 1858
	Préaux	7 juillet 1858
	Laval	21 février 1859
	Bourgon	21 juin 1859
	Saint-Cyr-en-Pail	28 février 1861
Charité de la Providence (Sœurs de la). — M. M. à Ruillé-sur-Loir (Sarthe) . . . . Congrégation hospitalière et enseignante.	Saint-Quentin-en-Craonnais	16 juillet 1847
Charité de Saint-Vincent-de-Paul (Filles de la). — M. M. à Paris . . Congrégation hospitalière et enseignante.	Château-Gontier	5 septembre 1855
Miséricorde de Jésus (Hospitalières de la). . . . . Communauté hospitalière.	Château-Gontier (hospice Saint-Julien)	D. 28 août 1810
Miséricorde de Jésus (Hospitalières de la). . . . . Communauté hospitalière.	Château-Gontier (hospice Saint-Joseph)	D. 13 août 1864
Notre-Dame de la Miséricorde (Sœurs de) . . . . Communauté hospitalière.	Laval, 25, rue de Paradis	O. 29 janvier 1826

DÉNOMINATION DE LA CONGRÉGATION, COMMUNAUTÉ, ETC. SIÈGE PRINCIPAL, NATURE ET BUT DE L'INSTITUTION	ÉTABLISSEMENTS PARTICULIERS	DATE de L'AUTORISATION
Petites-Sœurs des Pauvres. — M. M. à Saint-Pern (Ille-et-Vilaine). Congrégation hospitalière.	Laval (la Coconnière)	22 mai 1865
Providence (Sœurs de la). — **M. M.** à Alençon (Orne). . . . . . . Congrégation hospitalière et enseignante.	Gesvres	8 mai 1861
Sacré-Cœur (Dames du). — **M. M.** à Paris. . . . . Congrégation enseignante.	Laval (Avesnières)	29 avril 1842
Saint-Joseph (Hospitalières de). . Communauté hospitalière et enseignante.	Laval, 2, rue Sainte-Anne	D. 25 novembre 1810
Saint-Joseph (Hospitalières de). . Communauté hospitalière.	Ernée	O. 28 décembre 1825
Ursulines. . . . . Communauté enseignante.	Château-Gontier, rue du Collège	O. 10 janvier 1827

DÉNOMINATION DE LA CONGRÉGATION, COMMUNAUTÉ, ETC. SIÈGE PRINCIPAL, NATURE ET BUT DE L'INSTITUTION	ÉTABLISSEMENTS PARTICULIERS	DATE de L'AUTORISATION
Augustines (Chanoinesses régulières de Saint-Augustin de la Congrégation de Notre-Dame). Communauté enseignante.	Lunéville, 6, rue des Bénédictins	O. 19 novembre 1826 et D. 11 mai 1850
Bénédictines de l'Adoration perpétuelle du Saint-Sacrement. Communauté enseignante.	Saint-Nicolas-du-Port	O. 17 janvier 1827
Bénédictines de l'Adoration perpétuelle du Saint-Sacrement. Communauté enseignante.	Flavigny	O. 1er avril 1827
Charité de Saint-Vincent-de-Paul (Filles de la). — M. M. à Paris. Congrégation hospitalière et enseignante.	Nancy, 12, rue de la Source	29 novembre 1851
Compassion (Filles de la). Communauté hospitalière.	Saint-Firmin	D. 29 janvier 1868
Doctrine chrétienne (Sœurs de la), dites **Watelottes.** — M. M. à Nancy, 149, rue Saint-Dizier. Congrégation hospitalière et enseignante.	. . . . Rosières-aux-Salines Baccarat, 8, Grande-Rue Ludres Favières Nomeny Thiaucourt	D. 28 prairial an XI, 3 août 1808 et O. 23 juin 1824 13 août 1843 20 novembre 1845 20 décembre 1852 23 avril 1853 30 décembre 1853 6 septembre 1858
Dominicaines . . . . Communauté enseignante.	Nancy, 107, rue de Strasbourg	D. 19 mars 1870
Enfance de Jésus et de Marie (Sœurs de l'), dites **de Sainte-Chrétienne.** — M. M. à Longuyon. Congrégation hospitalière et enseignante.	. . . . Longwy	D. 26 décembre 1810 et 2 décembre 1874 26 décembre 1810 et 25 avril 1816
Foi (Sœurs de la). — M. M. à Haroué. Congrégation diocésaine, hospitalière et enseignante.	. . . .	D. 13 mars 1878
Nativité de la Sainte-Vierge (Sœurs de la). — M. M. à Saint-Germain-en-Laye (Seine-et-Oise). Congrégation enseignante.	Pont-à-Mousson, 1, rue Paisible	19 août 1853
Notre-Dame de Charité du Bon-Pasteur (Sœurs de). — M. M. à Nevers . . . . Congrégation hospitalière et enseignante.	Nancy, 34, rue de Toul	22 novembre 1854

DÉNOMINATION DE LA CONGRÉGATION, COMMUNAUTÉ, ETC. SIÈGE PRINCIPAL, NATURE ET BUT DE L'INSTITUTION	ÉTABLISSEMENTS PARTICULIERS	DATE de L'AUTORISATION
Petites-Sœurs des Pauvres — M. M. à Saint-Pern (Ille-et-Vilaine). Congrégation hospitalière.	Nancy, 117-119, rue de Strasbourg	11 décembre 1858
Providence (Sœurs de la), dites *de Saint-André.* — M. M. à Fillières. Congrégation hospitalière et enseignante.	. . . .	O. 27 décembre 1836 et 9 novembre 1874
Saint-Charles (Sœurs de). — M. M. à Nancy, 62, rue des Quatre-Églises. Congrégation hospitalière et enseignante.	. . . .	D. 14 décembre 1810
	Nancy (hospice Saint-Julien)	Id.
	Nancy (hospice Saint-Stanislas)	Id.
	Nancy (Maison de Secours)	Id.
	Toul (hôpital)	Id.
	Toul (Maison-Dieu)	Id.
	Saint-Nicolas-du-Port	Id.
	Rosières-aux-Salines	Id.
	Lunéville	Id.
	Lunéville	Id.
	Gerbéviller	Id.
	Blâmont	Id.
	Vézelise	Id.
	Briey	Id.
	Pont-à-Mousson	Id.
	Moyen	12 octobre 1857
	Nancy, rue des Chanoines	9 mai 1859
Saint-Cœur de Marie (Sœurs du). — M. M. à Nancy, 18 et 20, rue du Haut-Bourgeois. Congrégation enseignante.	. . . .	D. 16 septembre 1859
Sainte-Enfance de Marie (Sœurs de la). — M. M. à Nancy, 81, rue de Montet. Congrégation hospitalière et enseignante.	. . . .	O. 4 septembre 1845, D. 14 avril 1866 et 23 août 1870
Visitation Sainte-Marie (Religieuses de la). Communauté enseignante.	Nancy, 54, rue des Ponts	O. 22 avril 1827
ÉTABLISSEMENTS CONGRÉGANISTES AUTORISÉS, MAIS N'EXISTANT PLUS EN FAIT		
Providence (Sœurs de la), dites *de Saint-André.* — De Fillières.	Anoux Onville	9 juin 1853 5 juillet 1859
Saint-Charles (Sœurs de). — De Nancy.	Nancy (hôpital militaire) Nancy, Charité de Notre-Dame	14 décembre 1810 Id.

MEUSE (Département de la)

DÉNOMINATION DE LA CONGRÉGATION, COMMUNAUTÉ, ETC. SIÈGE PRINCIPAL, NATURE ET BUT DE L'INSTITUTION	ÉTABLISSEMENTS PARTICULIERS	DATE de L'AUTORISATION
Augustines *(Chanoinesses régulières de Saint-Augustin de la Congrégation de Notre-Dame).* Communauté enseignante.	Verdun, 59, rue du Saint-Sauveur	O. 19 novembre 1826 et 16 novembre 1840
Doctrine chrétienne (Sœurs de la), dites **Watelottes**. — M. M. à Nancy. Congrégation hospitalière et enseignante.	Belrupt Verdun Ligny-sur-Ornain	31 octobre 1842 24 août 1847 9 février 1852
Providence (Sœurs de la), dites **de Saint-André**. — M. M. à Fillières (Meurthe-et-Moselle). Congrégation hospitalière et enseignante.	Breux	15 septembre 1848
Saint-Charles (Sœurs de). — M. M. à Nancy. Congrégation hospitalière et enseignante.	Bar-le-Duc Commercy Gondrecourt Jouy-sous-les-Côtes Ligny Marville Saint-Mihiel Stenay Varennes Vaucouleurs Verdun (hospice Sainte-Catherine) Verdun (hospice Saint-Nicolas) Verdun (hospice Saint-Hippolyte)	14 décembre 1840 Id. Id. Id. Id. Id. Id. Id. Id. Id. Id. Id. Id.
Saint-Dominique (Sœurs de). Communauté enseignante.	Bar-le-Duc, rue du Château	D. 11 décembre 1852
Saint-Joseph de la Présentation (Sœurs de). — M. M. à Verdun, place Châtel. Congrégation diocésaine hospitalière et enseignante.	. . . .	D. 3 février 1864
ÉTABLISSEMENT CONGRÉGANISTE AUTORISÉ MAIS N'EXISTANT PLUS EN FAIT		
Augustines *(Chanoinesses régulières de Saint-Augustin de la Congrégation de Notre-Dame).*	Bar-le-Duc	19 novembre 1826 et 31 décembre 1828

DÉNOMINATION DE LA CONGRÉGATION, COMMUNAUTÉ, ETC. SIÈGE PRINCIPAL, NATURE ET BUT DE L'INSTITUTION	ÉTABLISSEMENTS PARTICULIERS	DATE de L'AUTORISATION
Charité de la Providence (Sœurs de la). — M. M. à Ruillé-sur-Loir (Sarthe) . . . . Congrégation hospitalière et enseignante.	Saint-Malo-des-Trois-Fontaines	12 février 1852
Charité de Saint-Louis (Sœurs de la). — M. M. à Vannes, place de l'Évêché . . . . Congrégation enseignante.	Auray, rue du Père-Éternel Lorient Pontivy, rue des Petites-Douves	O. 21 mars 1816 Id. 23 avril 1845 1er juillet 1856
Charité de Saint-Vincent-de-Paul (Filles de la). — M. M. à Paris . . Congrégation hospitalière et enseignante.	Vannes, place de la Garenne	16 février 1852
Jésus (Filles de). — M. M. à Kermaria, commune de Plumelin . . . Congrégation hospitalière et enseignante.	. . . . Bignan Locqueltas Pontivy, Grand-Parc et place aux Cuirs	O. 31 octobre 1842, D. 12 mai 1853 et 22 juin 1857 Id. 16 juin 1856 28 janvier 1857
Marie-Joseph (Sœurs de). — M. M. au Dorat (Haute-Vienne) . . . . . Congrégation-Refuge.	Sainte-Anne-d'Auray, commune de Pluneret	24 octobre 1853 et 15 janvier 1868
Miséricorde de Jésus (Hospitalières de la). . . . . Communauté hospitalière.	Auray, rue de l'Hôpital	D. 26 décembre 1810
Miséricorde de Jésus (Hospitalières de la). . . . . Communauté hospitalière.	Malestroit, place du Champ-de-Foire	D. 26 décembre 1810 et 3 août 1867
Petites-Sœurs des Pauvres. — M. M. à Saint-Pern (Ille-et-Vilaine). Congrégation hospitalière.	Vannes, 4, place du Champ-de-Foire Lorient, 41, rue St-François	30 octobre 1858 14 février 1874
Retraite (Dames de la), dites **de la Sainte-Vierge.** — M. M. à Vannes, 19, rue du Mené. . . . . Congrégation enseignante.	. . . .	D. 26 décembre 1850
Sagesse (Filles de la). — M. M. à Saint-Laurent-sur-Sèvre (Vendée). Congrégation hospitalière et enseignante.	Guéméné Josselin Locminé Lorient, rue du Scorff et rue de l'Hôpital Malestroit Vannes, rue de l'Hôpital Auray, parc Mahès et Pont-Neuf	27 février 1811 Id. Id. Id. Id. Id. 4 janvier 1815

DÉNOMINATION DE LA CONGRÉGATION, COMMUNAUTÉ, ETC. SIÉGE PRINCIPAL, NATURE ET BUT DE L'INSTITUTION	ÉTABLISSEMENTS PARTICULIERS	DATE de L'AUTORISATION
Saint-Esprit (Filles du). — M. M. à Saint-Brieuc . . . . Congrégation hospitalière et enseignante.	Marzan Theix Loyat Sérent Elven Saint-Dolay	28 septembre 1825 31 janvier 1836 14 mars 1843 8 septembre 1851 4 avril 1855 26 mai 1859
Saint-Jacut (Sœurs de). — M. M. à Saint-Jacut. . . . . Congrégation hospitalière et enseignante.	. . . .	O. 17 janvier 1827 et D. 30 décembre 1854
Ursulines. . . . . Communauté enseignante.	Hennebont, rue des Halles	O. 22 mars 1827
Ursulines. . . . . Communauté enseignante.	Ploërmel, rue des Forges	O. 22 mars 1827
Ursulines. . . . . Communauté enseignante.	Vannes, 49, rue de Séné	O. 22 mars 1827
Ursulines. . . . . Communauté enseignante.	Le Faouet	O. 13 octobre 1838
ÉTABLISSEMENTS CONGRÉGANISTES AUTORISÉS, MAIS N'EXISTANT PLUS EN FAIT		
Miséricorde de Jésus (Sœurs de la).	Vannes	22 avril 1827
Saint-François (Sœurs de). . . .	Mauron	17 janvier 1827
Saint-Thomas de Villeneuve (Dames de). — De Paris	Pontivy	16 juillet 1810

NIÈVRE (Département de la)

DÉNOMINATION DE LA CONGRÉGATION, COMMUNAUTÉ, ETC. SIÈGE PRINCIPAL, NATURE ET BUT DE L'INSTITUTION	ÉTABLISSEMENTS PARTICULIERS	DATE de L'AUTORISATION
Augustines-Hospitalières. . . . Communauté hospitalière.	La Charité-sur-Loire	D. 25 novembre 1810
Charité et de l'Instruction chrétienne (Sœurs de la). — M. M. à Nevers, rue Saint-Gildard. . . . Congrégation hospitalière et enseignante.	. . . . Clamecy Cosne Nevers (hôpital) Saint-Pierre-le-Moutier Varzy Saint-Saulge Asnan Entrains Varennes-lès-Nevers	D. 19 janvier 1811 et 29 juin 1863 19 janvier 1811 Id. Id. Id. Id. 13 mars 1847 28 juin 1851 31 mars 1854 6 février 1862
Instruction chrétienne (Sœurs de l'), dites **de la Providence.** — M. M. à Portieux (Vosges). . . . . . Congrégation hospitalière et enseignante.	Menou	30 août 1840
Petites-Sœurs des Pauvres. — M. M. à Saint-Pern (Ille-et-Vilaine). Congrégation hospitalière.	Nevers, rue de l'Asile	20 janvier 1864
Sainte-Famille (Sœurs de la). — M. M. à Besançon. . . . . Congrégation enseignante.	Saint-Sulpice Nevers, rue de la Cathédrale	31 octobre 1842 6 novembre 1856
Ursulines. . . . . Communauté enseignante.	Nevers, rue de la Préfecture	O. 12 juin 1844
Ursulines. . . . . Communauté enseignante.	Corbigny	D. 3 août 1853
Visitation Sainte-Marie (Religieuses de la). . . . . Communauté enseignante.	Nevers, rue de Paris	D. 29 novembre 1853 et 12 juillet 1855
ÉTABLISSEMENT CONGRÉGANISTE AUTORISÉ MAIS N'EXISTANT PLUS EN FAIT		
Saint-Charles (Sœurs de). — De Lyon.	Tamnay	12 janvier 1813

DÉNOMINATION DE LA CONGRÉGATION, COMMUNAUTÉ, ETC. SIÈGE PRINCIPAL, NATURE ET BUT DE L'INSTITUTION	ÉTABLISSEMENTS PARTICULIERS	DATE de L'AUTORISATION
Augustines. — M. M. à Cambrai, 9 et 11, rue des Récollets . . . . . . Congrégation hospitalière et enseignante.	. . . . Comines Séclin Lille, rue Saint-Sauveur Lille, rue de Paris Crèvecœur, rue de Lesdain	D. 22 novembre 1810 et 14 janvier 1853 Id. Id. 3 février 1816 et 14 janvier 1853 Id. 4 juillet 1855
Augustines (Chanoinesses régulières de Saint-Augustin de la Congrégation de Notre-Dame). — M. M. au Cateau, 11, rue Cuvier. Congrégation enseignante.	. . . . Solesmes, 14, rue du Ponceau	O. 19 novembre 1826 et 19 août 1853 6 décembre 1854
Augustines, dites *Sœurs Noires.* — M. M. à Bailleul. . . . . . . Congrégation diocésaine gardemalades.	. . . . Bergues	D. 2 novembre 1810 et 4 décembre 1876 20 juillet 1853 et 4 décembre 1876
Bénédictines de la Paix de Jésus. Communauté enseignante.	Estaires, rue des Récollets	O. 17 janvier 1827
Bernardines d'Esquermes. — M. M. à Lille, 93, rue d'Esquermes, et 2, rue Saint-Bernard . . . . . Congrégation enseignante.	. . . . Cambrai, place Fénelon	O. 22 avril 1827 et D. 9 janvier 1854 28 février 1855
Bernardines de l'ancienne Abbaye de Flines . . . . Communauté enseignante.	Douai, 8-20, rue du Gouvernement	O. 17 janvier 1827
Bon-Secours de Notre-Dame Auxiliatrice (Sœurs du). — M. M. à Paris . . . . Congrégation garde-malades.	Lille, 76, rue de l'Hôpital-Militaire	O. 28 août 1827
Carmélites . . . . Communauté enseignante.	Lille, 244, rue Nationale	O. 22 avril 1827
Carmélites . . . . Communauté enseignante.	Douai, 21, rue de l'Arbre-Sec	O. 26 avril 1829
Carmélites . . . . Communauté enseignante.	Roubaix, 29-33, rue Saint-Antoine	O. 25 octobre 1829
Charité de Saint-Vincent-de-Paul (Filles de la). — M. M. à Paris . . Congrégation hospitalière et enseignante.	Lille, 16, rue de la Barre Douai, 27, rue du Clocher-St-Pierre Tourcoing Valenciennes, 7, rue Salle-le-Comte	11 août 1839 12 janvier 1843 6 février 1844 13 février 1856

DÉNOMINATION DE LA CONGRÉGATION, COMMUNAUTÉ, ETC. SIÈGE PRINCIPAL, NATURE ET BUT DE L'INSTITUTION	ÉTABLISSEMENTS PARTICULIERS	DATE de L'AUTORISATION
Filles de la Charité de Saint-Vincent-de-Paul (Suite).	Loos, 2, r. Saint-Vincent-de-Paul	1er août 1857
	Le Quesnoy, 1, rue des Lombards	21 février 1859
Clarisses . . . . Communauté contemplative.	Cambrai	O. 22 avril 1827
Croix (Filles de la), dites *de Saint-André*. — M. M. à la Puye (Haute-Vienne) . . . . Congrégation hospitalière et enseignante.	Rumégies, place de l'Eglise	O. 22 juin 1857
Ecoles chrétiennes de la Miséricorde (Sœurs des). — M. M. à Saint-Sauveur-le-Vicomte (Manche). Congrégation hospitalière et enseignante.	Abancourt, rue des Canons	22 juin 1857
Éducation chrétienne (Sœurs de l'). — M. M. à Argentan (Orne). . . Congrégation enseignante.	Loos, route de Béthune	20 janvier 1857
Enfant-Jésus (Filles de l'). — M. M. à Lille, 12*bis*, rue de Thionville. . Congrégation hospitalière et enseignante.	. . . .	O. 22 avril 1827 et D. 27 août 1852
	Condé, rue Gambetta	19 août 1853
	Wattrelos, rue Pierre-Catteau	18 juillet 1854
	Dunkerque, 27, place Jeanne-d'Arc	29 mars 1856
	Linselles, r. de Bonsbecque	Id.
	Comines, rue de Lille	Id.
	Fresnes, rue des Postes	Id.
	Maresches, rue du Calvaire	22 juin 1857
	Sailly-lez-Lannoy	28 décembre 1859
Enfant-Jésus (Filles de l') . . . . . Communauté enseignante.	Cassel, 4, Grande-Place	O. 13 avril 1828
Franciscaines, dites *Capucines de la Pénitence* . . . . Communauté enseignante.	Bourbourg, rue des Prisons	O. 17 janvier 1827
Franciscaines, dites *de Notre-Dame des Anges*. — M. M. à Lille, 56, Façade de l'Esplanade. . . . . Congrégation enseignante.	Lille, 122, rue d'Assas	D. 19 août 1854 25 février 1860
Franciscaines de Notre-Dame des Anges. . . . . Communauté enseignante.	Tourcoing, 74, rue des Ursulines	D. 2 septembre 1850

DÉNOMINATION DE LA CONGRÉGATION, COMMUNAUTÉ, ETC. SIÈGE PRINCIPAL, NATURE ET BUT DE L'INSTITUTION	ÉTABLISSEMENTS PARTICULIERS	DATE de L'AUTORISATION
Instruction charitable du Saint-Enfant-Jésus (Sœurs de l'), dites **de Saint-Maur.** — M. M. à Paris. Congrégation hospitalière et enseignante.	Bailleul, rue des Sœurs-Noires Armentières, 23, rue des Pâtures	31 août 1843 8 octobre 1874
Instruction chrétienne (Sœurs de l'), dites **de la Providence.** — M. M. à Portieux (Vosges). . . . . . . Congrégation hospitalière et enseignante.	Mortagne	6 juin 1824
Notre-Dame de Charité du Bon-Pasteur (Sœurs de). — M. M. à Angers. . . . . Congrégation hospitalière et enseignante.	Lille, 8-12, rue de la Préfecture Marcq-en-Barœul Loos	18 juillet 1854 6 août 1855 28 juillet 1866
Notre-Dame de la Treille (Sœurs de). — M. M. à Lille, 18-26, rue d'Angleterre. . . . . Congrégation hospitalière et enseignante.	. . . .	D. 13 mars 1858
Petites-Sœurs des Pauvres. — M. M. à Saint-Pern (Ille-et-Vilaine). Congrégation hospitalière.	Lille, rue Saint-Sauveur Maubeuge, Sous-le-Bois Escaudœuvres Roubaix, rue Saint-Jean Tourcoing, 151, rue de Lille Valenciennes, 8, rue Grand-Fossart Armentières, rue Denis-Papin Rosendaël La Madeleine, rue de Marquette Fourmies	23 août 1858 6 mai 1868 18 août 1868 15 décembre 1869 13 janvier 1874 29 janvier 1874 12 décembre 1877 5 février 1874 et 14 août 1878 16 juin 1882 30 janvier 1886
Providence (Sœurs de la), dites **de Sainte-Thérèse.** — M. M. à Avesnes-sur-Helpe, 4, Petite-Place. Congrégation hospitalière et enseignante.	. . . . Maubeuge, 21, rue de la République Roncq, 1, rue de la Latte	O. 22 avril 1827 et D. 14 décembre 1852 24 octobre 1853 28 août 1855
Providence du Bon-Pasteur (Sœurs de la) . . . . Communauté enseignante.	Douai, 38, rue du Canteleu	O. 22 avril 1827
Sacré-Cœur (Dames du). — M. M. à Paris . . . . Congrégation enseignante.	Lille, 62-70, rue Royale, et 15, rue du Marais	29 mars 1829

DÉNOMINATION DE LA CONGRÉGATION, COMMUNAUTÉ, ETC. SIÈGE PRINCIPAL, NATURE ET BUT DE L'INSTITUTION	ÉTABLISSEMENTS PARTICULIERS	DATE de L'AUTORISATION
Sagesse (Filles de la). — M. M. à Saint-Laurent-sur-Sèvre (Vendée). Congrégation hospitalière et enseignante.	Lille, 10, rue Sainte-Catherine	29 août 1857
Sainte-Famille (Sœurs de la). — M. M. à Amiens . . . . Congrégation enseignante.	Lécluse Auchy	31 juillet 1844 14 mai 1860
Saint-Joseph de Nazareth (Sœurs de). — M. M. à Valenciennes, 26, rue des Glatignies. . . . . . . Congrégation diocésaine enseignante.	. . . .	D. 20 octobre 1852 et 22 novembre 1876
Sainte-Marie (Sœurs de), dites **de Saint-François** . . . . Communauté hospitalière et enseignante.	Douai, 6, rue Victor-Hugo	O. 25 décembre 1825
Sainte-Union des Sacrés-Cœurs (Dames de la). — M. M. à Sin-le-Noble, rue de la Chancellerie . . Congrégation enseignante.	. . . . Marcq-en-Barœul, 2, rue de Tourcoing Saint-Waast (Cambrai) Saint-Aubert La Gorgue, Grande-Place	D. 13 avril 1850 et 30 novembre 1862 28 juin 1851 Id. 13 mars 1857 11 février 1860
Ursulines. . . . . Communauté enseignante.	Saint-Saulve	O. 23 juillet 1826 et 29 juillet 1845
Ursulines. . . . . Communauté enseignante.	Gravelines, rue des Clarisses	O. 12 juin 1838
Visitation Sainte-Marie (Religieuses de la). . . . . Communauté enseignante.	Roubaix, 128, bould de Strasbourg	D. 21 novembre 1877
ÉTABLISSEMENTS CONGRÉGANISTES AUTORISÉS, MAIS N'EXISTANT PLUS EN FAIT		
Augustines-Hospitalières. . . .	Roubaix	22 novembre 1810
Augustines-Hospitalières. . . .	Orchies	22 avril 1827
Miséricorde de Jésus (Hospitalières de la).	Dunkerque	11 novembre 1827
Sainte-Agnès (Sœurs de)	Cambrai	17 janvier 1827
Sainte-Famille (Sœurs de la) . . .	Lille	27 août 1826
Sainte-Union des Sacrés-Cœurs (Dames de la). — De Sin-le-Noble.	Capelle (Lille)	28 juin 1851
Ursulines.	Lille	1er août 1827

DÉNOMINATION DE LA CONGRÉGATION, COMMUNAUTÉ, ETC. SIÈGE PRINCIPAL, NATURE ET BUT DE L'INSTITUTION	ÉTABLISSEMENTS PARTICULIERS	DATE de L'AUTORISATION
Compassion (Filles de la), dites ***Servantes du Seigneur.*** — M. M. à Domfront. . . . . Congrégation hospitalière et enseignante.	. . . . Compiègne	D. 29 août 1855 et 7 décembre 1859 11 mai 1864
Petites-Servantes de Marie-Immaculée. — M. M. à Gaudechart. . . Congrégation enseignante.	. . . .	D. 9 janvier 1856
Sacré-Cœur (Dames du). — M. M. à Paris. . . . . Congrégation enseignante.	Beauvais, rue Jeanne-Hachette	18 mai 1828
Sacré-Cœur de Jésus (Sœurs du). — M. M. à Saint-Aubin-Jouxte-Boulleng (Seine-Inférieure) . . . Congrégation enseignante.	Beauvais, rue Robert Goincourt Morvillers Saint-Germer Mouy	29 août 1855 26 avril 1856 19 août 1856 31 mai 1859 25 janvier 1861
Sainte-Famille (Sœurs de la). — M. M. à Amiens. . . . . . . Congrégation enseignante.	Bussy	7 décembre 1859
Saint-Joseph de Cluny (Sœurs de). — M. M. à Paris . . . . Congrégation hospitalière et enseignante.	Senlis Estrées-Saint-Denis Beauvais, rue Saint-Pierre Mesnil-Saint-Firmin	5 janvier 1856 19 mai 1857 11 juin 1858 31 mai 1859
Saint-Thomas de Villeneuve (Dames de). — M. M. à Paris . . . . . Congrégation hospitalière et enseignante.	Noyon Noyon (hospice)	16 juillet 1810 16 juillet 1810
ÉTABLISSEMENTS CONGRÉGANISTES AUTORISÉS, MAIS N'EXISTANT PLUS EN FAIT		
Charité et de l'Instruction chrétienne (Sœurs de la). — De Nevers.	Louvancourt	19 janvier 1811
Sacré-Cœur (Sœurs du), dites ***d'Ernemont.*** — De Rouen.	Chambly	19 janvier 1811
Saint-Joseph de Cluny (Sœurs de). — De Paris.	Bailleul	17 janvier 1827

DÉNOMINATION DE LA CONGRÉGATION, COMMUNAUTÉ, ETC. SIÈGE PRINCIPAL, NATURE ET BUT DE L'INSTITUTION	ÉTABLISSEMENTS PARTICULIERS	DATE de L'AUTORISATION
Augustines-Hospitalières. . . . Communauté hospitalière.	Mortagne	D. 9 avril 1811
Augustines-Hospitalières. . . . Communauté hospitalière.	Sées	D. 9 avril 1811
Bénédictines de Saint-Jacques. . Communauté enseignante.	Argentan, 41, boulevard Carnot	D. 17 juillet 1854
Charité de Notre-Dame (Sœurs de la). — M. M. à Evron (Mayenne). . Congrégation hospitalière et enseignante.	Domfront (pensionnat) Domfront (hospice) La Ferté-Macé Saint-Fraimbault-sur-Pisse Saint-Siméon	13 novembre 1810 Id. Id. Id. 21 décembre 1840
Éducation chrétienne (Sœurs de l'). — M. M. à Argentan, rue de la Poterie. . . . . Congrégation enseignante.	. . . . Echauffour Gacé Rémalard Flers Tinchebray	O. 23 mars 1828, 1er juin 1828, et D. 14 novembre 1848 23 mars 1828 et 14 novembre 1848 1er juin 1828 8 août 1829 4 juillet 1849 26 septembre 1860
Franciscaines de Notre-Dame-de-Pitié. — M. M. à Perrou, Cne de Lucé. Congrégation diocésaine hospitalière.	. . . .	D. 22 décembre 1869
Marie (Filles de). — M. M. à Gacé. Congrégation garde-malades.	. . . .	D. 25 mai 1859
Marie (Dames de). — M. M. à Longny. Congrégation diocésaine, hospitalière et enseignante.	. . . .	D. 19 décembre 1868
Marie-Joseph (Sœurs de). — M. M. au Dorat (Haute-Vienne). . . . . . Congrégation-Refuge.	Alençon, chemin des Châtelets	19 mai 1857
Miséricorde (Sœurs de la). — M. M. à Sées, rue des Moreaux. . . . Congrégation hospitalière.	. . . . Alençon Flers Mortagne Vimoutiers Laigle Tinchebray Argentan Bellême Le Mesle-sur-Sarthe	O. 13 octobre 1839 16 mars 1846 14 octobre 1846 20 février 1848 20 octobre 1848 8 juin 1850 18 octobre 1851 4 juin 1857 26 décembre 1868 21 novembre 1872
Notre-Dame (Sœurs de). — M. M. à Briouze . . . . Congrégation hospitalière et enseignante.	. . . . Saint-Maurice-du-Désert	D. 5 janvier 1853 18 septembre 1857

DÉNOMINATION DE LA CONGRÉGATION, COMMUNAUTÉ, ETC. SIÈGE PRINCIPAL, NATURE ET BUT DE L'INSTITUTION	ÉTABLISSEMENTS PARTICULIERS	DATE de L'AUTORISATION
Petites-Sœurs des Pauvres. — M. M. à Saint-Pern (Ille-et-Vilaine). Congrégation hospitalière.	Flers Alençon	16 juillet 1863 31 octobre 1887
Providence (Sœurs de la). — M. M. à Alençon, 16, rue de la Poterne. . . Congrégation hospitalière et enseignante.	. . . .	D. 24 août 1812 et 20 octobre 1852
Providence (Sœurs de la). — M. M. à Séez, route de Rouen. . . . . Congrégation hospitalière et enseignante.	. . . . Chailloué Médavy Le Merlerault Moulins-la-Marche Le Pin-la-Garenne Radon Ménil-de-Briouze Juvigny-sur-Andaine Ste-Honorine-la-Chardonne Mortagne Mauves	D. 22 janvier 1811 Id. Id. Id. Id. Id. 20 décembre 1848 14 août 1852 6 juillet 1857 7 décembre 1859 16 janvier 1861 29 janvier 1861
Sainte-Famille (Sœurs de la) . . . Communauté hospitalière et enseignante.	Séez	D. 12 mai 1869
Saint-Thomas de Villeneuve (Dames de). — M. M. à Paris. . . . . . Congrégation hospitalière et enseignante.	Laigle	16 juillet 1810
ÉTABLISSEMENTS CONGRÉGANISTES AUTORISÉS, MAIS N'EXISTANT PLUS EN FAIT		
Augustines-Hospitalières. . . .	Écouché	2 novembre 1810
Augustines-Hospitalières. . . .	Argentan	15 novembre 1810
Charité de Notre-Dame (Sœurs de la). — D'Évron.	Antoigny La Ferrière-aux-Étangs	13 novembre 1810 Id.
Providence (Sœurs de la). — De Séez.	Alençon Bray, commune de Mortrée Canapville Gauville Glos-la-Ferrière Goulet Le Ménil-Guyon Occagnes Le Sap Tournay-sur-Dive Saint-Pierre-la-Rivière	22 janvier 1811 Id. Id. Id. Id. Id. Id. Id. Id. Id. 28 juillet 1858
Ursulines.	Alençon	13 octobre 1838 et 11 mars 1845

PAS-DE-CALAIS (Département du)

DÉNOMINATION DE LA CONGRÉGATION, COMMUNAUTÉ, ETC. SIÈGE PRINCIPAL, NATURE ET BUT DE L'INSTITUTION	ÉTABLISSEMENTS PARTICULIERS	DATE de L'AUTORISATION
Annonciade de la Vierge-Marie (Religieuses de l'). . . . . . . Communauté enseignante.	Boulogne, 16, pl. du Palais-de-Justice	O. 17 janvier 1827
Augustines, dites **du Précieux-Sang.** — M. M. à Arras, 4, rue Fausse-Porte . . . . Congrégation hospitalière et enseignante.	. . . . Arras, 88, rue Saint-Aubert	O. 22 avril 1827 et D. 21 juillet 1855 15 novembre 1810 et 21 juillet 1855
	Boulogne, 1-7, rue de Desvres	Id.
	Montreuil, 3, rue des Juifs	14 décembre 1810 et 21 juillet 1855
	Laventie, rue du Centre	20 mars 1828 et 21 juillet 1855
	Boulogne	28 septembre 1859
Augustines-Hospitalières. . . . Communauté hospitalière.	Saint-Omer	D. 15 novembre 1810
Bénédictines de l'Adoration perpétuelle du Saint-Sacrement. . Communauté enseignante.	Arras, 99, rue d'Amiens	O. 17 janvier 1827
Bénédictines de l'Adoration perpétuelle du Saint-Sacrement. . Communauté enseignante.	Boulogne, 53, rue du Bras-d'Or	D. 15 décembre 1855, 1er juillet 1865 et 7 août 1891
Bon-Secours de Notre-Dame Auxiliatrice (Sœurs de). — M. M. à Paris . . . . Congrégation garde-malades.	Boulogne, 3, rue St-Martin	25 octobre 1829
Charité de Saint-Vincent-de-Paul (Filles de la). — M. M. à Paris . . Congrégation hospitalière et enseignante.	Arras, 17, rue St-Maurice Arras, 26, rue des Teinturiers Saint-Omer, 16, rue Saint-Sépulcre Arras, 4, rue des Augustines Frévent	9 décembre 1842 6 mars 1847 3 décembre 1856 22 juin 1857 5 mai 1859
Clarisses . . . . Communauté enseignante.	Saint-Omer, 32, place de Ghière	O. 22 avril 1827
Cœur-Immaculé de Marie (Sœurs du). . . . . Communauté hospitalière et enseignante.	Boulogne, 8-14, rue des Carreaux	D. 18 juillet 1866
Enfant-Jésus (Sœurs de l'). — M. M. à Lille. . . . . Congrégation hospitalière et enseignante.	Oissy-le-Verger	29 mars 1856

DÉNOMINATION DE LA CONGRÉGATION, COMMUNAUTÉ, ETC. SIÈGE PRINCIPAL, NATURE ET BUT DE L'INSTITUTION	ÉTABLISSEMENTS PARTICULIERS	DATE de L'AUTORISATION
Franciscaines. — M. M. à Calais, 3, rue Eustache-Pierre. . . . . Congrégation hospitalière et enseignante.	. . . .	D. 15 novembre 1840 et 10 avril 1854
	Aire-sur-la-Lys	Id.
	Lens	Id.
	Saint-Omer, 17, rue Wissocq	Id.
	Béthune, 74, rue Saint-Pry	12 novembre 1841 et 10 avril 1854
	Arras, 20, rue des Chariottes	24 février 1815 et 10 avril 1854
Notre-Dame de Charité du Bon-Pasteur (Sœurs de). — M. M. à Angers. Congrégation hospitalière et enseignante.	Saint-Omer, 15, Marché-aux-Bestiaux	29 novembre 1853
	Arras, 8, rue du Bloc	1er août 1857
Petites-Sœurs des Pauvres. — M. M. à Saint-Pern (Ille-et-Vilaine). Congrégation hospitalière.	Saint-Omer, 40, rue Carnot	7 avril 1857
	Boulogne, 21, rue de Wicardarme	17 janvier 1867
	Calais, 74, quai de l'Est	25 janvier 1875
Providence (Sœurs de la). — M. M. à Arras, 24, rue Baudimont. . . . Congrégation hospitalière et enseignante.	. . . .	D. 10 janvier 1854
	Gonneheim	Id.
	Vaulx-Vraucourt	13 novembre 1859
Providence (Sœurs de la). — M. M. à Rouen. . . . . Congrégation enseignante.	Beuvry	12 janvier 1847
	Calonne-sur-la-Lys	2 août 1850
	Berles-Monchel	6 août 1855
Sacré-Cœur (Dames du). — M. M. à Paris . . . . Congrégation enseignante.	Calais, 1-3, rue du Sacré-Cœur (ancien Saint-Pierre)	11 juin 1858
Sainte-Agnès (Sœurs de) . . . . Communauté enseignante.	Arras, 6, place Saint-Etienne	D. 14 décembre 1840
Sainte-Famille (Sœurs de la). — M.M. à Amiens . . . . Congrégation enseignante.	Marconne	29 septembre 1838
	Rimboval	13 décembre 1838
	Bienvillers-au-Bois	5 janvier 1839
	Bouquehault	28 mars 1839
	Saint-Omer, 114-116, rue de Dunkerque	11 juillet 1842
	Boislieux-au-Mont	27 octobre 1849
	Boiry-Notre-Dame	3 juin 1850
	Arras, 28, rue des Augustines	8 juin 1850
	Aix-en-Issart	23 mars 1852
	Maintenay-Roussent	30 novembre 1852
	Dury	20 janvier 1854
	Etaing	Id.
	Etaples	17 septembre 1854
	Andrehem	27 décembre 1856

DÉNOMINATION DE LA CONGRÉGATION, COMMUNAUTÉ, ETC. SIÈGE PRINCIPAL, NATURE ET BUT DE L'INSTITUTION	ÉTABLISSEMENTS PARTICULIERS	DATE de L'AUTORISATION
Sœurs de la Sainte-Famille (Suite) . .	Bonningues-lès-Ardres Puisieux Mouriez Wail	3 avril 1857 11 juin 1858 30 avril 1859 5 février 1860
Ursulines. — M. M. à Arras, 22, rue Gambetta. . . . . Congrégation diocésaine enseignante.	. . . .	O. 19 juillet 1826 et D. 23 octobre 1871
Ursulines. . . . . Communauté enseignante.	Saint-Omer, 12, rue du Jardin	O. 19 juillet 1826
Ursulines. . . . . Communauté enseignante.	Boulogne, 18, rue d'Aumont	O. 19 juillet 1826
Ursulines. . . . . Communauté enseignante.	Aire-sur-la-Lys	O. 27 août 1826
Visitation Sainte-Marie (Religieuses de la). . . . . Communauté enseignante.	Maquetra, cⁿᵉ de St-Martin-Boulogne	D. 2 juin 1855
ÉTABLISSEMENTS CONGRÉGANISTES AUTORISÉS, MAIS N'EXISTANT PLUS EN FAIT		
Augustines-Hospitalières. . . .	Calais	22 avril 1827
Franciscaines. — De Calais . . .	Montreuil Saint-Omer	15 novembre 1810 et 10 avril 1854 17 mai 1859
Providence (Sœurs de la). — D'Arras.	Blessy Souastre	17 janvier 1857 18 janvier 1858
Providence (Sœurs de la). — De Rouen	Monchy-Breton	9 mai 1859
Sainte-Famille (Sœurs de la). — D'Amiens	Loison	12 avril 1860

PUY-DE-DOME (Département du)

DÉNOMINATION DE LA CONGRÉGATION, COMMUNAUTÉ, ETC. SIÈGE PRINCIPAL, NATURE ET BUT DE L'INSTITUTION	ÉTABLISSEMENTS PARTICULIERS	DATE de L'AUTORISATION
Augustines-Hospitalières. . . . Communauté hospitalière.	Riom	D. 14 décembre 1810
Augustines-Hospitalières. . . . Communauté hospitalière.	Mozac	D. 29 novembre 1853
Charité et de l'Instruction chrétienne (Sœurs de la). — M. M. à Nevers . . . . Congrégation hospitalière et enseignante.	Aigueperse Clermont-Ferrand, rue du Port Mouton, cⁿᵉ de Veyre-Mouton Saint-Cirgues	19 janvier 1811 Id. Id. Id.
Cœur de l'Enfant-Jésus (Sœurs du). — M. M. à Sermentizon. . . . . Congrégation diocésaine, hospitalière et enseignante.	. . . .	D. 2 octobre 1878
Croix (Filles de la). — M. M. à Limoges. . . . . Congrégation enseignante.	Ferneuil Giat	25 février 1860 10 mai 1860
Immaculée-Conception de la Mère de Dieu (Sœurs de l') . . . . . Communauté hospitalière.	Clermont-Ferrand, 5, rue Bansac	D. 20 mars 1879
Miséricorde (Sœurs de la). — M. M. à Billom. . . . . Congrégation hospitalière et enseignante.	. . . . Besse Moissat Montaigut Tallende Meissex Clermont, rue Pascal Saint-Sandoux Vertaizon Augerolles Luzillat Issac-la-Tourette Saint-Julien-de-Coppel Marengheol-Lembron Cebazat Orcet Bougheat Billom Les Martres-de-Veyre Cellule Aulnat Ceyrat Combroude Pontaumur Gerzat Escoutoux	D. 14 décembre 1810 et 14 janvier 1853 2 mars 1815 11 septembre 1816 24 octobre 1827 12 décembre 1827 Id. 24 février 1828 Id. Id. 20 avril 1828 20 juin 1836 8 décembre 1840 20 décembre 1840 28 janvier 1847 5 mars 1851 28 septembre 1851 12 février 1852 16 février 1852 30 novembre 1852 19 décembre 1853 15 juin 1854 11 juillet 1854 17 février 1855 5 mai 1855 26 juin 1855 29 août 1855

DÉNOMINATION DE LA CONGRÉGATION, COMMUNAUTÉ, ETC. SIÈGE PRINCIPAL, NATURE ET BUT DE L'INSTITUTION	ÉTABLISSEMENTS PARTICULIERS	DATE de L'AUTORISATION
Sœurs de la Miséricorde, de Billom (Suite).	Ravel	12 septembre 1855
	Aigueperse	21 juin 1856
	Clerlandes	4 août 1856
	Clermont, avenue de l'Esplanade	18 mars 1858
	Prompsat	30 janvier 1861
Notre-Dame (Sœurs de). . . . . . Communauté enseignante.	Issoire, rue du Moulin-Charrier	O. 8 février 1883
Notre-Dame de Bon-Secours (Sœurs de). — M. M. à Clermont, rue des Aimés.	. . . .	D. 7 août 1856
Congrégation garde-malades.	Riom	13 juillet 1870
Notre-Dame de Clermont (Sœurs de). — M. M. à Chamalières. . .	. . . .	D. 3 août 1867 et 5 novembre 1879
Congrégation diocésaine, hospitalière et enseignante.	Lamontgie	Id.
	Saint-Martin-les-Olmes	25 juin 1841 et 3 juin 1875
Petites-Sœurs des Pauvres. — M. M. à Saint-Pern (Ille-et-Vilaine). Congrégation hospitalière.	Clermont, à Champfleury	22 avril 1874
Saint-Joseph (Sœurs de). — M. M. à Saint-Flour (Cantal). . . . . . Congrégation hospitalière et enseignante.	Egliseneuve-d'Entraigues	6 avril 1858
Saint-Joseph du Bon-Pasteur (Sœurs de). — M. M. à Clermont, rue du Bon-Pasteur.	. . . .	D. 9 avril 1811
Congrégation hospitalière et enseignante.	Plouzat	Id.
	Issoire	Id.
	Champeix	Id.
	Sauxillanges	Id.
	Vollorreville	Id.
	St-Amand-Roche-Savine	Id.
	Job	Id.
	Marsac	Id.
	Arlanc	Id.
	Beurrières	Id.
	Dore-l'Église	Id.
	Viverolles	Id.
	Sauvessanges	Id.
	Saint-Anthelme	Id.
	Olliergues	Id.
	La Roche-Blanche	Id.
	Ambert	13 novembre 1816 et 28 août 1810
	Courpières	25 juin 1817
	Bertignat	24 octobre 1827
	Champetières	Id.
	Cunlhat	Id.
	Eglisoles	Id.

DÉNOMINATION DE LA CONGRÉGATION, COMMUNAUTÉ, ETC. SIÈGE PRINCIPAL, NATURE ET BUT DE L'INSTITUTION	ÉTABLISSEMENTS PARTICULIERS	DATE de L'AUTORISATION
Sœurs de Saint-Joseph du Bon-Pasteur, de Clermont (Suite)	Chaulme	24 octobre 1827
	Pont-du-Château	Id.
	Rondans	Id.
	Saillans	Id.
	Bonnet-le-Chastel	Id.
	Saint-Just-de-Baffie	Id.
	Saint-Romain	Id.
	Valcivières	Id.
	Saint-Beauzire	17 avril 1835
	Crest	9 mars 1837
	Tours	21 août 1841
	Lempdes	21 novembre 1851
	Mézel	7 avril 1852
	Saint-Pardoux	16 août 1854
	Servant	9 juin 1855
	Rochefort	31 août 1859
	Issoire	21 mars 1868
Sauveur et de la Sainte-Vierge (Sœurs du). — M. M. à la Souterraine (Creuse). . . . . Congrégation hospitalière et enseignante.	Thiers Clermont Laqueuille	28 février 1855 9 novembre 1857 9 mai 1859
Tiers-Ordre de Saint-Dominique (Sœurs du). — M. M. à Ambert. . . . . Congrégation hospitalière et enseignante.	Chaumont	D. 12 mars 1856 et 27 novembre 1864 Id.
Tiers-Ordre de Saint-Dominique (Sœurs du). . . . . Communauté hospitalière et enseignante.	Marsac	O. 26 septembre 1838
Ursulines. . . . . Communauté enseignante.	Clermont, rue Saint-Alyre	O. 18 septembre 1816
Ursulines. . . . . Communauté enseignante.	Ambert	O. 27 mai 1827
Visitation Sainte-Marie (Religieuses de la). . . . . Communauté enseignante.	Riom, faubourg de la Bade	O. 21 juin 1826
Visitation Sainte-Marie (Religieuses de la). . . . . Communauté enseignante.	Clermont, rue Godefroy-de-Bouillon	O. 21 septembre 1846

Augustines-Hospitalières.	Clermont	14 décembre 1810

DÉNOMINATION DE LA CONGRÉGATION, COMMUNAUTÉ, ETC. SIÈGE PRINCIPAL, NATURE ET BUT DE L'INSTITUTION	ÉTABLISSEMENTS PARTICULIERS	DATE de L'AUTORISATION
Notre-Dame de Charité du Refuge (Sœurs de).	Clermont	15 février 1817
Saint-François (Sœurs de). . . .	Saint-Germain-Lembron	29 février 1840
Saint-Joseph du Bon-Pasteur (Sœurs de). — De Clermont. . .	Medeyrolles Clermont, rue Saint-Alyre Chauriat	9 avril 1811 24 janvier 1848 17 février 1855

BASSES-PYRÉNÉES (Département des)

DÉNOMINATION DE LA CONGRÉGATION, COMMUNAUTÉ, ETC. SIÈGE PRINCIPAL, NATURE ET BUT DE L'INSTITUTION	ÉTABLISSEMENTS PARTICULIERS	DATE de L'AUTORISATION
Charité et de l'Instruction chrétienne(Sœurs de la). — M. M. à Nevers. Congrégation hospitalière et enseignante.	Oloron (quartier Ste-Marie) Pau, 2, rue Carrérot	19 janvier 1811 8 avril 1873
Croix (Filles de la), dites **de Saint-André.** — M. M. à la Puye (Vienne). Congrégation hospitalière et enseignante.	Igon Laruns, section Eaux-Chaudes Ustarritz (quartier Arrüntz) Arudy Hasparren (quart' Celhaye) Sévignac-Meyracq Oloron, rue de la Justice Oloron, rue de Révol Bayonne, rue Douer Pontacq Pau, rue Bonado Bayonne, r. de la Visitation Monein Morlaas Accous Guiche Buzy Asson Sare La Bastide-Clairence Urt Gan	20 décembre 1826 19 août 1836 5 septembre 1836 27 septembre 1836 29 septembre 1838 10 juin 1841 19 janvier 1842 Id. 5 mars 1849 7 février 1850 9 mars 1850 21 janvier 1851 20 août 1851 17 septembre 1854 4 avril 1855 31 octobre 1855 26 janvier 1856 18 juillet 1856 3 avril 1857 1er avril 1859 20 mars 1860 11 novembre 1881
Dominicaines . . . . Communauté enseignante.	Nay	O. 22 avril 1827
Instruction charitable du Saint-Enfant-Jésus (Sœurs de l'), dites **de Saint-Maur.** — M. M. à Paris. . Congrégation hospitalière et enseignante.	Orthez, rue Moncade	30 octobre 1877
Petites-Sœurs des Pauvres. — M. M. à Saint-Pern (Ille-et-Vilaine). Congrégation hospitalière.	Billère, près Pau Biarritz, rue de France prolongée	9 septembre 1859 15 janvier 1903
Servantes de Marie. — M. M. à Anglet. . . . . Congrégation hospitalière et enseignante.	. . . . Bayonne, quartier Lachepailler	D. 14 décembre 1852 21 février 1860
Ursulines . . . . Communauté enseignante.	Pau, 26, rue du Lycée	O. 27 novembre 1816

Établissement congréganiste autorisé mais n'existant plus en fait

Croix (Filles de la), dites **de Saint-André.** — De la Puye	Castelbon	23 mai 1860

HAUTES-PYRÉNÉES (Département des)

DÉNOMINATION DE LA CONGRÉGATION, COMMUNAUTÉ, ETC. SIÈGE PRINCIPAL, NATURE ET BUT DE L'INSTITUTION	ÉTABLISSEMENTS PARTICULIERS	DATE de L'AUTORISATION
Croix (Filles de la), dites **de Saint-André.** — M. M. à la Puye (Vienne). Congrégation hospitalière et enseignante.	Bagnères-de-Bigorre, 5, place des Vignaux	31 août 1829
	Saint-Pé	18 janvier 1835
	Ozon	24 novembre 1836
	Argelès-Garost	5 janvier 1839
	Trie	7 octobre 1841
	Cauterets, rue Saint-Antoine	28 avril 1842
	Tarbes (Pradeau)	20 novembre 1845
	Lascazères	Id.
	Maubourguet	10 janvier 1850
	Galan	30 janvier 1850
	Laloubère	18 octobre 1851
	Cieutat	11 décembre 1858
	Oroix	28 septembre 1859
	Campan	21 décembre 1859
Immaculée-Conception de Notre-Dame de Lourdes (Religieuses de l'). . . . . Communauté hospitalière.	Galan	D. 15 janvier 1874
Notre-Dame des Douleurs (Filles de). . . . . Communauté hospitalière.	Tarbes, rue des Petits-Fossés	D. 19 juin 1867
Petites-Sœurs des Pauvres. — M. M. à Saint-Pern (Ille-et-Vilaine). Congrégation hospitalière.	Vic-Bigorre, route de Saint-Lézé	15 janvier 1903
Saint-Joseph de Tarbes (Sœurs de). — M. M. à Cantaous, section de Tuzaguet. . . . . Congrégation hospitalière et enseignante.	. . . .	D. 30 novembre 1852
	Caixon	17 octobre 1855
	Arrens	18 septembre 1857
	Castelnau-Magnoac	19 janvier 1858
	Ossun	1er octobre 1859
	Monléon-Magnoac	4 avril 1860
	Cabanac	30 juin 1860
	Salles (Argelès)	27 décembre 1856
Saint-Nom de Jésus (Sœurs du). — M. M. à Toulouse. . . . . . . Congrégation enseignante.	Tarbes, rue des Petits-Fossés	2 octobre 1827

ÉTABLISSEMENT CONGRÉGANISTE AUTORISÉ MAIS N'EXISTANT PLUS EN FAIT

Croix (Filles de la), dites **de Saint-André.** — De la Puye.	Sainte-Marie (hameau de Campan)	23 juillet 1859

DÉNOMINATION DE LA CONGRÉGATION, COMMUNAUTÉ, ETC. SIÈGE PRINCIPAL, NATURE ET BUT DE L'INSTITUTION	ÉTABLISSEMENTS PARTICULIERS	DATE de L'AUTORISATION
Clarisses . . . . Communauté contemplative.	Perpignan, chaussée du Vernet	O. 10 décembre 1828
Petites-Sœurs des Pauvres. — M. M. à Saint-Pern (Ille-et-Vilaine). Congrégation hospitalière.	Perpignan, route d'Espagne	11 mai 1864
Sacré-Cœur (Dames du). — M. M. à Paris. . . . . Congrégation enseignante.	Perpignan (quartier du Vernet)	9 novembre 1828 et 12 mai 1859
Trappistines de Notre-Dame des Anges . . . . Communauté enseignante.	Espira-de-l'Agly	D. 21 juillet 1866
Très-Saint-Sacrement (Sœurs du). — M. M. à Perpignan, rue Saint-François-de-Paule . . . . Congrégation diocésaine, hospitalière et enseignante.	. . . .	D. 4 mai 1864
ÉTABLISSEMENT CONGRÉGANISTE AUTORISÉ MAIS N'EXISTANT PLUS EN FAIT		
Saint-Joseph (Sœurs de). — De Lyon.	Perpignan	24 septembre 1851

DÉNOMINATION DE LA CONGRÉGATION, COMMUNAUTÉ, ETC. SIÈGE PRINCIPAL, NATURE ET BUT DE L'INSTITUTION	ÉTABLISSEMENTS PARTICULIERS	DATE de L'AUTORISATION
Adoration perpétuelle du Sacré-Cœur (Sœurs de l'). . . . . . . Communauté enseignante.	Lyon, quartier des Chartreux, 38, rue Pierre-Dupont	D. 3 décembre 1856
Charité (Sœurs de la). — M. M. à Besançon. . . . . Congrégation hospitalière et enseignante.	Saint-Jean-d'Ardières	16 décembre 1854
Charité de Saint-Vincent-de-Paul (Filles de la). — M. M. à Paris . . Congrégation hospitalière et enseignante.	Lyon (Saint-Jean) Lyon, rue Bouteille	30 mai 1855 22 décembre 1857
Enfant-Jésus. — M. M. à Claveisolles. Congrégation enseignante.	. . . . Vaux	D. 17 février 1858 7 décembre 1859
Notre-Dame de Charité du Bon-Pasteur (Sœurs de). — M. M. à Angers. . . . . Congrégation hospitalière et enseignante.	Ecully	29 novembre 1869
Notre-Dame de Charité du Refuge (Sœurs de), dites **de Saint-Michel.** Communauté-Refuge.	Lyon-Saint-Irénée	D. 20 janvier 1811
Notre-Dame de Fourvières (Sœurs de). . . . . Communauté enseignante.	Lyon, 9-17, rue du Juge-de-Paix	D. 22 avril 1874
Petites-Sœurs des Pauvres. — M. M. à Saint-Pern (Ille-et-Vilaine). Congrégation hospitalière.	Lyon, quartier de la Villette Tarare Lyon-Croix-Rousse Villefranche Lyon-Vaise	8 novembre 1858 Id. 18 janvier 1868 17 décembre 1872 27 janvier 1885
Refuge de Notre-Dame de la Compassion (Sœurs du). . . . . . Communauté-Refuge.	Lyon, 8, rue de l'Antiquaille	D. 12 mars 1856
Sacré-Cœur (Dames du). — M. M. à Paris . . . . Congrégation enseignante.	Villeurbanne-la-Ferrandière	7 juillet 1858
Saint-Charles (Sœurs de). — M. M. à Lyon, 26, montée des Carmélites. Congrégation hospitalière et enseignante.	. . . . Villefranche Mornant Ampuis Neuville Lyon-la-Guillotière Pomeys	D. 22 octobre 1810 et 12 janvier 1813 12 janvier 1813 Id. 12 janvier 1813 et 18 mars 1827 12 janvier 1813 Id. Id.

DÉNOMINATION DE LA CONGRÉGATION, COMMUNAUTÉ, ETC. SIÉGE PRINCIPAL, NATURE ET BUT DE L'INSTITUTION	ÉTABLISSEMENTS PARTICULIERS	DATE de L'AUTORISATION
Sœurs de Saint-Charles, de Lyon (Suite).	Saint-Igny-de-Vers	18 mars 1827
	Propières	Id.
	Tarare	Id.
	Saint-Forgeux	Id.
	Saint-Marcel	Id.
	Cours	Id.
	Lyon (Saint-Nizier)	Id.
	Lyon (Saint-Polycarpe)	Id.
	Lyon-Vaise, 6, rue des Tuileries	Id.
	Saint-Julien-sur-Ribost	Id.
	Amplepuis	Id.
	Brignais	Id.
	Oullins	Id.
	Vourles	Id.
	Echallas	Id.
	Millery	Id.
	Villechenève	Id.
	Ecully	Id.
	Saint-Laurent-d'Agny	Id.
	Couzon	Id.
	Curis	Id.
	Thurins	Id.
	Marcilly-d'Azergues	Id.
	Sainte-Foy-lès-Lyon	27 janvier 1828
	Saint-Genis-Laval	9 mars 1828
	Quincié	1er février 1839
	Saint-Didier-sur-Riverie	27 octobre 1849
	Longessaigne	Id.
	Quincieux	20 novembre 1850
	Fleurie	1er février 1853
	Chazay-d'Azergues	24 octobre 1856
	Grigny	9 mars 1857
	Chaponost	17 mai 1858
	Charly	30 octobre 1858
	St-Symphorien-sur-Coise	9 janvier 1860
	Chasselay	25 janvier 1861
Sainte-Famille (Sœurs de la). — M. M. à Lyon, clos des Chartreux, 10, avenue Vailloud. . . . . . . Congrégation hospitalière et enseignante.	. . . .	D. 11 novembre 1856
Saint-François-d'Assise (Sœurs de). — M. M. à Lyon, clos des Chartreux, 17, rue Saint-François-d'Assise. . Congrégation hospitalière et enseignante.	. . . .	D. 8 décembre 1853
Saint-Joseph (Sœurs de). — M. M. à Lyon, 10-12, rue des Chartreux. . Congrégation hospitalière et enseignante.	. . . . Ancy	O. 23 mars 1828 10 avril 1812 et 8 février 1829
	Souzy	Id.
	Alix	30 juillet 1828

DÉNOMINATION DE LA CONGRÉGATION, COMMUNAUTÉ, ETC. SIÈGE PRINCIPAL, NATURE ET BUT DE L'INSTITUTION	ÉTABLISSEMENTS PARTICULIERS	DATE de L'AUTORISATION
Sœurs de Saint-Joseph, de Lyon (Suite).	Bessenay	30 juillet 1828
	Bully	Id.
	Cenves	Id.
	Chapelle-Mardore	Id.
	Chambert-Longessaigne	Id.
	Collonge-au-Mont-d'Or	Id.
	Cublize	Id.
	Francheville	Id.
	Givors	Id.
	Hauterivoire	Id.
	Joux	Id.
	Lancié	Id.
	Larajasse	Id.
	Lissieux	Id.
	Lyon (quartier Montauban)	Id.
	Messimi	Id.
	Meys	Id.
	Montromant	Id.
	Montrottier	Id.
	Saint-Andéol	Id.
	Saint-Antoine-d'Ouroux	Id.
	St-Laurent-de-Chamousset	Id.
	Saint-Romain-du-Popey	Id.
	Saint-Vincent-de-Rhins	Id.
	Soucieu-en-Jarez	Id.
	Tassin	Id.
	Valsonne	Id.
	Vernaison	Id.
	Ville-sur-Jarnioux	Id.
	Bois-d'Oingt	8 février 1829
	Vaugneray	Id.
	Loire	15 novembre 1829
	Longes	Id.
	Sainte-Consorce	Id.
	Chiroubles	19 juin 1837
	Lyon (Croix-Rousse)	29 septembre 1838
	Brullioles	14 décembre 1852
	Dardilly	23 décembre 1852
	Denicé	30 décembre 1853
	Lyon-la-Guillotière	26 janvier 1854
	Affoux	8 février 1854
	Villié	Id.
	Lucenay	25 mars 1854
	Sainte-Apollinaire	19 avril 1854
	Anse	4 mai 1854
	Pommiers-sur-Ance	Id.
	Ardillats	7 février 1855
	Chamelet	28 février 1855
	Pouilly-le-Monial	10 décembre 1855
	Saint-Laurent-d'Oingt	13 août 1856
	Saint-Genis-l'Argentière	19 décembre 1856
	Chaussan	27 février 1857
	Lyon (Orphelinat)	15 avril 1857
	Aveize	29 août 1857
	St-Maurice-sur-Dargoire	19 janvier 1858
	Lentilly	17 mai 1858
	St-Clément-sous-Valsonne	5 juillet 1858

DÉNOMINATION DE LA CONGRÉGATION, COMMUNAUTÉ, ETC. SIÈGE PRINCIPAL, NATURE ET BUT DE L'INSTITUTION	ÉTABLISSEMENTS PARTICULIERS	DATE de L'AUTORISATION
Sœurs de Saint-Joseph, de Lyon (Suite).	Saint-Vérand Les Sauvages Sainte-Foy-l'Argentière Monsols Corcelles Duerne Grézieux-le-Marché	7 juillet 1858 23 août 1858 28 août 1858 9 septembre 1858 11 septembre 1858 26 avril 1859 31 mai 1859
Saint-Joseph (Sœurs de) . . . . Communauté hospitalière et enseignante.	Lyon (hospice des Prêtres)	D. 10 avril 1812
Saint-Joseph (Sœurs de) . . . . Communauté hospitalière et enseignante.	Riverie	D. 10 avril 1812
Saint-Joseph (Sœurs de) . . . . Communauté hospitalière et enseignante.	Vaugneray	D. 10 avril 1812
Sainte-Marthe (Sœurs de) . . . . Communauté hospitalière.	Beaujeu	D. 25 novembre 1810
Sainte-Marthe (Sœurs de) . . . . Communauté hospitalière.	Belleville	D. 25 novembre 1810
Sainte-Marthe (Sœurs de) . . . . Communauté hospitalière.	Villefranche	D. 25 novembre 1810
Saint-Sacrement (Sœurs du). — M. M. à Autun (Saône-et-Loire) . . Congrégation hospitalière et enseignante.	Condrieu Lyon (Croix-Rousse)	26 décembre 1810 16 juillet 1837
Trinitaires. — M. M. à Valence (Drôme) . . . . Congrégation hospitalière et enseignante.	Lyon (Croix-Rousse)	22 avril 1827 et 19 août 1853
Trinitaires. — M. M. à Saint-Martin-en-Haut . . . . Congrégation hospitalière et enseignante.	. . . . —	D. 19 novembre 1855
Ursulines . . . . Communauté enseignante.	Lyon-Saint-Irénée	O. 23 juillet 1826
Ursulines. . . . . Communauté enseignante.	L'Arbresle	O. 31 décembre 1840 et D. 20 décembre 1850
Ursulines. . . . . Communauté enseignante.	Saint-Cyr-au-Mont-d'Or	O. 15 octobre 1826 et D. 26 avril 1858
Ursulines. . . . . Communauté enseignante.	Beaujeu	D. 17 janvier 1867
Verbe-Incarné (Religieuses du) . . Communauté enseignante.	Lyon, 24, rue du Juge-de-Paix	D. 26 avril 1858

DÉNOMINATION DE LA CONGRÉGATION, COMMUNAUTÉ, ETC. SIÈGE PRINCIPAL, NATURE ET BUT DE L'INSTITUTION	ÉTABLISSEMENTS PARTICULIERS	DATE de L'AUTORISATION
ÉTABLISSEMENTS CONGRÉGANISTES AUTORISÉS, MAIS N'EXISTANT PLUS EN FAIT		
Charité (Sœurs de la). — De Besançon.	L'Ecluse	21 décembre 1810
Saint-Joseph (Sœurs de). — De Lyon.	Courzieu Chassagny Brindas Soucieu-en-Jarez Dième	30 juillet 1828 10 novembre 1851 14 décembre 1852 24 octobre 1856 28 avril 1859

HAUTE-SAONE (Département de la)

DÉNOMINATION DE LA CONGRÉGATION, COMMUNAUTÉ, ETC. SIÈGE PRINCIPAL, NATURE ET BUT DE L'INSTITUTION	ÉTABLISSEMENTS PARTICULIERS	DATE de L'AUTORISATION
Augustines-Hospitalières . . . Communauté hospitalière.	Gray	D. 22 octobre 1810
Charité (Sœurs de la). — M. M. à Besançon. . . . . Congrégation hospitalière et enseignante.	Gy, rue du Pont Vitrey Vougecourt Vesoul, 17, r. Saint-Georges Genevreuille Lure, 66, Grande-Rue Valay Pusy et Épenoux	21 décembre 1810 Id. Id. 1er octobre 1843 27 février 1851 19 avril 1854 15 décembre 1855 19 janvier 1858
Compassion (Sœurs de la). — M. M. à l'Ermitage, commune de Villersexel. . . . . Congrégation hospitalière et enseignante.	. . . . Moimay	O. 26 août 1843 8 mars 1858
Divine Providence (Sœurs de la). — M. M. à Frasne-le-Château. . . . Congrégation hospitalière et enseignante.	. . . .	D. 28 octobre 1873
Hospitalières de Besançon, dites **de Saint-Jacques.** — M. M. à Besançon . . . . Congrégation hospitalière.	Vesoul, rue Carnot Villersexel	15 novembre 1810 Id.
Instruction charitable du Saint-Enfant-Jésus (Sœurs de l'), dites **de Saint-Maur.** — M. M. à Paris. Congrégation hospitalière et enseignante.	Vesoul, rue Baron-Bouvier	1er octobre 1843

ÉTABLISSEMENTS CONGRÉGANISTES AUTORISÉS, MAIS N'EXISTANT PLUS EN FAIT

DÉNOMINATION DE LA CONGRÉGATION, COMMUNAUTÉ, ETC.	ÉTABLISSEMENTS PARTICULIERS	DATE de L'AUTORISATION
Charité (Sœurs de la). — De Besançon.	Jouvelle	21 décembre 1810
Dominicaines	Faverney	27 mars 1876 et 5 juin 1886
Hospitalières de Besançon, dites **de Saint-Jacques.** — De Besançon.	Gray	15 novembre 1810

SAONE-ET-LOIRE (Département de)

DÉNOMINATION DE LA CONGRÉGATION, COMMUNAUTÉ, ETC. SIÈGE PRINCIPAL, NATURE ET BUT DE L'INSTITUTION	ÉTABLISSEMENTS PARTICULIERS	DATE de L'AUTORISATION
Carmélites . . . . Communauté contemplative.	Chalon, 9, rue de la Motte	O. 22 avril 1827
Charité et de l'Instruction chrétienne (Sœurs de la). — M. M. à Nevers . . . . Congrégation hospitalière et enseignante.	Autun, 6, rue Piolin Bourbon-Lancy (les Enclos) Charolles Mâcon, rue des Cordiers Mâcon, rue des Cordiers	19 janvier 1811 Id. Id. Id. 18 mars 1865
Charité de Saint-Vincent-de-Paul (Filles de la). — M. M. à Paris. . Congrégation hospitalière et enseignante.	Fontaines Louhans Chalon, 60, rue aux Fèvres	13 juin 1855 3 avril 1857 13 novembre 1859
Dominicaines . . . . Communauté enseignante.	Chalon, 34, avenue de Paris	O. 22 avril 1827
Instruction charitable du Saint-Enfant-Jésus (Sœurs de l'), dites **de Saint-Maur**. — M. M. à Paris. Congrégation hospitalière et enseignante.	Givry Chalon, 31, rue de Beaune	19 janvier 1811 16 août 1854
Instruction chrétienne (Sœurs de l'), dites **de la Providence**. — M. M. à Portieux (Vosges). . . . . . Congrégation hospitalière et enseignante.	Charette	20 mars 1850
Instruction de l'Enfant - Jésus (Sœurs de l'). — M. M. au Puy. . Congrégation enseignante.	Reclesnes Dracy-les-Couches	14 avril 1855 10 novembre 1855
Instruction du Saint-Enfant-Jésus (Sœurs de l'). — M. M. à Chauffailles. Congrégation diocésaine, hospitalière et enseignante.	. . . .	D. 25 janvier 1865
Petites - Sœurs des Pauvres. — M. M. à Saint-Pern (Ille-et-Vilaine). Congrégation hospitalière.	Autun, 14, r. Sauchien-le-Boucher	6 juillet 1875
Saint-Charles (Sœurs de). — M. M. à Lyon . . . . Congrégation hospitalière et enseignante.	Mâcon La Clayette Cuiseaux	8 juillet 1829 9 août 1854 31 décembre 1856
Saint-François d'Assise (Sœurs de). — M. M. à Lyon . . . . Congrégation hospitalière et enseignante.	Ozolles	19 décembre 1856

DÉNOMINATION DE LA CONGRÉGATION, COMMUNAUTÉ, ETC. SIÈGE PRINCIPAL, NATURE ET BUT DE L'INSTITUTION	ÉTABLISSEMENTS PARTICULIERS	DATE de L'AUTORISATION
Saint-Joseph (Sœurs de). — M. M. à Lyon . . . . Congrégation hospitalière et enseignante.	St-Christophe-en-Brionnais Leynes	11 mars 1839 11 juin 1858
Saint-Joseph de Cluny (Sœurs de). — M. M. à Paris. . . . . . . Congrégation hospitalière et enseignante.	Blanzy, rue de la Gare	4 août 1856
Sainte-Marthe (Hospitalières de). . Communauté hospitalière.	Louhans	D. 5 juin 1810
Sainte-Marthe (Hospitalières de). . Communauté hospitalière.	Paray-le-Monial	D. 16 juillet 1810
Sainte-Marthe (Hospitalières de). . Communauté hospitalière.	Cuiseaux	D. 2 novembre 1810
Sainte-Marthe (Hospitalières de). . Communauté hospitalière.	Cluny	D. 2 novembre 1810
Sainte-Marthe (Hospitalières de). . Communauté hospitalière.	Chagny	D. 15 novembre 1810
Sainte-Marthe (Hospitalières de). . Communauté hospitalière.	Chalon, quai de l'Hôpital	D. 27 février 1811
Saint-Sacrement (Sœurs du). — M. M. à Autun. . . . . Congrégation hospitalière et enseignante.	. . . . Sennecey-le-Grand St-Laurent-en-Brionnais Saint-Germain-du-Plain Matour Fuissé Mervans Saint-Désert Buxy Paray-le-Monial Lucenay-l'Evêque Tramayes Montagny-lès-Buxy Mâcon, 90, rue Rambuteau	D. 26 décembre 1810 et O. 30 juillet 1837 26 décembre 1810 18 janvier 1826 13 novembre 1836 9 mars 1837 24 janvier 1843 14 avril 1852 20 juin 1854 16 avril 1856 31 mai 1856 9 novembre 1857 17 février 1858 18 mars 1858 16 février 1861
Visitation Sainte-Marie (Religieuses de). . . . . Communauté enseignante.	Mâcon, place des Capucins	O. 20 novembre 1816
Visitation Sainte-Marie (Religieuses de). . . . . Communauté enseignante.	Paray-le-Monial	O. 3 novembre 1825
Visitation Sainte-Marie (Religieuses de). . . . . Communauté enseignante.	Autun, 12, rue Rivault	D. 3 août 1853

DÉNOMINATION DE LA CONGRÉGATION, COMMUNAUTÉ, ETC. SIÈGE PRINCIPAL, NATURE ET BUT DE L'INSTITUTION	ÉTABLISSEMENTS PARTICULIERS	DATE de L'AUTORISATION
ÉTABLISSEMENTS CONGRÉGANISTES AUTORISÉS, MAIS N'EXISTANT PLUS EN FAIT		
Charité (Sœurs de la). — De Besançon.	Chaintré	21 décembre 1810
Hospitalières	Marcigny	22 octobre 1810
Hospitalières	Louhans	15 novembre 1810
Hospitalières	Mâcon	26 décembre 1810
Hospitalières de Besançon, dites de **Saint-Jacques.** — De Besançon.	Chalon-sur-Saône	15 novembre 1810
Instruction charitable du Saint-Enfant-Jésus (Sœurs de l'), dites de **Saint-Maur.** — De Paris. . .	Louhans	19 janvier 1811
Instruction chrétienne (Sœurs de l'), dites de la **Providence.** — De Portieux	Frontenard	22 février 1854
Saint-Charles (Sœurs de). — De Lyon	Frontenaud	19 juillet 1826
Saint-Sacrement (Sœurs du). — D'Autun	Tournus Chalon-sur-Saône Bois-Sainte-Marie	26 décembre 1810 Id. 23 mars 1854

DÉNOMINATION DE LA CONGRÉGATION, COMMUNAUTÉ, ETC. SIÈGE PRINCIPAL, NATURE ET BUT DE L'INSTITUTION	ÉTABLISSEMENTS PARTICULIERS	DATE de L'AUTORISATION
Charité de Notre-Dame (Sœurs de la). — M. M. à Evron (Mayenne). Congrégation hospitalière et enseignante.	Anvers-le-Hamon	13 novembre 1810
	Beaumont-sur-Sarthe	Id.
	Bessé	Id.
	Bonnétable, rue de l'Herminière	Id.
	Connerré, rue Nationale	Id.
	Fontenay	Id.
	Grandchamp	Id.
	La Chartre	Id.
	Le Mans-Couture, 15, rue de Paris	Id.
	Le Mans-Saint-Julien, 5, rue Tasner	Id.
	Mamers, Grande-Rue	Id.
	Mansigné	Id.
	Marolles-les-Braults	Id.
	Noyer	Id.
	Saint-Germain-de-la-Coudre	Id.
	Savigné-l'Evêque	Id.
	Ségrie, à la Guittière	Id.
	Sillé-le-Guillaume, place Saint-Etienne	Id.
	Vibraye	Id.
	Parigné-l'Évêque	29 août 1835
	Teloché	Id.
	Rouillon	13 février 1836
	Champaissant	15 mai 1836
	Maigné	15 octobre 1837
	Vallon	21 septembre 1838
	Coulans	29 mai 1839
	Fillé	9 janvier 1840
	Tuffé	11 mai 1842
	Courgenard	8 juin 1842
	Ecommoy, rue des Verriers	14 juin 1842
	Le Mans, rue du Bourg-d'Anguy	5 août 1846
	Cherré (les Guillotières)	14 juillet 1849
	Nogent-le-Bernard	21 juillet 1849
	Souligné-sous-Vallon	Id.
	Lavenay	12 novembre 1850
	Avoise	23 mai 1851
	Requeil	24 janvier 1852
	La Quinte	30 août 1852
	Saint-Aignan	15 mars 1854
	Malicorne	30 décembre 1854
	La Suze	3 novembre 1855
	Loué	13 février 1856
	Gréez-sur-Roc	11 mars 1856
	Chenu	25 août 1856
	Parigné-le-Pôlin	19 mai 1857
	Saint-Mars-d'Outillé	22 juin 1857
	Saint-Jean-d'Assé	1er août 1857
	Le Breil	17 février 1858

DÉNOMINATION DE LA CONGRÉGATION, COMMUNAUTÉ, ETC. SIÈGE PRINCIPAL, NATURE ET BUT DE L'INSTITUTION	ÉTABLISSEMENTS PARTICULIERS	DATE de L'AUTORISATION
Sœurs de la Charité de Notre-Dame, d'Evron (Suite).	Pruillé-l'Eguillé Ecommoy, rue des Verriers	26 avril 1858 10 août 1875
Charité de la Providence (Sœurs de la). — M. M. à Ruillé-sur-Loir. Congrégation hospitalière et enseignante.	. . . . Le Grand-Lucé Le Mans, 8, place du Pré La Chapelle-d'Aligné Conlie	O. 19 novembre 1826 16 mai 1839 28 juin 1846 14 août 1852 19 janvier 1859
Charité de Sainte-Marie (Sœurs de la), dites **de la Forêt**. — M. M. à Angers . . . . Congrégation hospitalière et enseignante.	Saint-Calais	24 octobre 1853 et 23 novembre 1865
Charité de Saint-Vincent-de-Paul (Filles de la). — M. M. à Paris. Congrégation hospitalière et enseignante.	Yvré-l'Evêque	17 novembre 1852
Enfant-Jésus (Sœurs de l'). . . . Communauté hospitalière et enseignante.	Neufchâtel	D. 19 novembre 1864
Franciscaines de l'Immaculée-Conception . . . . Communauté hospitalière et enseignante.	Champfleur	D. 6 mai 1868
Miséricorde (Sœurs de la). — M. M. à Séez (Orne) . . . . Congrégation hospitalière.	Le Mans, 12, rue de la Paille Mamers, rue de Cinq-Ans Sillé-le-Guillaume	17 octobre 1843 4 septembre 1849 25 août 1879
Notre-Dame (Sœurs de), dites **de l'Ave**. . . . . Communauté enseignante.	La Flèche, rue de la Madeleine	O. 18 septembre 1816
Notre-Dame (Sœurs de). — M. M. à Briouze (Orne). . . . . Congrégation hospitalière et enseignante.	Teillé Assé-le-Riboul	13 avril 1859 7 janvier 1861
Notre-Dame de Charité (Sœurs de), dites **du Bon-Pasteur**. . . . . Communauté-Refuge. •	Le Mans, 24, rue de la Blanchisserie	D. 16 mars 1852
Petites-Sœurs des Pauvres. — M. M. à Saint-Pern (Ille-et-Vilaine). Congrégation hospitalière.	Le Mans, rue des Maillets	15 janvier 1903
Saint-Cœur de Marie (Sœurs du), dites **de la Providence** . . . . . Communauté hospitalière et enseignante.	La Flèche, rue de la Boirie	O. 23 mars 1828

DÉNOMINATION DE LA CONGRÉGATION, COMMUNAUTÉ, ETC. SIÈGE PRINCIPAL, NATURE ET BUT DE L'INSTITUTION	ÉTABLISSEMENTS PARTICULIERS	DATE de L'AUTORISATION
Saint-Joseph (Sœurs de) . . . . Communauté hospitalière.	La Flèche, 6, rue de Ravenel	D. 14 décembre 1810
ÉTABLISSEMENTS CONGRÉGANISTES AUTORISÉS, MAIS N'EXISTANT PLUS EN FAIT		
Charité de Notre-Dame (Sœurs de la). — D'Évron.	La Fresnaye	13 novembre 1810
	Le Grand-Lucé	Id.
	Montmirail	Id.
	Montreuil-le-Henri	Id.
	Nouans	Id.
	Pont-de-Gennes	Id.
	Ruillé-sur-Loir	Id.
	Saint-Mars-sous-Ballon	Id.
	Vernie	Id.
	Pirmil	7 décembre 1838
	Beaufay	17 janvier 1844
	La Chapelle-Saint-Fray	28 juillet 1849
	Longnes	25 octobre 1849
	Chataignes	26 décembre 1850
Hospitalières	Mamers	22 octobre 1810
Hospitalières	La Ferté-Bernard	15 novembre 1810
Hospitalières de la Sainte-Trinité.	Le Mans-Sainte-Croix	9 janvier 1816
Providence (Sœurs de la). — De Séez.	Thorigné	13 mars 1847

DÉNOMINATION DE LA CONGRÉGATION, COMMUNAUTÉ, ETC. SIÈGE PRINCIPAL, NATURE ET BUT DE L'INSTITUTION	ÉTABLISSEMENTS PARTICULIERS	DATE de L'AUTORISATION
Augustines . . . . Communauté hospitalière et enseignante.	Pont-de-Beauvoisin	L. P. 11 février 1823
Carmélites . . . . Communauté contemplative.	Chambéry	L. P. 2 août 1825
Sacré-Cœur (Dames du). — M. M. à Paris . . . . Congrégation enseignante.	Chambéry, chemin de Massalaz	26 novembre 1824
Saint-Joseph (Sœurs de). — M. M. à Chambéry, 11, rue d'Italie. . . . Congrégation diocésaine, hospitalière et enseignante.	La Bauche	L. P. 27 août 1816 et D. 14 avril 1866 16 septembre 1823
Saint-Joseph (Sœurs de). — M. M. à Moutiers, rue de la Marmora. . . Congrégation hospitalière et enseignante.	Saint-Sigismond Bozel	L. P. 6 juin 1827 30 septembre 1828 25 août 1837
Saint-Joseph (Sœurs de). — M. M. à Saint-Jean-de-Maurienne, rue des Ecoles prolongée. . . . . . . Congrégation hospitalière et enseignante.		L. P. 18 avril 1827
Visitation Sainte-Marie (Religieuses de la). . . . . Communauté enseignante.	Chambéry (Lemène)	L. P. 5 novembre 1816 et 8 avril 1824

DÉNOMINATION DE LA CONGRÉGATION, COMMUNAUTÉ, ETC. SIÈGE PRINCIPAL, NATURE ET BUT DE L'INSTITUTION	ÉTABLISSEMENTS PARTICULIERS	DATE de L'AUTORISATION
Charité de Saint-Vincent-de-Paul (Filles de la). — M. M. à Paris . . Congrégation hospitalière et enseignante.	Collonges	26 mai 1832
Charité sous la Protection de saint Vincent de Paul (Sœurs de la). — M. M. à la Roche-sur-Foron. Congrégation hospitalière et enseignante.	. . . .	L. P. 8 février 1845
Présentation de Marie (Sœurs de la). — M. M. à Bourg-Saint-Andéol (Ardèche). . . . . Congrégation enseignante.	Saint-Julien	10 juin 1837
Saint-Joseph (Sœurs de). — M. M. à Annecy, place aux Bois. . . . . Congrégation hospitalière et enseignante.	. . . .	L. P. 23 sept. 1823
Visitation Sainte-Marie (Religieuses de la). . . . . Communauté enseignante.	Annecy, 18, rue Royale	L. P. 4 janvier 1828
Visitation Sainte-Marie (Religieuses de la). . . . . Communauté enseignante.	Thonon, rue des Granges	L. P. 21 mars 1837

DÉNOMINATION DE LA CONGRÉGATION, COMMUNAUTÉ, ETC. SIÈGE PRINCIPAL, NATURE ET BUT DE L'INSTITUTION	ÉTABLISSEMENTS PARTICULIERS	DATE de L'AUTORISATION
Assomption (Dames de l'). — M. M. à Paris, 25, rue de l'Assomption. Congrégation enseignante.	. . . .	D. 5 mars 1856 et 6 mai 1858
Augustines (Chanoinesses régulières de Saint-Augustin de la Congrégation de Notre-Dame). Communauté enseignante.	Paris, 84-86, rue de Sèvres	O. 7 juin 1826
Augustines (Chanoinesses régulières de Saint-Augustin de la Congrégation de Notre-Dame). Communauté enseignante.	Paris, 16, rue de Sèvres	O. 18 novembre 1827
Augustines (Chanoinesses régulières de Saint-Augustin de la Congrégation de Notre-Dame). Communauté enseignante.	Paris, 29, avenue Hoche	D. 12 novembre 1853
Augustines-Hospitalières. — M. M. à Paris, place du Parvis-Notre-Dame (hôtel-Dieu) . . . . . . Congrégation hospitalière.	. . . .	D. 26 décembre 1810
Augustines de l'Intérieur de Marie. Communauté enseignante.	Montrouge, 45, Grande-Rue	D. 29 novembre 1853
Augustines du Saint-Cœur de Marie . . . . Communauté hospitalière et enseignante.	Paris, 29, rue de la Santé	D. 14 décembre 1810 et 30 novembre 1858
Aveugles de Saint-Paul . . . . Communauté enseignante.	Paris, 88, rue Denfert-Rochereau	D. 24 août 1857 et 26 mars 1860
Bénédictines du Saint-Sacrement. Communauté enseignante.	Paris, 16, rue Tournefort	D. 23 avril 1807 et O. 7 juin 1826
Bénédictines du Saint-Sacrement. Communauté enseignante.	Paris, 20, rue Monsieur	O. 17 novembre 1841 et D. 16 janvier 1851
Bon-Secours de Notre-Dame Auxiliatrice (Sœurs de). — M. M. à Paris, 20, rue Notre-Dame-des-Champs . . . . Congrégation garde-malades.	. . . .	O. 17 janvier 1827
Charité de Saint-Vincent-de-Paul (Filles de la). — M. M. à Paris, 140, rue du Bac . . . . Congrégation hospitalière et enseignante	Paris, 13-14, rue de la Ville-l'Evêque Stains Paris, 105, rue Saint-Dominique Paris, 3, rue Oudinot	D. 8 novembre 1809 22 septembre 1843 31 janvier 1844 20 décembre 1852 Id.

DÉNOMINATION DE LA CONGRÉGATION, COMMUNAUTÉ, ETC. SIÈGE PRINCIPAL, NATURE ET BUT DE L'INSTITUTION	ÉTABLISSEMENTS PARTICULIERS	DATE de L'AUTORISATION
Filles de la Charité de Saint-Vincent-de-Paul, de Paris (Suite)	Paris, 15, rue des Arquebusiers	20 décembre 1852
	Neuilly, 11, rue des Poissonniers	31 mai 1856
	Paris, 7, rue Perronet	10 janvier 1855
	Paris, 5-7, rue Poulletier	27 novembre 1856
	Paris, 77, rue de Reuilly	11 juin 1858
	Paris, 15, rue des Bernardins	6 août 1859
	L'Hay, 29, r. des Tournelles	16 mars 1860
	Paris, 119, rue de Ménilmontant	19 décembre 1861
	Paris, 37, rue Caulaincourt	19 décembre 1885
Compassion de la Sainte-Vierge (Sœurs de la). — M. M. à Saint-Denis, 14, rue aux Gueldres . . . Congrégation hospitalière et enseignante.	. . . .	O. 31 août 1843
Conception (Dames anglaises de la). Communauté enseignante.	Neuilly, 24, avenue Victor-Hugo	D. 23 novembre 1853 et 26 septembre 1860
Croix (Sœurs de la). . . . . . . Communauté hospitalière et enseignante.	Paris, 233, rue de Vaugirard	D. 1er décembre 1860
Croix (Filles de la), dites **de Saint-André.** — M. M. à la Puye (Vienne). Congrégation hospitalière et enseignante.	Issy, 110, rue de Paris, et 8, rue de Seine	26 novembre 1836
	Choisy-le-Roi, 26, avenue de Paris	24 janvier 1843
	Nogent, place du Marché-Central	6 mars 1846
	Issy, 10, rue des Noyers	13 mars 1847
	Paris, 90, rue de Sèvres	20 décembre 1852
Dominicaines de la Croix. . . . Communauté enseignante.	Paris, 94, rue de Charonne	O. 7 juin 1826
Ecoles chrétiennes de la Miséricorde (Sœurs des). — M. M. à Saint-Sauveur-le-Vicomte (Manche) . . Congrégation hospitalière et enseignante.	Paris, 60-62, rue de Picpus Paris, 66, rue Vercingétorix, et 12, rue des Croisades	10 janvier 1855 31 juillet 1865
Fidèles-Compagnes de Jésus. — M. M. à Paris, 67, rue de la Santé. Congrégation enseignante.	. . . .	D. 8 octobre 1853
Instruction charitable du Saint-Enfant-Jésus (Sœurs de l'), dites **de Saint-Maur.** — M. M. à Paris, 8, rue de l'Abbé-Grégoire . . . . Congrégation hospitalière et enseignante.	. . . .	D. 19 janvier 1811

DÉNOMINATION DE LA CONGRÉGATION, COMMUNAUTÉ, ETC. SIÈGE PRINCIPAL, NATURE ET BUT DE L'INSTITUTION	ÉTABLISSEMENTS PARTICULIERS	DATE de L'AUTORISATION
Mère de Dieu (Religieuses de la). — M. M. à Paris, 45, rue de Picpus. Congrégation hospitalière et enseignante.	. . . .	D. 15 juillet 1810
Miséricorde (Sœurs de la) . . . . Communauté enseignante.	Paris, 39, rue Tournefort	O. 17 janvier 1827
Notre-Dame des Anges (Sœurs de). Communauté enseignante.	Paris, 147, rue Blomet	D. 4 mars 1876
Notre-Dame de Bon-Secours (Sœurs de). — M. M. à Troyes. . . . . Congrégation garde-malades.	Paris, 44, rue du Cloître-St-Merry	11 août 1856
Notre-Dame de Charité du Refuge (Sœurs de), dites de **Saint-Michel**. Communauté-Refuge.	Paris, 193, rue St-Jacques	D. 30 septembre 1807 et 26 décembre 1810
Notre-Dame de Sion (Sœurs de). — M. M. à Paris, 61, rue Notre-Dame-des-Champs. . . . . Congrégation enseignante.	. . . .	D. 25 juin 1856
Petites-Sœurs des Pauvres. — M. M. à Saint-Pern (Ille-et-Vilaine). Congrégation hospitalière.	Paris, 45, rue N.-D.-des-Champs Paris, 277, rue St-Jacques Paris, 62, avenue de Breteuil Paris, 73, rue de Picpus Paris, 13, rue Philippe-de-Girard Saint-Denis, 23, rue Janot Paris, 23, rue de Varize Levallois-Perret, 163, rue du Bois	3 mai 1860 6 décembre 1860 13 avril 1864 14 juin 1864 6 avril 1867 31 juillet 1875 22 mars 1897 9 novembre 1899
Sacré-Cœur (Dames du). — M. M. à Paris, 77, rue de Varenne. . . . Congrégation enseignante.	. . . . Charenton-Conflans	O. 22 avril 1827 20 mars 1851
Sagesse (Filles de la). — M. M. à Saint-Laurent-sur-Sèvre (Vendée). Congrégation hospitalière et enseignante.	Paris, 10, av. Christophe-Colomb	3 mai 1860
Sainte-Clotilde (Dames de). — M. M. à Paris, 101, rue de Reuilly. . . . Congrégation enseignante.	. . . .	O. 7 juin 1826
Sainte-Elisabeth (Dames de) . . . Communauté enseignante.	Paris, 60, rue de Turenne	O. 10 août 1847
Saint-Joseph (Sœurs de). — M.M. à Bourg. . . . . Congrégation hospitalière et enseignante.	Paris, 21, rue de Monceau	19 octobre 1859

DÉNOMINATION DE LA CONGRÉGATION, COMMUNAUTÉ, ETC. SIÈGE PRINCIPAL, NATURE ET BUT DE L'INSTITUTION	ÉTABLISSEMENTS PARTICULIERS	DATE de L'AUTORISATION
Saint-Joseph de Cluny (Sœurs de). — M. M. à Paris, 21, rue Méchain. Congrégation hospitalière et enseignante.	Maisons-Alfort, 110, Grande-Rue	O. 17 janvier 1827, D. 15 décembre 1855 et 31 juillet 1870 25 mai 1861
Sainte-Marie (Sœurs de). — M. M. à Paris, 8, rue Bara. Congrégation hospitalière et enseignante.	Boulogne-Billancourt, 50, rue Nationale	D. 7 juillet 1853 1er septembre 1856
Saint-Thomas de Villeneuve (Dames de). — M. M. à Paris, 27, rue de Sèvres. Congrégation hospitalière et enseignante.		D. 16 juillet 1810
Servantes de Marie. Communauté hospitalière.	Paris, 7, r. Duguay-Trouin	D. 1er juillet 1865
Visitation Sainte-Marie (Religieuses de la). Communauté enseignante.	Paris, 110, rue de Vaugirard	O. 7 juin 1826
Visitation Sainte-Marie (Religieuses de la). Communauté enseignante.	Paris, 68, rue Denfert-Rochereau	D. 28 janvier 1857
Zélatrices de la Sainte-Eucharistie (Dames). — M. M. à Paris, 60, rue de Douai. Congrégation diocésaine enseignante.		D. 14 mai 1878
ÉTABLISSEMENTS CONGRÉGANISTES AUTORISÉS, MAIS N'EXISTANT PLUS EN FAIT		
Bernardines de Port-Royal.	Paris, 25, rue de l'Arbalète	17 janvier 1827
Instruction charitable du Saint-Enfant-Jésus (Sœurs de l'), dites de **Saint-Maur.** — De Paris.	Paris Paris	19 janvier 1811 Id.
Notre-Dame des Arts (Sœurs de)	Paris, 52, rue du Rocher	6 mars 1861
Présentation de la Sainte-Vierge (Sœurs de la). — De Tours	Boulogne	19 janvier 1811
Sainte-Marthe (Sœurs de).	Paris	14 juin 1810
Ursulines.	Paris, 100, rue de Vaugirard	10 décembre 1826

SEINE-INFÉRIEURE (Département de la)

DÉNOMINATION DE LA CONGRÉGATION, COMMUNAUTÉ, ETC. SIÈGE PRINCIPAL, NATURE ET BUT DE L'INSTITUTION	ÉTABLISSEMENTS PARTICULIERS	DATE de L'AUTORISATION
Augustines-Hospitalières. . . . Communauté hospitalière.	Eu (hospice)	D. 2 novembre 1810
Augustines-Hospitalières. . . . Communauté hospitalière.	Dieppe (hospice)	D. 2 novembre 1810
Augustines-Hospitalières. . . . Communauté hospitalière.	Rouen (hôtel-Dieu)	D. 8 novembre 1810
Bénédictines-Hospitalières . . . Communauté hospitalière.	Fécamp (hôpital), 3, rue Saint-Nicolas	D. 24 novembre 1810
Bénédictines du Saint-Sacrement. Communauté enseignante.	Rouen, rue Bourg-l'Abbé	O. 22 avril 1827
Charité de Saint-Vincent-de-Paul (Filles de la). — M. M. à Paris. . Congrégation hospitalière et enseignante.	Rouen, rue de la Cigogne Rouen, place de la Madeleine	3 avril 1854 6 août 1859
Compassion (Sœurs de la). — M. M. à Rouen, 10, rue d'Ecosse. . . Congrégation garde-malades.	. . . . Le Havre, 3, rue Gustave-Flaubert	D. 3 décembre 1856 8 mai 1862
Hospitalières des Orphelines de Saint-Joseph. . . . . Communauté enseignante.	Rouen, 28, rue Poisson	O. 22 avril 1827
Jésus-Christ Bon-Pasteur et de Marie-Immaculée (Sœurs de). . Communauté-Refuge.	Rouen, 8-14, rue du Mont	D. 19 septembre 1874
Miséricorde (Sœurs de la). — M. M. à Rouen, 2, place de la Madeleine. Congrégation hospitalière et enseignante.	. . . . Le Havre, 1, impasse des Orphelins Saint-Honoré Yvetot, 35, rue de l'Etang	O. 9 avril 1829 et 13 septembre 1852 7 décembre 1853 19 décembre 1853 20 juillet 1860
Notre-Dame (Sœurs de). . . . . Communauté enseignante.	Caudebec-en-Caux, 40, place Saint-Pierre	O. 19 novembre 1826
Notre-Dame de Charité (Sœurs de). Communauté hospitalière.	Rouen (hospice général)	O. 22 avril 1827
Petites-Sœurs des Pauvres. — M. M. à Saint-Pern (Ille-et-Vilaine). Congrégation hospitalière.	Rouen, 57, rue des Capucins Le Havre, 15, rue Joubert Bolbec, 18, rue Saint-Jean Dieppe, section de Cande-Côte Elbeuf, chemin de Saint-Cyr	9 mai 1859 Id. Id. 25 janvier 1867 7 novembre 1895

DÉNOMINATION DE LA CONGRÉGATION, COMMUNAUTÉ, ETC. SIÈGE PRINCIPAL, NATURE ET BUT DE L'INSTITUTION	ÉTABLISSEMENTS PARTICULIERS	DATE de L'AUTORISATION
Providence (Sœurs de la). — M. M. à Rouen, 88, rue du Champ-des-Oiseaux . . . . Congrégation enseignante.	Fécamp, 11-14, rue de Mer Dieppe, 32, faubourg de la Barre	O. 27 juin 1842 22 janvier 1849 7 décembre 1859
Sacré-Cœur (Sœurs du), dites **d'Ernemont.** — M. M. à Rouen, 7, rue d'Ernemont. . . . . Congrégation hospitalière et enseignante.	Rouen (Saint-Sever), 1, rue de la Pie-aux-Anglais Clères, route de la Gare Bolbec Criquetot-l'Esneval Doudeville Saint-Laurent-en-Caux Saint-Waast-Dieppedalle Neufchâtel Forges-les-Eaux, Maison de Marie Ernemont-sur-Buchy, rue du Village Londinières Saint-Paër Saint-Saëns Monterollier Limpiville Elbeuf, rue de Paris Neufchâtel, 22, Grande-Rue St-Jacques Sotteville-lès-Rouen, 21, rue Hoche Hautot-Saint-Sulpice Yvetot, rue des Jardins Petit-Quevilly, rue Thiers Le Havre, 20, rue Dauphin	D. 19 janvier 1811 Id. Id. Id. Id. Id. Id. Id. Id. Id. Id. Id. 19 janvier 1811 et 15 novembre 1858 19 janvier 1811 et 25 mai 1861 19 janvier 1811 19 février 1848 21 mai 1849 30 novembre 1852 19 janvier 1858 7 juillet 1858 28 août 1858 21 février 1859 11 janvier 1859
Sacré-Cœur de Jésus (Sœurs du), dites de **Saint-Aubin.** — M. M. à Saint-Aubin-Jouxte-Boulleng. . . Congrégation enseignante.	Caudebec-lès-Elbeuf, 25, rue Sadi-Carnot Héberville Auppegard Le Havre, 253, rue de Normandie Derchigny-Graincourt Fontaine-la-Mallet Bocasse-Valmartin, place de l'Eglise	O. 26 mars 1843 7 mai 1856 Id. 29 janvier 1857 14 novembre 1857 23 août 1858 21 juin 1859 2 février 1861
Saint-Thomas de Villeneuve (Dames de). — M. M. à Paris . . . . . Congrégation hospitalière et enseignante.	Le Havre (Hospice général)	16 juillet 1810

DÉNOMINATION DE LA CONGRÉGATION, COMMUNAUTÉ, ETC. SIÈGE PRINCIPAL, NATURE ET BUT DE L'INSTITUTION	ÉTABLISSEMENTS PARTICULIERS	DATE de L'AUTORISATION
Ursulines. . . . . Communauté enseignante.	Rouen, 27, rue des Capucins	O. 8 octobre 1826
Ursulines. . . . . Communauté enseignante.	Le Havre, 93, rue Gustave-Flaubert	O. 15 octobre 1826 et D. 17 août 1848
Ursulines. . . . . Communauté enseignante.	Rouen, 6, rue Morand	O. 5 novembre 1828
Visitation Sainte-Marie (Religieuses de la). . . . . Communauté enseignante.	Rouen, 24, rue de Joyeuse	O. 15 mars 1826
Visitation Sainte-Marie (Religieuses de la). . . . . Communauté enseignante.	Rouen, 2, rue Sainte-Geneviève-au-Mont	O. 4 juin 1826
ÉTABLISSEMENTS CONGRÉGANISTES AUTORISÉS, MAIS N'EXISTANT PLUS EN FAIT		
Providence (Sœurs de la). — De Rouen	Saint-Aubin-Routot	2 décembre 1846
Sacré-Cœur (Sœurs du), dites *d'Er-nemont.* — De Rouen	Rouen (paroisse Saint-Maclou)	19 janvier 1811
	Duclair	Id.
	Monville	Id.
	Notre-Dame-des-Champs, commune de Malaunay	Id.
	Pavilly	Id.
	Fresquienne	Id.
	Epinay	Id.
	Limésy	Id.
	Saint-Pierre-de-Manneville	Id.
	Bois-Guillaume	Id.
	Orival	Id.
	Le Havre	Id.
	Bléville	Id.
	Lillebonne	Id.
	Montivilliers	Id.
	Gonfreville-l'Orcher	Id.
	Dieppe	Id.
	Neuville-le-Pollet	Id.
	Envermeu	Id.
	Yvetot	Id.
	Allouville-Bellefosse	Id.
	Bretteville	Id.
	Etouteville	Id.
	Ecretteville-les-Baons	Id.
	Valiquerville	Id.
	Veauville-les-Baons	Id.
	Cany	Id.
	Ourville	Id.
	Vittefleur	Id.
	Fauville	Id.

DÉNOMINATION DE LA CONGRÉGATION, COMMUNAUTÉ, ETC. SIÈGE PRINCIPAL, NATURE ET BUT DE L'INSTITUTION	ÉTABLISSEMENTS PARTICULIERS	DATE de L'AUTORISATION
Sœurs du Sacré-Cœur, dites d'Ernemont, de Rouen (Suite)	Cléville	19 janvier 1811
	Normanville	Id.
	Saint-Valery	Id.
	Grainville-le-Teinturier	Id.
	Lafeuillie	Id.
	Monchaux-Soreng	Id.
	Rieux	Id.
	Darnétal	18 mars 1813
	Yebleron	11 janvier 1860
Sacré-Cœur de Jésus (Sœurs du). — De Saint-Aubin-Jouxte-Boulleng.	Saint-Aubin-Celloville	21 novembre 1851
	Froberville	7 mai 1856
	Tiergeville	24 janvier 1859
Saint-Thomas de Villeneuve (Dames de). — De Paris.	Dieppe	16 juillet 1810
	Bléville	16 octobre 1856

DÉNOMINATION DE LA CONGRÉGATION, COMMUNAUTÉ, ETC. SIÈGE PRINCIPAL, NATURE ET BUT DE L'INSTITUTION	ÉTABLISSEMENTS PARTICULIERS	DATE de L'AUTORISATION
Augustines-Hospitalières. — M. M. à Meaux, rue Saint-Nicolas . . . . Congrégation hospitalière et enseignante.		D. 14 décembre 1810 et 19 août 1854
Célestines (Dames). — M. M. à Provins, rue des Jacobins . . . . Congrégation hospitalière et enseignante.		D. 17 août 1853
Charité et de l'Instruction chrétienne (Sœurs de la). — M. M. à Nevers . . . . Congrégation hospitalière et enseignante.	Provins (hôpital) Provins (hospice)	19 janvier 1811 Id.
Charité de Saint-Vincent-de-Paul (Filles de la). — M. M. à Paris . . Congrégation hospitalière et enseignante.	Chaumes Melun, rue Neuve La Genevraye	30 septembre 1844 20 octobre 1852 11 février 1853
Croix (Filles de la), dites de **Saint-André.** — M. M. à la Puye (Vienne). Congrégation hospitalière et enseignante.	La Chapelle-la-Reine Villeneuve-le-Comte	14 décembre 1857 11 septembre 1858
Saint-Joseph de Cluny (Sœurs de). — M. M. à Paris . . . . Congrégation hospitalière et enseignante.	Fontainebleau, rue de Neuville Meaux	20 juin 1830 et 28 avril 1857 14 avril 1855
Saint-Louis (Sœurs de). — M. M. à Juilly. . . . . Congrégation hospitalière et enseignante.		D. 25 mai 1859
Visitation Sainte-Marie (Religieuses de la). . . . . Communauté enseignante.	Meaux, 8, rue de Châage	D. 23 janvier 1873
ÉTABLISSEMENT CONGRÉGANISTE AUTORISÉ MAIS N'EXISTANT PLUS EN FAIT		
Saint-Joseph (Sœurs de).	La Rochette	3 février 1816

SEINE-ET-OISE (DÉPARTEMENT DE)

DÉNOMINATION DE LA CONGRÉGATION, COMMUNAUTÉ, ETC. SIÈGE PRINCIPAL, NATURE ET BUT DE L'INSTITUTION	ÉTABLISSEMENTS PARTICULIERS	DATE de L'AUTORISATION
Augustines (Chanoinesses régulières de Saint-Augustin de la Congrégation de Notre-Dame). Communauté enseignante.	Etampes, 31, rue des Cordeliers	O. 19 novembre 1826
Augustines (Chanoinesses régulières de Saint-Augustin de la Congrégation de Notre-Dame). Communauté enseignante.	Versailles, 14, rue des Rossignols	O. 19 novembre 1826
Augustines-Hospitalières. . . . Communauté hospitalière.	Etampes, 6, r. de Jérofosse	D. 2 novembre 1840
Augustines-Hospitalières. . . . Communauté hospitalière.	Versailles, 37, rue Edouard-Charton	D. 3 mars 1869
Bénédictines. . . . . Communauté enseignante.	Mantes, rue du Faubourg-St-Lazare	O. 17 janvier 1827
Charité et de l'Instruction chrétienne (Sœurs de la). — M. M. à Nevers . . . . Congrégation hospitalière et enseignante.	Beaumont Luzarches	19 janvier 1841 ld.
Charité de Saint-Vincent-de-Paul (Filles de la). — M. M. à Paris. . Congrégation hospitalière et enseignante.	Sartrouville Avernes Saint-Germain-en-Laye Versailles Villers-en-Arthies Epinay-sous-Sénart	12 avril 1837 16 juillet 1837 16 mars 1838 27 février 1851 17 août 1853 15 décembre 1860
Croix (Filles de la), dites de Saint-André. — M. M. à la Puye (Vienne). Congrégation hospitalière et enseignante.	Mantes	18 juin 1836
Franciscaines de Sainte-Elisabeth. Communauté enseignante.	Monsoult, Grande-Rue	D. 19 juin 1876
Instruction chrétienne (Sœurs de l'), dites de la Providence. — M. M. à Portieux (Vosges). . . . . . . Congrégation hospitalière et enseignante.	Chamarande Chambourcy	9 avril 1841 26 juin 1855
Marie-Joseph (Sœurs de). — M. M. au Dorat (Haute-Vienne) . . . . Congrégation-Refuge.	Argenteuil	6 août 1859
Miséricorde du Saint-Cœur de Marie (Sœurs de la). — M. M. à Blon, commune de Vaudry (Calvados). . . Congrégation hospitalière et enseignante.	Viarmes	9 juin 1855

DÉNOMINATION DE LA CONGRÉGATION, COMMUNAUTÉ, ETC. SIÈGE PRINCIPAL, NATURE ET BUT DE L'INSTITUTION	ÉTABLISSEMENTS PARTICULIERS	DATE de L'AUTORISATION
Nativité de la Sainte-Vierge (Sœurs de la). — M. M. à Saint-Germain-en-Laye. . . . . . Congrégation enseignante.	. . . .	O. 7 juin 1826
Notre-Dame de Bon-Secours (Sœurs de). — M. M. à Troyes. . . Congrégation garde-malades.	Pontoise Le Pecq	6 août 1859 16 juin 1882
Notre-Dame du Calvaire (Sœurs de). — M. M. à Gramat (Lot) . . . . Congrégation hospitalière et enseignante.	Bezons	23 octobre 1877
Notre-Dame de Charité du Refuge (Sœurs de), dites ***de Saint-Michel.*** Communauté-Refuge.	Versailles, rue du Refuge	D. 23 juillet 1811
Petites-Sœurs des Pauvres. — M. M. à Saint-Pern (Ille-et-Vilaine). Congrégation hospitalière.	Versailles, boulevard de la Porte-Verte	15 janvier 1903
Sacré-Cœur de Jésus (Sœurs du). — M. M. à Saint-Aubin-Jouxte-Boulleng (Seine-Inférieure) . . . Congrégation enseignante.	Vert-le-Grand	14 novembre 1856
Sagesse (Filles de la). — M. M. à Saint-Laurent-sur-Sèvre (Vendée). . Congrégation hospitalière et enseignante.	Montmorency	27 février 1811
Sainte-Enfance (Sœurs de la), dites ***des Écoles chrétiennes.*** — M. M. à Versailles, 2, rue Bourdonnais. . Congrégation enseignante.	. . . . Corbeil Rambouillet	O. 7 juin 1826, 2 août 1844 et D. 13 septembre 1852 7 février 1855 12 juin 1856
Saint-Paul (Sœurs de), dites ***de Saint-Maurice.*** — M. M. à Chartres (Eure-et-Loir) . . . . . . Congrégation hospitalière et enseignante.	Ablis Houdan Montfort-l'Amaury Mantes Meulan Poissy Triel Dourdan Marolles-en-Hurepoix Soisy-sous-Montmorency	23 juillet 1811 Id. Id. Id. Id. Id. Id. 26 février 1854 26 août 1857 27 novembre 1859
Saint-Thomas de Villeneuve (Dames de). — M. M. à Paris . . . . . . Congrégation hospitalière et enseignante.	Saint-Germain-en-Laye Draveil Chaville	16 juillet 1810 15 janvier 1845 26 avril 1858

DÉNOMINATION DE LA CONGRÉGATION, COMMUNAUTÉ, ETC. SIÈGE PRINCIPAL, NATURE ET BUT DE L'INSTITUTION	ÉTABLISSEMENTS PARTICULIERS	DATE de L'AUTORISATION
Tiers-Ordre des Servites de Marie (Sœurs du). . . . . Communauté hospitalière et enseignante.	Le Raincy	D. 3 juin 1876
ÉTABLISSEMENTS CONGRÉGANISTES AUTORISÉS, MAIS N'EXISTANT PLUS EN FAIT		
Croix (Filles de la), dites **de Saint-André**. — De la Puye.	Prunay-le-Temple	2 juillet 1855
Instruction charitable du Saint-Enfant-Jésus (Sœurs de l'), dites **de Saint-Maur**. — De Paris. . .	Marines	19 janvier 1811
Instruction chrétienne (Sœurs de l').	Dourdan	25 janvier 1807
Présentation de la Sainte-Vierge (Sœurs de la). — De Tours. . . .	Val-Saint-Germain Chilly-Mazarin	19 janvier 1811 Id.
Providence de Saint-Rémy (Sœurs de la). — De Chartres.	Etampes	11 janvier 1860

DEUX-SÈVRES (Département des)

DÉNOMINATION DE LA CONGRÉGATION, COMMUNAUTÉ, ETC. SIÈGE PRINCIPAL, NATURE ET BUT DE L'INSTITUTION	ÉTABLISSEMENTS PARTICULIERS	DATE de L'AUTORISATION
Charité du Sacré-Cœur de Jésus (Sœurs de la). — M. M. à la Salle-de-Vihiers (Maine-et-Loire) . . . Congrégation hospitalière et enseignante.	Cirières Cersay Puy-Saint-Bonnet Saint-Sauveur La Mothe-Saint-Héraye La Chapelle-Largeau Chef-Boutonne	1er août 1857 17 février 1858 5 mai 1859 7 décembre 1859 10 mai 1860 4 octobre 1860 12 novembre 1860
Croix (Filles de la), dites **de Saint-André.** — M. M. à la Puye (Vienne). Congrégation hospitalière et enseignante.	Argenton-le-Château Saint-Lignaires Frontenay-Rohan-Rohan Sainte-Néomaye Celles Niort, faubourg des Trois-Coigneaux La Crèche, section de Brelouy Saint-Clémentin Saivre	6 juillet 1838 9 avril 1841 3 mai 1844 29 octobre 1845 7 septembre 1847 14 août 1852 30 août 1854 21 juillet 1856 14 août 1857
Immaculée-Conception (Sœurs de l'). — M. M. à Niort, rue Basse. . . Congrégation hospitalière et enseignante.	. . . . Chapelle-Saint-Laurent	D. 9 janvier 1856 5 mai 1859
Petites-Sœurs des Pauvres. — M. M. à Saint-Pern (Ille-et-Vilaine). Congrégation hospitalière.	Niort, rue de la Burgonce	4 avril 1874
Sacré-Cœur (Dames du). — M. M. à Paris. . . . . Congrégation enseignante.	Niort	20 mars 1828
Sacrés-Cœurs de Jésus et de Marie (Sœurs des). — M. M. à Mormaison (Vendée). . . . . Congrégation hospitalière et enseignante.	Coulonges	13 novembre 1859
Sagesse (Filles de la). — M. M. à Saint-Laurent-sur-Sèvre (Vendée). Congrégation hospitalière et enseignante.	Oiron Bressuire Châtillon Chisé Menigoute Niort Bressuire	27 février 1811 Id. Id. Id. Id. Id. 3 janvier 1817, 23 juillet 1826 et 28 septembre 1850
Sainte-Anne de la Providence (Hospitalières de). — M. M. à Saint-Hilaire-Saint-Florent (Maine-et-Loire). . . Congrégation hospitalière et enseignante.	Thouars	14 décembre 1810

DÉNOMINATION DE LA CONGRÉGATION, COMMUNAUTÉ, ETC. SIÈGE PRINCIPAL, NATURE ET BUT DE L'INSTITUTION	ÉTABLISSEMENTS PARTICULIERS	DATE de L'AUTORISATION
Saint et Immaculé Cœur de Marie (Filles du). — M. M. à Niort, rue de l'Orphelinat . . . . Congrégation hospitalière et enseignante.	Mauzé Prahecq	D. 23 décembre 1852 18 août 1811 et 26 décembre 1855 6 juillet 1857
Union chrétienne (Sœurs de l'). Communauté hospitalière et enseignante.	Champdeniers	O. 2 décembre 1827
Ursulines de Jésus. — M. M. à Chavagnes-en-Paillers (Vendée). Congrégation hospitalière et enseignante.	Thenezay	28 février 1835
ÉTABLISSEMENTS CONGRÉGANISTES AUTORISÉS, MAIS N'EXISTANT PLUS EN FAIT		
Instruction charitable du Saint-Enfant-Jésus (Sœurs de l'), dites **de Saint-Maur.** — De Paris. . .	Saint-Maixent Saint-Porchaire	19 janvier 1811 Id.
Saint-Joseph (Sœurs de)	Niort	14 décembre 1810
Sainte-Marthe (Sœurs de)	Saint-Maixent	25 novembre 1810
Saint-Thomas de Villeneuve (Dames de). — De Paris	Parthenay Thouars	16 juillet 1810 Id.

DÉNOMINATION DE LA CONGRÉGATION, COMMUNAUTÉ, ETC. SIÈGE PRINCIPAL, NATURE ET BUT DE L'INSTITUTION	ÉTABLISSEMENTS PARTICULIERS	DATE de L'AUTORISATION
Augustines du Sacré-Cœur. — M. M. à Abbeville, 6, place des Minimes. . . . . Congrégation diocésaine, hospitalière et enseignante.	. . . . Saint-Riquier Saint-Valery-sur-Somme Rue	D. 16 juillet 1810 et 17 décembre 1872 13 novembre 1810 et 17 décembre 1872 14 décembre 1810 et 17 décembre 1872 27 février 1812 et 17 décembre 1872
Bon - Secours de Notre - Dame Auxiliatrice (Sœurs de). — M. M. à Paris . . . . Congrégation garde-malades.	Abbeville, Grande-Rue Notre-Dame	3 juin 1853
Carmélites . . . . Communauté contemplative.	Abbeville, 18, rue des Capucins	O. 22 avril 1827
Carmélites . . . . Communauté contemplative.	Amiens, 23, rue Porte-Paris	O. 22 avril 1827
Fidèles-Compagnes de Jésus. — M. M. à Paris . . . . Congrégation enseignante.	Amiens, 17, rue des Augustins Camon	8 octobre 1853 Id.
Marie-Joseph (Sœurs de). — M. M. au Dorat (Haute-Vienne) . . . . Congrégation-Refuge.	Doullens, 3, rue de Saint-Pol	12 juillet 1859
Notre-Dame de Charité du Bon-Pasteur (Sœurs de). — M. M. à Angers . . . . Congrégation hospitalière et enseignante.	Amiens, 37, rue Pointin	4 juillet 1855
Petites-Sœurs des Pauvres. — M. M. à Saint-Pern (Ille-et-Vilaine). Congrégation hospitalière.	Amiens, 62, rue Jules-Barné	11 janvier 1865
Providence (Sœurs de la). — M. M. à Rouen . . . . Congrégation enseignante.	Amiens (paroisse Saint-Jacques) Senarpont	9 mai 1857 3 septembre 1859
Sacré-Cœur (Dames du). — M. M. à Paris . . . . Congrégation enseignante.	Amiens, 1, rue de l'Oratoire La Neuville-lès-Amiens	28 septembre 1828 9 juin 1858
Sacrés-Cœurs de Jésus et de Marie (Sœurs des), dites de **Louvencourt.** — M. M. à Amiens, 8, rue des Crignons. . . . . . . Congrégation diocésaine, hospitalière et enseignante.	. . . .	O. 22 avril 1827 et D. 8 avril 1876

DÉNOMINATION DE LA CONGRÉGATION, COMMUNAUTÉ, ETC. SIÈGE PRINCIPAL, NATURE ET BUT DE L'INSTITUTION	ÉTABLISSEMENTS PARTICULIERS	DATE de L'AUTORISATION
Sagesse (Filles de la). — M. M. à Saint-Laurent-sur-Sèvre (Vendée). Congrégation hospitalière et enseignante.	Grivesnes	27 novembre 1859
Sainte-Famille (Sœurs de la). — M. M. à Amiens, 20, esplanade Noyon. . . . . Congrégation enseignante.	. . . .	O. 30 juillet 1826 et 19 juin 1837 2 juin 1848
	Doullens, r. de la Sous-Préfecture Berneuil Marcelcave Ailly-le-Haut-Clocher Rouvroy Roisel Ercheu	25 octobre 1849 18 mars 1852 31 mars 1853 19 septembre 1853 23 mai 1854 14 août 1857
Saint-Joseph (Sœurs de). — M. M. à Abbeville, 36, chaussée du Bois. . . Congrégation hospitalière et enseignante.	. . . .	O. 5 novembre 1840 et D. 14 novembre 1856
Ursulines. . . . . Communauté enseignante.	Amiens, 16, rue Saint-Dominique	O. 7 juin 1826
Ursulines. . . . . Communauté enseignante.	Abbeville, 20, place Saint-Pierre	O. 19 juillet 1826
Visitation Sainte-Marie (Religieuses de la). . . . . Communauté enseignante.	Amiens, 61, rue Saint-Fuscien	D. 10 septembre 1856
ÉTABLISSEMENTS CONGRÉGANISTES AUTORISÉS, MAIS N'EXISTANT PLUS EN FAIT		
Hospitalières	Corbie	2 novembre 1810
Hospitalières	Moreuil	2 novembre 1810
Hospitalières	Montdidier	14 décembre 1810
Hospitalières	Montdidier (hôtel-Dieu)	4 décembre 1810
Hospitalières	Péronne	7 juillet 1811
Providence (Sœurs de la). — De Rouen.	Lamotte-en-Santerre	27 janvier 1846
Ursulines.	Roye	5 novembre 1840 et 14 novembre 1856

DÉNOMINATION DE LA CONGRÉGATION, COMMUNAUTÉ, ETC. SIÈGE PRINCIPAL, NATURE ET BUT DE L'INSTITUTION	ÉTABLISSEMENTS PARTICULIERS	DATE de L'AUTORISATION
Bon-Sauveur (Religieuses du). — M. M. à Caen . . . . Congrégation hospitalière et enseignante.	Albi (au Lude)	11 mai 1834
Charité et de l'Instruction chrétienne (Sœurs de la). — M. M. à Nevers . . . . Congrégation hospitalière et enseignante.	Gaillac, rue de la Voulte Rabastens	19 janvier 1811 Id.
Charité de Saint-Vincent-de-Paul (Filles de la). — M. M. à Paris . . Congrégation hospitalière et enseignante.	Lacanne Blan Saint-Amans-Soult	15 décembre 1859 14 mai 1860 11 juillet 1860
Clarisses . . . . Communauté contemplative.	Lavaur, rue de la Mairie	O. 22 avril 1827
Croix (Sœurs de la). — M. M. à Lavaur, rue du Reillon. . . . . Congrégation hospitalière et enseignante.	. . . . Briatexte Lugan Mazamet, boulevard Soult Puylaurens, rue des Nobles Saint-Paul-Cap-de-Joux St-Sulpice, près de l'église Sorèze Verdalle Vielmur Viviers-les-Montagnes	O. 23 avril 1827 et D. 14 décembre 1852 28 août 1858 Id. Id. Id. Id. Id. Id. Id. Id. Id.
Immaculée-Conception (Sœurs de l'). — M. M. à Castres, avenue de Navès. Congrégation enseignante.	. . . .	D. 13 septembre 1852
Jésus (Filles de). — M. M. à Massac . Congrégation diocésaine, hospitalière et enseignante.	. . . .	D. 1er mai 1874
Notre-Dame (Sœurs de). . . . . . Communauté enseignante.	Albi, rue du Séminaire	O. 24 juin 1827
Notre-Dame (Sœurs de). . . . . . Communauté enseignante.	Lautrec, rue de la Mairie	O. 21 juillet 1827
Présentation de Notre-Dame (Sœurs de la). — M. M. à Castres, boulevard des Lices. . . . . Congrégation hospitalière et enseignante.	. . . .	D. 5 janvier 1853
Sacré-Cœur de Jésus (Sœurs du). — M. M. à Valence-d'Albigeois . . Congrégation hospitalière et enseignante.	. . . .	D. 18 septembre 1856

DÉNOMINATION DE LA CONGRÉGATION, COMMUNAUTÉ, ETC. SIÈGE PRINCIPAL, NATURE ET BUT DE L'INSTITUTION	ÉTABLISSEMENTS PARTICULIERS	DATE de L'AUTORISATION
Saint-Joseph (Sœurs de). — M. M. à Oulias, commune de Castelnau-de-Brassac . . . . Congrégation hospitalière et enseignante.	. . . . Alban Barre (au Gos) Cordes Labastide-Rouairoux Salvagnac	O. 16 février 1826 et D. 19 août 1853 8 octobre 1856 Id. Id. Id. Id.
Tiers-Ordre de Saint-Dominique (Sœurs du). — M. M. à Albi, rue du Séminaire . . . . Congrégation diocésaine garde-malades.	. . . .	D. 10 mai 1872
ÉTABLISSEMENTS CONGRÉGANISTES AUTORISÉS, MAIS N'EXISTANT PLUS EN FAIT		
Instruction charitable du Saint-Enfant-Jésus (Sœurs de l'), dites **de Saint-Maur.** — De Paris. . .	Castres	19 janvier 1811
Instruction chrétienne (Sœurs de l'), dites **de la Providence.** — De Portieux	Réalmont	14 juillet 1855
Saint-Joseph (Sœurs de). — D'Oulias.	Boissezon-d'Augmontel	8 octobre 1856

TARN-ET-GARONNE (Département de)

DÉNOMINATION DE LA CONGRÉGATION, COMMUNAUTÉ, ETC. SIÈGE PRINCIPAL, NATURE ET BUT DE L'INSTITUTION	ÉTABLISSEMENTS PARTICULIERS	DATE de L'AUTORISATION
Ange gardien (Sœurs de l'). — M. M. à la Molle, commune de Montauban. Congrégation hospitalière et enseignante.	. . . .	D. 11 décembre 1852 et 21 février 1859
Charité et de l'Instruction chrétienne (Sœurs de la). — M. M. à Nevers . . . . Congrégation hospitalière et enseignante.	Montech Nègrepelisse Montauban	19 janvier 1811 Id. 14 mars 1843
Gardes-Malades de Notre-Dame-Auxiliatrice (Sœurs). — M. M. à Montpellier . . . . Congrégation garde-malades.	Montauban, rue du Lycée	27 janvier 1866
Instruction charitable du Saint-Enfant-Jésus (Sœurs de l'), dites **de Saint-Maur**. — M. M. à Paris. Congrégation hospitalière et enseignante.	Montauban, faubourg du Moustier Saint-Antonin	19 janvier 1811 9 mars 1837
Miséricorde (Sœurs de la). — M. M. à Moissac, rue du Pont . . . . . . Congrégation hospitalière et enseignante.	. . . . Montauban, rue du Fort	O. 17 janvier 1827 27 janvier 1846
Notre-Dame de Charité du Refuge (Sœurs de), dites **de Saint-Michel**. Communauté-Refuge.	Montauban, côte de Sapiac	O. 4 mars 1838
Notre-Dame de la Compassion (Sœurs de) . . . . Communauté enseignante.	Castelsarrasin	D. 26 juillet 1853
Présentation de la Sainte-Vierge (Sœurs de la). — M. M. à Tours . . Congrégation hospitalière et enseignante.	Montauban, rue du Lycée	5 septembre 1836
Sainte-Famille (Sœurs de la). — M. M. à Villefranche (Aveyron). . Congrégation hospitalière et enseignante.	Caylus Montauban, faubourg Sapiac Montauban, faubourg Villebourbon Finhan	23 juin 1845 25 novembre 1846 Id. 30 janvier 1860
Saint-Joseph (Sœurs de). — M. M. à Oulias (Tarn). . . . . Congrégation hospitalière et enseignante.	Monclar	25 janvier 1860
Ursulines. . . . . Communauté enseignante.	Montauban, allées de Mortanieu,	O. 22 avril 1827
Ursulines. . . . . Communauté enseignante.	Montpezat	O. 22 avril 1827

DÉNOMINATION DE LA CONGRÉGATION, COMMUNAUTÉ, ETC. SIÈGE PRINCIPAL, NATURE ET BUT DE L'INSTITUTION	ÉTABLISSEMENTS PARTICULIERS	DATE de L'AUTORISATION
Ursulines. . . . . Communauté enseignante.	Auvillar	O. 3 mai 1829
ÉTABLISSEMENTS CONGRÉGANISTES AUTORISÉS, MAIS N'EXISTANT PLUS EN FAIT		
Augustines (Chanoinesses régulières de Saint-Augustin de la Congrégation de Notre-Dame).	Grisolles	9 janvier 1856
Petites-Sœurs des Champs . . .	Gandalou, cⁿᵉ de Castelsarrasin	30 décembre 1868

DÉNOMINATION DE LA CONGRÉGATION, COMMUNAUTÉ, ETC. SIÈGE PRINCIPAL, NATURE ET BUT DE L'INSTITUTION	ÉTABLISSEMENTS PARTICULIERS	DATE de L'AUTORISATION
Charité et de l'Instruction Chrétienne (Sœurs de la). — M. M. à Nevers. Congrégation hospitalière et enseignante.	Fréjus Roquebrune	19 janvier 1811 Id.
Charité de Saint-Vincent-de-Paul (Filles de la). — M. M. à Paris. Congrégation hospitalière et enseignante.	Toulon	24 août 1857
Enfance de Jésus et de Marie (Sœurs de l'), dites **de la Miséricorde du Bon-Pasteur.** — M. M. à Draguignan, rue de la Motte. Congrégation enseignante.	. . . .	D. 29 avril 1853
Instruction charitable du Saint-Enfant-Jésus (Sœurs de l'), dites **de Saint-Maur.** — M. M. à Paris. Congrégation hospitalière et enseignante.	Toulon	6 septembre 1844
Notre-Dame de Charité du Bon-Pasteur (Sœurs de). — M. M. à Angers . . . . Congrégation hospitalière et enseignante.	Toulon	1er décembre 1868
Notre-Dame de la Présentation (Sœurs de). — M. M. à Manosque (Basses-Alpes). . . . . Congrégation enseignante.	La Seyne-sur-Mer	6 juillet 1858
Petites-Sœurs des Pauvres. — M. M. à Saint-Pern (Ille-et-Vilaine). Congrégation hospitalière.	Toulon Draguignan	12 mai 1874 9 novembre 1874
Sagesse (Filles de la). — M. M. à Saint-Laurent-sur-Sèvre (Vendée). Congrégation hospitalière et enseignante.	Toulon (Saint-Mandrier) Toulon (hospice de la Marine) Toulon (hospice civil)	27 février 1811 Id. Id.
Sainte-Marthe (Sœurs de). — M. M. à Romans (Drôme) . . . . Congrégation enseignante.	Cuers Draguignan	14 janvier 1854 14 août 1857
Ursulines de Jésus . . . . . . Communauté enseignante.	Brignoles	O. 10 juillet 1837
ÉTABLISSEMENTS CONGRÉGANISTES AUTORISÉS, MAIS N'EXISTANT PLUS EN FAIT		
Enfance de Jésus et de Marie (Sœurs de l'). — D'Aix	Lorgues	5 janvier 1813
Hospitalières	Lorgues	22 octobre 1810
Ursulines de la Présentation.	Aups	9 novembre 1857

VAUCLUSE (DÉPARTEMENT DE)

DÉNOMINATION DE LA CONGRÉGATION, COMMUNAUTÉ, ETC. SIÈGE PRINCIPAL, NATURE ET BUT DE L'INSTITUTION	ÉTABLISSEMENTS PARTICULIERS	DATE de L'AUTORISATION
Adoration perpétuelle du Saint-Sacrement (Sœurs de l'). . . . Communauté hospitalière et enseignante.	Avignon, 25, r. Philonarde	O. 22 avril 1827
Adoration perpétuelle du Saint-Sacrement (Sœurs de l'). . . . Communauté hospitalière et enseignante.	Carpentras, 35, rue du Mont-Ventoux	O. 22 avril 1827
Adoration perpétuelle du Saint-Sacrement (Sœurs de l'). . . . Communauté hospitalière et enseignante.	Bollène	O. 22 avril 1827
Augustines-Hospitalières . . . . Communauté hospitalière et enseignante.	Carpentras, 9, place de l'Hôpital	O. 22 avril 1827
Conception (Filles de la), dites de ***l'Immaculée-Conception***. — M. M. à Avignon, 25, place Pignotte . . Congrégation hospitalière et enseignante.	. . . . Piolenc Carpentras	O. 28 mai 1826 et D. 11 juin 1858 Id. 9 novembre 1836
Nativité de Notre-Seigneur Jésus-Christ (Sœurs de la). — M. M. à Valence (Drôme). . . . . . . Congrégation enseignante.	Orange	1er décembre 1855
Notre-Dame (Sœurs de). . . . . Communauté enseignante.	Cavaillon	O. 25 décembre 1840
Notre-Dame de Charité du Bon-Pasteur (Sœurs de). — M. M. à Angers . . . . Congrégation hospitalière et enseignante.	Avignon, rue Puits-de-Thoumes	20 février 1864
Pauvres-Sœurs de Saint-François d'Assise. — M. M. à Avignon, 84, portail Matheron. . . . . . . Congrégation hospitalière et enseignante.	. . . .	D. 8 décembre 1853
Présentation de Marie (Sœurs de la). — M. M. à Bourg-Saint-Andéol (Ardèche). . . . . Congrégation enseignante.	Sorgues	25 février 1840
Sacré-Cœur (Dames du). — M. M. à Paris . . . . Congrégation enseignante.	Avignon, 14, rue Palapharnerie	4 décembre 1869
Saint-Charles (Sœurs de). — M. M. à Lyon . . . . Congrégation hospitalière et enseignante.	Avignon, 8, rue Grande-Fusterie	6 juillet 1843

DÉNOMINATION DE LA CONGRÉGATION, COMMUNAUTÉ, ETC. SIÈGE PRINCIPAL, NATURE ET BUT DE L'INSTITUTION	ÉTABLISSEMENTS PARTICULIERS	DATE de L'AUTORISATION
Saint-Joseph (Sœurs de). — M. M. aux Yans (Ardèche). . . . . Congrégation hospitalière et enseignante.	Beaumont-d'Apt	14 août 1843
Saint-Joseph (Sœurs de). . . . . Communauté hospitalière et enseignante.	L'Isle-sur-Sorgue	D. 25 novembre 1810
Saint-Joseph (Sœurs de) . . . . Communauté hospitalière.	Avignon (hôpital Sainte-Marthe)	D. 14 décembre 1810
Saint-Thomas de Villeneuve de Notre-Dame de Grâce (Hospitalières de). — M. M. à Aix (Bouches-du-Rhône) . . . . Congrégation hospitalière et enseignante.	Avignon, 22, rue Bouquerie	9 novembre 1857
Très-Saint-Sacrement (Sœurs du). — M. M. à Romans (Drôme). . . Congrégation hospitalière et enseignante.	Valréas	13 janvier 1813
Ursulines. . . . . Communauté enseignante.	Avignon, 35, rue Asmanelle	O. 24 décembre 1826
Ursulines. . . . . Communauté enseignante.	Valréas	O. 9 mars 1828
ÉTABLISSEMENTS CONGRÉGANISTES AUTORISÉS, MAIS N'EXISTANT PLUS EN FAIT		
Charité et de l'Instruction chrétienne (Sœurs de la). — De Nevers.	Bollène	21 septembre 1813
Instruction charitable du Saint-Enfant-Jésus (Sœurs de l'), dites **de Saint-Maur**. — De Paris. . .	Caderousse Orange	19 janvier 1811 Id.
Très-Saint-Sacrement (Sœurs du). — De Romans.	Mormoiron	13 janvier 1813
Ursulines.	Carpentras	10 janvier 1827
Ursulines, dites **Hospitalières de Notre-Dame-de Pitié**.	Cavaillon	16 février 1811

DÉNOMINATION DE LA CONGRÉGATION, COMMUNAUTÉ, ETC. SIÈGE PRINCIPAL, NATURE ET BUT DE L'INSTITUTION	ÉTABLISSEMENTS PARTICULIERS	DATE de L'AUTORISATION
Charité du Sacré-Cœur de Jésus (Sœurs de la). — M. M. à la Salle-de-Vihiers (Maine-et-Loire) . . . Congrégation hospitalière et enseignante.	Curzon	22 février 1859
Croix (Filles de la), dites **de Saint-André**. — M. M. à la Puye (Vienne). Congrégation hospitalière et enseignante.	Nieul-Denant (Nieul-sur-Autize) Saint-Michel-le-Cloucq Doix	20 juin 1836 8 août 1838 20 septembre 1841
Miséricorde (Sœurs de la). — M. M. à Séez (Orne) . . . . Congrégation hospitalière.	La Roche-sur-Yon Les Sables-d'Olonne Luçon	25 novembre 1861 25 novembre 1875 2 octobre 1878
Notre-Dame de Bon-Secours (Sœurs de). — M. M. à Troyes . . . . . Congrégation garde-malades.	Fontenay-le-Comte	22 juin 1882
Petites-Sœurs des Pauvres. — M. M. à Saint-Pern (Ille-et-Vilaine). Congrégation hospitalière.	Les Sables-d'Olonne	14 mars 1865
Sacrés-Cœurs de Jésus et de Marie (Sœurs des). — M. M. à Mormaison. Congrégation hospitalière et enseignante.	. . . .	O. 5 septembre 1837 et D. 13 novembre 1859
Sagesse (Filles de la). — M. M. à Saint-Laurent-sur-Sèvre. . . . . Congrégation hospitalière et enseignante.	. . . . Les Sables-d'Olonne Mortagne Châtaigneraie La Roche-sur-Yon Pouillé Les Essarts Vix Bretignolles Saint-Valérien Maillezais	D. 27 février 1811 Id. Id. Id. Id. 2 septembre 1850 19 août 1853 24 juillet 1855 7 avril 1857 6 septembre 1858 23 juillet 1859
Sainte-Marie (Filles de). — M. M. à Torfou (Maine-et-Loire). . . . . Congrégation hospitalière et enseignante.	Réaumur	13 juillet 1857
Union chrétienne (Sœurs de l'). — M. M. à Fontenay-le-Comte. . . . Congrégation diocésaine, hospitalière et enseignante.	. . . .	O. 22 avril 1827 et D. 15 octobre 1872
Ursulines de Jésus. — M. M. à Chavagnes-en-Paillers. . . . . Congrégation hospitalière et enseignante.	. . . . Les Sables-d'Olonne Saint-Jean-de-Mont La Roche-sur-Yon Petit-Bourg-des-Herbiers Fontenay-le-Comte	O. 28 mai 1826 31 décembre 1828 5 septembre 1837 24 décembre 1837 29 février 1840 23 janvier 1844

DÉNOMINATION DE LA CONGRÉGATION, COMMUNAUTÉ, ETC. SIÈGE PRINCIPAL, NATURE ET BUT DE L'INSTITUTION	ÉTABLISSEMENTS PARTICULIERS	DATE de L'AUTORISATION
ÉTABLISSEMENTS CONGRÉGANISTES AUTORISÉS, MAIS N'EXISTANT PLUS EN FAIT		
Ursulines.	La Roche-sur-Yon	26 juillet 1826
Ursulines de Jésus. — De Chavagnes.	Saint-Fulgent	5 mars 1851

DÉNOMINATION DE LA CONGRÉGATION, COMMUNAUTÉ, ETC. SIÈGE PRINCIPAL, NATURE ET BUT DE L'INSTITUTION	ÉTABLISSEMENTS PARTICULIERS	DATE de L'AUTORISATION

DÉNOMINATION DE LA CONGRÉGATION, COMMUNAUTÉ, ETC. SIÈGE PRINCIPAL, NATURE ET BUT DE L'INSTITUTION	ÉTABLISSEMENTS PARTICULIERS	DATE de L'AUTORISATION
Augustines-Hospitalières, dites de **Saint-Joseph.** . . . . Communauté hospitalière.	Poitiers, 1, rue du Pont-Neuf	D. 14 décembre 1810
Bénédictines de Notre-Dame du Calvaire. — M. M. à Orléans. . . Congrégation enseignante.	Poitiers, 15, rue Riffault	8 avril 1827
Bénédictines de Sainte-Croix . . Communauté enseignante.	Poitiers, rue Paschal-le-Coq	O. 17 janvier 1827
Carmélites . . . . Communauté contemplative.	Poitiers, Plan de la Celle et rue Sainte-Catherine	O. 11 novembre 1827
Charité du Sacré-Cœur de Jésus (Sœurs de la). — M. M. à la Salle-de-Vihiers (Maine-et-Loire) . . . Congrégation hospitalière et enseignante.	Couhé Saint-Maurice-en-Gençay Auché Senillé Lussac-les-Châteaux Saint-Martin-la-Rivière	28 août 1855 20 mars 1860 16 avril 1860 12 novembre 1860 Id. Id.
Charité de Saint-Vincent-de-Paul (Filles de la). — M. M. à Paris. . Congrégation hospitalière et enseignante.	Nieuil-l'Espoir	4 avril 1853
Croix (Filles de la), dites **de Saint-André.** — M. M. à la Puye. . . . Congrégation hospitalière et enseignante.	. . . . Béthines Pezay-le-Sec Sauxais Benassais Rouillé Jazeneuil Dissay Villiers Poitiers, 10, rue Sainte-Opportune Saint-Pierre-de-Maillé Migné	O. 28 mai 1826 31 mars 1836 2 octobre 1838 16 mars 1846 9 février 1852 Id. 29 octobre 1852 20 janvier 1853 19 décembre 1853 20 juin 1854 6 août 1855 5 mars 1860
Miséricorde (Sœurs de la). — M. M. à Sées (Orne). . . . . Congrégation hospitalière.	Poitiers, 1, rue Sylvain-Drault Châtellerault, 17, rue du Château-d'Eau	22 décembre 1847 5 juin 1880
Notre-Dame (Sœurs de). . . . . Communauté enseignante.	Poitiers, rue de la Trinité	O. 19 novembre 1826
Notre-Dame de Charité du Bon-Pasteur (Sœurs de). — M. M. à Angers . . . . Congrégation hospitalière et enseignante.	Poitiers, 32, rue des Feuillants	17 septembre 1865

DÉNOMINATION DE LA CONGRÉGATION, COMMUNAUTÉ, ETC. SIÈGE PRINCIPAL, NATURE ET BUT DE L'INSTITUTION	ÉTABLISSEMENTS PARTICULIERS	DATE de L'AUTORISATION
Petites-Sœurs des Pauvres. — M. M. à Saint-Pern (Ille-et-Vilaine). Congrégation hospitalière.	Poitiers, route de Bordeaux	23 décembre 1873
Providence (Sœurs de la), dites **de Marie-Joseph.** — M. M. à la Pommeraye (Maine-et-Loire) . . . . Congrégation hospitalière et enseignante.	Neuville	13 août 1856
Sacré-Cœur (Dames du). — M. M. à Paris . . . . Congrégation enseignante.	Poitiers, 7, rue des Feuillants	21 septembre 1827
Sagesse (Filles de la). — M. M. à Saint-Laurent-sur-Sèvre (Vendée). Congrégation hospitalière et enseignante.	Poitiers, 15, rue de l'Hôtel-Dieu	27 février 1811
	Poitiers, 19, rue de l'Hôpital-Général	Id.
	Poitiers, 10, rue des Incurables	Id.
	Poitiers, 2, rue de Montbernage	Id.
	Poitiers, faubourg de la Cueille-Mirebalaise	Id.
	Château-Larcher	Id.
	Châtellerault	Id.
	Montmorillon, place de l'Hospice	Id.
	L'Isle-Jourdain	8 juin 1847
	Lusignan	26 janvier 1850
	Larnay, commune de Biard	5 mars 1864
Sainte-Marthe (Hospitalières de). Communauté hospitalière.	Lusignan	D. 25 novembre 1810
Sainte-Philomène (Sœurs de) M. M. à Salvert, commune de Migné . . . Congrégation hospitalière et enseignante.	. . . .	D. 18 juillet 1854
Union chrétienne (Sœurs de l'). . Communauté hospitalière et enseignante.	Poitiers, rue de la Psalette-Sainte-Radegonde	O. 22 avril 1827
Ursulines de Jésus. — M. M. à Chavagnes-en-Paillers (Vendée) . . . Congrégation hospitalière et enseignante.	Charroux	13 novembre 1839
Visitation Sainte-Marie (Religieuses de la), ... Communauté enseignante.	Poitiers, 22, rue Roche-d'Argent	O. 26 février 1826

DÉNOMINATION DE LA CONGRÉGATION, COMMUNAUTÉ, ETC. SIÈGE PRINCIPAL, NATURE ET BUT DE L'INSTITUTION	ÉTABLISSEMENTS PARTICULIERS	DATE de L'AUTORISATION
ÉTABLISSEMENTS CONGRÉGANISTES AUTORISÉS, MAIS N'EXISTANT PLUS EN FAIT		
Croix (Filles de la), dites **de Saint-André.** — De la Puye	Marigny-Brizay	17 mai 1859
Providence (Sœurs de la)	Poitiers	11 janvier 1811
Saint-Joseph (Sœurs de). — De Lyon.	Curzay	1er août 1852
Sainte-Marie de la Providence (Sœurs de). — De Saintes	Poitiers Jaulnay	29 mai 1857 Id.

HAUTE-VIENNE (Département de la)

DÉNOMINATION DE LA CONGRÉGATION, COMMUNAUTÉ, ETC. SIÈGE PRINCIPAL, NATURE ET BUT DE L'INSTITUTION	ÉTABLISSEMENTS PARTICULIERS	DATE de L'AUTORISATION
Carmélites . . . . Communauté contemplative.	Limoges, rue Neuve-Saint-Etienne	O. 4 avril 1830
Clarisses, dites **Petites-Ursulines de Sainte-Claire** . . . . . . Communauté enseignante.	Limoges, 2, place de la Cathédrale	O. 22 avril 1827
Croix (Filles de la). — M. M. à Limoges, rue du Portail-Imbert. . . . Congrégation enseignante.	Pierrebuffière	O. 7 juin 1826 17 septembre 1853
Marie-Joseph (Sœurs de). — M. M. au Dorat. . . . . Congrégation-Refuge.		D. 28 janvier 1852
Marie-Thérèse (Sœurs de). . . . Communauté hospitalière et enseignante.	Limoges, rue des Pénitents-Blancs	O. 20 novembre 1834 et D. 20 mars 1851
Notre-Dame (Sœurs de). . . . . Communauté enseignante.	Limoges, rue Pénitiaud-Beaupeyrat	O. 19 novembre 1826
Notre-Dame (Sœurs de). . . . . Communauté enseignante.	Saint-Léonard	D. 10 novembre 1854
Petites-Sœurs des Pauvres. — M. M. à Saint-Pern (Ille-et-Vilaine). Congrégation hospitalière.	Limoges (Beaupeyrat)	2 janvier 1877
Présentation de la Sainte-Vierge (Sœurs de la). — M. M. à Tours. Congrégation hospitalière et enseignante.	Saint-Yrieix	8 juin 1850
Sagesse (Filles de la). — M. M. à Saint-Laurent-sur-Sèvre (Vendée). Congrégation hospitalière et enseignante.	Le Dorat	27 février 1811
Saint-Alexis (Sœurs de). . . . . Communauté hospitalière.	Limoges, couvent de Nazareth	D. 11 janvier 1811
Saint-Alexis (Sœurs de). . . . . Communauté hospitalière.	Saint-Junien	D. 11 janvier 1811
Saint-Alexis (Sœurs de). . . . . Communauté hospitalière.	Saint-Léonard	D. 11 janvier 1811
Saint-Alexis (Sœurs de). . . . . Communauté hospitalière.	Limoges (hôpital général)	O. 26 octobre 1828
Saint-Joseph de la Providence (Sœurs de). . . . . Communauté enseignante,	Limoges, boulevard de la Cité	D. 28 septembre 1813

DÉNOMINATION DE LA CONGRÉGATION, COMMUNAUTÉ, ETC. SIÈGE PRINCIPAL, NATURE ET BUT DE L'INSTITUTION	ÉTABLISSEMENTS PARTICULIERS	DATE de L'AUTORISATION
Sauveur et de la Sainte-Vierge (Sœurs du). — M. M. à la Souterraine (Creuse). . . . . Congrégation hospitalière et enseignante.	Aixe-sur-Tienne	16 mars 1838 et 23 avril 1856
Verbe-Incarné (Religieuses du). . Communauté hospitalière et enseignante.	Saint-Yrieix	D. 23 juillet 1811 et O. 5 septembre 1836
Verbe-Incarné (Religieuses du). . Communauté hospitalière et enseignante.	Saint-Junien	O. 21 octobre 1835
Visitation Sainte-Marie (Religieuses de la). . . . . Communauté enseignante.	Limoges, bould des Petits-Carmes	O. 5 mars 1826
ÉTABLISSEMENTS CONGRÉGANISTES AUTORISÉS, MAIS N'EXISTANT PLUS EN FAIT		
Saint-Dominique (Hospitalières de).	Magnac-Laval	22 octobre 1810
Ursulines.	Eymoutiers	10 juin 1827

VOSGES (Département des)

DÉNOMINATION DE LA CONGRÉGATION, COMMUMAUTÉ, ETC. SIÈGE PRINCIPAL, NATURE ET BUT DE L'INSTITUTION	ÉTABLISSEMENTS PARTICULIERS	DATE de L'AUTORISATION
Augustines (Chanoinesses régulières de Saint-Augustin de la Congrégation de Notre-Dame) . Communauté enseignante.	Mattaincourt	O. 27 avril 1837
Divin-Rédempteur (Sœurs du), dites **du Très-Saint-Sauveur.** — M. M. à Epinal, 44-46, rue de Dogneville. Congrégation garde-malades.	. . . .	D. 6 novembre 1854 et 3 décembre 1873
Doctrine chrétienne (Sœurs de la), dites **Watelottes.** — M. M. à Nancy. . . . . Congrégation hospitalière et enseignante.	Charmes Saint-Remimont Rambervillers, rue du Château Epinal	10 décembre 1828 10 février 1848 5 juillet 1859 25 janvier 1861
Instruction chrétienne (Sœurs de l'), dites **de la Providence.** — M. M. à Portieux . . . . Congrégation hospitalière et enseignante.	Harol Saint-Dié	O. 21 janvier 1841 23 juillet 1817 14 mai 1826
Pauvre-Enfant-Jésus (Sœurs du), dites **de la Bienfaisance chrétienne.** — M. M. à Charmois-l'Orgueilleux. . . . . Congrégation diocésaine, hospitalière et enseignante.	. . . .	D. 13 mars 1869
Saint-Charles (Sœurs de). — M. M. à Nancy. . . . . Congrégation hospitalière et enseignante.	Bruyères Darney Epinal Lamarche Liffol-le-Grand Mattaincourt Mirecourt Plombières Remiremont Saint-Dié	14 décembre 1810 Id. Id. Id. Id. Id. Id. Id. Id. Id.
Saint-Dominique (Sœurs de). . . Communauté enseignante.	Neufchâteau, rue des Vosges	O. 24 juin 1827
Saint-Esprit (Sœurs hospitalières du). Communauté hospitalière et enseignante.	Rouceux	D. 8 novembre 1810 et O. 20 mars 1843

YONNE (Département de l')

DÉNOMINATION DE LA CONGRÉGATION, COMMUNAUTÉ, ETC. SIÈGE PRINCIPAL, NATURE ET BUT DE L'INSTITUTION	ÉTABLISSEMENTS PARTICULIERS	DATE de L'AUTORISATION
Augustines . . . . Communauté hospitalière et enseignante.	Auxerre, 6, rue St-Pèlerin	D. 28 août 1810
Augustines-Hospitalières . . . Communauté hospitalière.	Tonnerre	D. 15 novembre 1810
Carmélites . . . . Communauté contemplative.	Sens, Grande-Rue	O. 10 juin 1827
Charité et de l'Instruction chrétienne (Sœurs de la). — M. M. à Nevers . . . . Congrégation hospitalière et enseignante.	Joigny Seignelay Sens	19 janvier 1811 Id. Id.
Charité de Saint-Vincent-de-Paul (Filles de la). — M. M. à Paris . . Congrégation hospitalière et enseignante.	Les Ormes Gigny	26 mars 1856 30 janvier 1861
Instruction chrétienne (Sœurs de l'), dites **Ursulines.** — M. M. à Troyes. Congrégation hospitalière et enseignante.	Noyers Vermenton	14 décembre 1810 10 septembre 1856
Notre-Dame de Bon-Secours (Sœurs de). — M. M. à Troyes. . . . . Congrégation garde-malades.	Auxerre	28 juin 1859
Notre-Dame de Charité du Bon-Pasteur (Sœurs de). — M. M. à Angers . . . . Congrégation hospitalière et enseignante.	Sens	7 février 1855
Présentation de la Sainte-Vierge (Sœurs de la). — M. M. à Tours . . Congrégation hospitalière et enseignante.	Saint-Fargeau Saint-Florentin Villeneuve-sur-Yonne	19 janvier 1811 Id. 5 janvier 1813
Providence (Sœurs de la). — M. M. à Sens, rue Victor-Guichard . . . . Congrégation hospitalière et enseignante.	Hauterive Turny Auxerre Mézilles	O. 2 mai 1830 et D. 14 juillet 1855 19 juin 1837 29 octobre 1838 14 juin 1839 29 janvier 1861
Providence (Sœurs de la). — M. M. à Vitteaux (Côte-d'Or) . . . . . Congrégation hospitalière et enseignante.	Guillon	27 septembre 1836
Sainte-Enfance de Jésus et de Marie (Sœurs de la). — M. M. à Sainte-Colombe, commune de Saint-Denis-lès-Sens. . . . . Congrégation hospitalière et enseignante.	Villeneuve-l'Archevêque	D. 30 avril 1853 10 janvier 1855

DÉNOMINATION DE LA CONGRÉGATION, COMMUNAUTÉ, ETC. SIÈGE PRINCIPAL, NATURE ET BUT DE L'INSTITUTION	ÉTABLISSEMENTS PARTICULIERS	DATE de L'AUTORISATION
Ursulines. . . . . Communauté enseignante.	Avallon	O. 21 juillet 1827
Ursulines. . . . . Communauté enseignante.	Tonnerre, rue des Prêtres	O. 27 août 1826
Ursulines. . . . . Communauté enseignante.	Auxerre, 12, rue du Champ	D. 17 septembre 1877
ÉTABLISSEMENTS CONGRÉGANISTES AUTORISÉS, MAIS N'EXISTANT PLUS EN FAIT		
Charité (Sœurs de la), dites ***de Sainte-Thérèse***	Sens	22 avril 1827
Charité et de l'Instruction chrétienne (Sœurs de la). — De Nevers	Sens	19 janvier 1811
Instruction chrétienne (Sœurs de l'), dites ***Ursulines.*** — De Troyes. .	Cheney Ligny	14 décembre 1810 Id.

TABLE RÉCAPITULATIVE

DES ÉTABLISSEMENTS CONGRÉGANISTES AUTORISÉS

PAR CONGRÉGATIONS

A

<table>
<tr><td></td><td>Nombre
des
établissements.</td></tr>
</table>

Adoration perpétuelle du Sacré-Cœur (Sœurs de l') :
Communauté... **1**
     Rhône.............. (1)

Adoration perpétuelle du Saint-Sacrement (Sœurs de l') :
M. M. à Quimper... **2**
     Finistère........... (2)
Communautés... **5**
     Bouches-du-Rhône.. (2)
     Vaucluse........... (3)

Adoratrices de la Justice divine : *M. M. à Fougères (Ille-et-Vilaine)*.............. **4**
     Ille-et-Vilaine....... (3)
     Mayenne........... (1)

Ange gardien (Sœurs de l') : *M. M. à la Molle, commune de Montauban*............ **2**
     Aude.............. (1)
     Tarn-et-Garonne..... (1)

Annonciade de la Vierge Marie (Religieuses de l') :
Communautés... **2**
     Lot-et-Garonne..... (1)
     Pas-de-Calais....... (1)

Annonciades (Sœurs) : *Communauté*................................... **1**
     Marne (Haute-)..... (1)

Assomption (Dames de l') : *M. M. à Paris*................................ **2**
     Seine.............. (1)
     Gard.............. (1)

Augustines :
M. M. à Cambrai... **6**
     Nord.............. (6)
Communautés... **3**
     Indre-et-Loire...... (1)
     Savoie............. (1)
     Yonne............. (1)
— dites **Sœurs Noires**. *M. M. à Bailleul*.............................. **2**
     Nord.............. (2)

    A reporter.................... **30**

Nombre
des
établissements.

Report............................		**30**
Augustines, dites **Chanoinesses régulières de Saint-Augustin de la Congréga-** **tion de Notre-Dame :**		
M. M. au Cateau................................		**2**
	Nord............. (2)	
Communautés..		**19**
	Allier.............. (1)	
	Calvados........... (3)	
	Manche............. (3)	
	Marne.............. (2)	
	Meurthe-et-Moselle . (1)	
	Meuse.............. (2)	
	Seine.............. (3)	
	Seine-et-Oise....... (2)	
	Tarn-et-Garonne.... (1)	
	Vosges............. (1)	
Augustines, dites **du Précieux-Sang** : *M. M. à Arras*.....................		**6**
	Pas-de-Calais....... (6)	
Augustines de la Charité de Notre-Dame : *Communautés*...............		**6**
	Hérault............. (2)	
	Loire.............. (4)	
Augustines-Hospitalières :		
M. M. à Meaux.............................		**1**
	Seine-et-Marne..... (1)	
M. M. à Paris.................................		**1**
	Seine .... (1)	
Communautés...		**40**
	Aisne.............. (4)	
	Aube.............. (1)	
	Bouches-du-Rhône. (2)	
	Calvados........... (4)	
	Eure.............. (2)	
	Indre-et-Loire...... (1)	
	Loiret............. (1)	
	Manche .... (2)	
	Marne............. (1)	
	Nièvre .... (1)	
	Nord.............. (2)	
	Orne.............. (4)	
	Pas-de-Calais ...... (2)	
	Puy-de-Dôme ...... (3)	
	Saône (Haute-)..... (1)	
	Seine-Inférieure.... (3)	
	Seine-et-Oise ...... (2)	
	Vaucluse........... (1)	
	Yonne .... (1)	
— , dites **de la Croix** : *Communauté*.......................		**1**
	Aisne.............. (1)	
— dites **de la Miséricorde** : *Communauté*..................		**2**
	Finistère........... (2)	
— dites **de Saint-Joseph** : *Communauté*..................		**1**
	Vienne............. (1)	
Augustines de l'Intérieur de Marie : *Communauté*.................		**1**
	Seine.............. (1)	
A reporter.....................		**110**

Nombre
des
établissements.

Report...	**146**
Bernardines : *Communautés*...................................	**2**
Ain .... (1)	
Aisne................ (1)	
Bernardines d'Esquermes : *M. M. à Lille*........................	**2**
Nord............ (2)	
Bernardines de Notre-Dame de Flines : *Communauté*............	**1**
Nord............. (1)	
Bernardines de Port-Royal : *Communauté*.....................	**1**
Seine............. (1)	

Bienheureuse Vierge-Marie, Adoratrices perpétuelles du Saint-Sacrement (Sœurs de la) : *Communauté*.. **1**

        Aveyron............ (1)

Bon-Pasteur (Sœurs du) :

    M. M. à Caudéran...................................... **1**

        Gironde............ (1)

    Communautés.. **3**

        Aube.............. (1)
        Côte-d'Or........... (1)
        Loiret............. (1)

Bon-Sauveur (Sœurs du) :

    M. M. à Caen.. **4**

        Calvados........... (1)
        Côtes-du-Nord...... (1)
        Manche .... (1)
        Tarn.............. (1)

    Communauté.. **1**

        Manche............ (1)

Bon-Secours de Notre-Dame Auxiliatrice (Sœurs du) :

    M. M. à Paris... **5**

        Loiret............. (1)
        Nord.............. (1)
        Pas-de-Calais....... (1)
        Seine. .... (1)
        Somme. .... (1)

C

Capucines, dites Clarisses : *Communauté*........................ **1**

        Bouches-du-Rhône.. (1)

Carmélites : *Communautés*................................... **15**

        Aveyron............ (1)
        Eure.............. (1)
        Gers.............. (1)
        Loir-et-Cher........ (1)
        Marne............. (1)
        Nord.............. (3)
        Saône-et-Loire. .... (1)
        Savoie. .... (1)
        Somme. .... (2)
        Vienne............ (1)
        Vienne (Haute-).... (1)
        Yonne............. (1)

         A reporter...................... **183**

	Nombre des établissements.
Report.................................	**183**

Célestines (Dames) : *M. M. à Provins.*...............................   **1**

          Seine-et-Marne..... (1)

Charité (Sœurs de la) :

    M. M. à Besançon.................................   **44**

        Ain............... (4)
        Doubs............ (25)
        Jura............... (3)
        Rhône............. (2)
        Saône (Haute-)...... (9)
        Saône-et-Loire...... (1)

    Communautés..............................   **2**

        Côte-d'Or.......... (1)
        Maine-et-Loire...... (1)

—   dites de **Besançon** : *M. M. à Nîmes*...........................   **1**

        Gard............... (1)

—   dites du **Saint-Sacrement** : *M. M. à Bourges*......................   **35**

        Allier............. (3)
        Cher.............. (18)
        Indre............. (9)
        Loir-et-Cher........ (2)
        Loiret............. (3)

—   dites de **Sainte-Thérèse** : *Communauté*...........................   **1**

        Yonne............. (1)

Charité et de l'Instruction chrétienne (Sœurs de la) : *M. M. à Nevers*.............   **81**

        Allier............. (2)
        Alpes-Maritimes.... (1)
        Ariège............ (3)
        Aude............. (4)
        Aveyron........... (4)
        Cantal............ (2)
        Corrèze........... (4)
        Creuse............ (1)
        Dordogne.......... (2)
        Eure-et-Loir........ (1)
        Gard............. (7)
        Gironde........... (5)
        Hérault........... (2)
        Lot.............. (4)
        Marne............ (1)
        Nièvre............ (10)
        Oise.............. (1)
        Puy-de-Dôme....... (4)
        Pyrénées (Basses-).. (2)
        Saône-et-Loire..... (5)
        Seine-et-Marne..... (2)
        Seine-et-Oise....... (2)
        Tarn............. (2)
        Tarn-et-Garonne.... (3)
        Var.............. (2)
        Vaucluse.......... (1)
        Yonne............ (4)

Charité de Jésus et de Marie (Sœurs de la) : *M. M. à Cherbourg*..................   **1**

        Manche........... (1)

            A reporter.......................   **349**

Nombre
des
établissements.

Report............................. 349

Charité de Notre-Dame (Sœurs de la) : *M. M. à Evron (Mayenne)*................. 156

Eure-et-Loir........ (2)
Ille-et-Vilaine. ..... (1)
Maine-et-Loire...... (4)
Mayenne.......... (78)
Orne. .... (7)
Sarthe............ (64)

Charité de la Providence (Sœurs de la) : *M. M. à Ruillé-sur-Loir (Sarthe)*.......... 35

Côtes-du-Nord...... (2)
Eure-et-Loir........ (2)
Finistère........... (1)
Ille-et-Vilaine. .... (17)
Loir-et-Cher........ (2)
Loiret............. (4)
Mayenne.......... (1)
Morbihan.......... (1)
Sarthe............ (5)

Charité du Sacré-Cœur de Jésus (Sœurs de la) : *M. M. à la Salle-de-Vihiers (Maine-et-Loire)*. 21

Charente.......... (1)
Indre............. (1)
Loire-Inférieure..... (2)
Maine-et-Loire...... (3)
Sèvres (Deux-).... (7)
Vendée............ (1)
Vienne............ (6)

Charité de Saint-Louis (Sœurs de la) : *M. M. à Vannes*.............................. 6

Ille-et-Vilaine....... (2)
Morbihan.......... (4)

Charité de Sainte-Marie (Sœurs de la) :
     Communautes..................................... 5

Maine-et-Loire....... (5)

—   dites de la **Forêt** : *M. M. à Angers*. 4

Maine-et-Loire...... (3)
Sarthe............ (1)

Charité de Saint-Vincent-de-Paul (Filles de la) : *M. M. à Paris*.................. 93

Ariège............ (1)
Aube............. (3)
Aude............. (2)
Aveyron........... (1)
Bouches-du-Rhône.. (1)
Charente-Inférieure. (5)
Charente.......... (1)
Côte-d'Or.......... (2)
Côtes-du-Nord..... (3)
Dordogne......... (1)
Drôme. .... (2)
Eure............. (1)
Gard............. (2)
Garonne (Haute-)... (2)
Hérault........... (1)
Ille-et-Vilaine...... (3)
Loire............. (2)
Loire (Haute-)...... (1)

A reporter........................... 669

Nombre
des
établissements.

Report................................. 669

Charité de Saint-Vincent-de-Paul (*Suite*) :

Loiret...............	(1)
Lot.	(1)
Lozère. ....:	(1)
Maine-et-Loire......	(1)
Manche.............	(1)
Marne.............	(1)
Mayenne..........	(1)
Meurthe-et-Moselle .	(1)
Morbihan.	(1)
Nord..............	(6)
Pas-de-Calais.	(5)
Rhône.............	(2)
Saône-et-Loire.	(3)
Sarthe.............	(1)
Savoie (Haute-).....	(1)
Seine	(14)
Seine-Inférieure....	(2)
Seine-et-Marne.	(3)
Seine-et-Oise.......	(6)
Tarn.	(3)
Var.	(1)
Vienne.............	(1)
Yonne.............	(2)

Charité sous la Protection de saint Vincent de Paul (Sœurs de la) :
M. M. *à la Roche-sur-Foron*............................... **1**
Haute-Savoie....... (1)

Chartreuses : *Communauté*................................... **1**
Isère.............. (1)

Clarisses : *Communautés*................................... **7**
Bouches-du-Rhône . (1)
Loire (Haute-)...... (1)
Lot................ (1)
Nord.............. (1)
Pas-de-Calais....... (1)
Pyrénées-Orientales. (1)
Tarn............... (1)

— dites **Petites-Ursulines de Sainte-Claire** : *Communautés*.............. **2**
Dordogne.......... (1)
Vienne (Haute-)..... (1)

— dites **Urbanistes** : *Communauté*............................ **1**
Cantal .... (1)

Cœur de l'Enfant-Jésus (Sœurs du) : M. M. *à Sermentizon*.............. **1**
Puy-de-Dôme....... (1)

Cœur-Immaculé de Marie (Filles et Sœurs du) :
M. M. *à Rennes*................................ **2**
Ille-et-Vilaine ...... (2)

M. M. *à Saint-Loup*............................ **1**
Marne (Haute-)..... (1)

Communauté **1**
Pas-de-Calais....... (1)

Compassion (Filles et Sœurs de la) :
M. M. *à l'Ermitage, commune de Villersexel*................ **2**
Saône (Haute-)..... (2)

A reporter. **688**

         TABLE RÉCAPITULATIVE

Nombre
des
établissements.

Report.............................	**688**

Compassion (Filles et sœurs de la) (*Suite*) :
    M. M. à Rouen.. **2**
                 Seine-Inférieure .... (2)
         Communauté............................... **1**
                 Meurthe-et-Moselle. (1)

—   dites **Servantes du Seigneur** : *M. M. à Domfront*.................. **2**
                 Oise .... (2)

Compassion de la Sainte-Vierge (Sœurs de la) :
    M. M. à Saint-Denis...................................... **1**
                 Seine.............. (1)

Conception (Dames anglaises de la) : *Communauté*................... **1**
                 Seine.............. (1)

Conception (Filles de la), dites **de l'Immaculée-Conception** :
    M. M. à Avignon.. **3**
                 Vaucluse........... (3)

Croix (Filles et Sœurs de la) :
    M. M. à Lavaur (Tarn).................................. **12**
                 Garonne (Haute-)... (1)
                 Tarn.............. (11)
    M. M. à Limoges....................................... **5**
                 Creuse............ (1)
                 Puy-de-Dôme....... (2)
                 Vienne (Haute-).... (2)
    M. M. à Saint-Quentin.................................. **2**
                 Aisne .... (2)
    Communautés... **16**
                 Côtes-du-Nord....... (5)
                 Loire (Haute-)...... (5)
                 Lot-et-Garonne..... (5)
                 Seine .... (1)

—   dites **de Saint-André** : *M. M. à la Puye (Vienne)*............. **108**
                 Ariège .... (2)
                 Charente........... (2)
                 Charente-Inférieure. (1)
                 Cher.............. (1)
                 Garonne (Haute-).. (18)
                 Indre.............. (3)
                 Indre-et-Loire ...... (2)
                 Landes............ (3)
                 Loiret............. (3)
                 Nord .... (1)
                 Pyrénées (Basses-). (23)
                 Pyrénées (Hautes-). (15)
                 Seine .... (5)
                 Seine-et-Marne..... (2)
                 Seine-et-Oise....... (2)
                 Sèvres (Deux-)...... (9)
                 Vendée............ (3)
                 Vienne............ (13)

D

Divine Providence (Filles et Sœurs de la) :
    M. M. à Frasne-le-Château............................... **1**
                 Saône (Haute-)...... (1)

                 A reporter........................ **842**

Nombre
des
établissements.

Report............................. 842

Divine Providence (Filles et Sœurs de la) (*Suite*) :
M. M. *à Reims*................................... 2

          Ardennes........... (1)
          Marne.............. (1)

—   dites **Mères des Pauvres** : *M. M. à Crehen.* 3
          Côtes-du-Nord...... (3)

Divin Rédempteur (Sœurs du), dites **du Très-Saint-Sauveur** : *M. M. à Épinal*..... 3
          Doubs.............. (1)
          Marne (Haute-)..... (1)
          Vosges............. (1)

Doctrine chrétienne (Sœurs de la) :
M. M. *à Bordeaux*.................................... 7
          Dordogne.......... (2)
          Gironde............ (3)
          Lot-et-Garonne..... (1)
          Landes............. (1)

—   dites **de la Sainte-Enfance** : *M. M. à Notre-Dame-du-Bourg,*
commune de Digne.................................... 1
          Alpes (Basses-)..... (1)

—   dites **Watelottes** : *M. M. à Nancy,*.................... 18
          Alpes (Basses-)..... (1)
          Ardennes........... (1)
          Côte-d'Or.......... (1)
          Marne.............. (1)
          Meurthe-et-Moselle. (7)
          Meuse.............. (3)
          Vosges............. (4)

Dominicaines : *Communautés*........................ 4
          Meurthe-et-Moselle.. (1)
          Pyrénées (Basses-).. (1)
          Saône (Haute-)..... (1)
          Saône-et-Loire..... (1)

Dominicaines de la Croix : *Communauté*...,................ 1
          Seine .... (1)

Dominicaines de la Mère Agnès : *Communauté*................ 1
          Loire (Haute-)...... (1)

E

Écoles chrétiennes de la Miséricorde (Sœurs des) :
M. M. *à Saint-Sauveur-le-Vicomte (Manche)*................ 5
          Manche .... (1)
          Nord.............. (1)
          Seine .... (2)
          Gers .... (1)

Éducation chrétienne (Sœurs de l') : *M. M. à Argentan*.................... 8
          Calvados........... (1)
          Nord.............. (1)
          Orne............... (6)

A reporter. 895

Nombre
des
établissements.

Report.................................. **895**

Enfance de Jésus et de Marie (Sœurs de l') :
     M. M. à Aix................................. **7**
             Isère............... (1)
             Bouches-du-Rhône.. (5)
             Var............... (1)

—   dites de la **Miséricorde du Bon-Pasteur** : M. M. à Draguignan.... **1**
             Var............... (1)

—   dites de **Sainte-Chrétienne** : M. M. à Longuyon (Meurthe-et-Moselle).. **14**
             Ardennes.......... (11)
             Marne............. (1)
             Meurthe-et-Moselle . (2)

Enfant-Jésus (Filles et Sœurs de l') :
     M. M. à Claveisolles (Rhône)................... **4**
             Loire.............. (2)
             Rhône............. (2)
     M. M. à Lille.................................. **10**
             Nord.............. (9)
             Pas-de-Calais....... (1)
     M. M. à Soissons............................. **4**
             Aisne............. (4)
     Communautés................................. **2**
             Nord.............. (1)
             Sarthe............. (1)

—   dites de l'**Instruction** : M. M. à Aurillac..................... **2**
             Cantal............. (1)
             Lot............... (1)

F

Fidèles-Compagnes de Jésus : M. M. à Paris.................. **4**
             Alpes-Maritimes.... (1)
             Seine.............. (1)
             Somme .... (2)

Foi (Sœurs de la) : M. M. à Haroué................................ **1**
             Meurthe-et-Moselle. (1)

Franciscaines :
     M. M. à Calais................................. **8**
             Pas-de-Calais....... (8)
     M. M. à Saint-Chinian.......................... **1**
             Hérault............ (1)
     M. M. à Saint-Philbert-de-Grandlieu............. **1**
             Loire-Inférieure .... (1)

—   dites **Capucines de la Pénitence** : Communauté................. **1**
             Nord.............. (1)

—   dites de **Notre-Dame des Anges** : M. M. à Lille................. **2**
             Nord.............. (2)

Franciscaines de l'Immaculée-Conception :
     M. M. à Lons-le-Saunier........................ **1**
             Jura.............. (1)

A reporter..................... **958**

Nombre
dos
établissements.

Nombre
des
établissements.

Report 1029

Hospitalières des Orphelines de Saint-Joseph : *Communauté*................... 1
Seine-Inférieure .... (1)

— **de Saint-Dominique** : *Communauté*............................. 1
Creuse .... (1)

— **de la Sainte-Trinité** : *Communautés*........................... 2
Maine-et-Loire ..... (1)
Sarthe .... (1)

I

Immaculée-Conception (Sœurs de l') :
M. M. à Buzançais............................. 1
Indre.............. (1)
M. M. à Castres.............................. 1
Tarn............... (1)
M. M. à Niort............................... 2
Sèvres (Deux-)...... (2)
M. M. à Nogent-le-Rotrou....................... 1
Eure-et-Loir .... (1)
M. M. à Saint-Méen............................ 3
Ille-et-Vilaine ...... (3)

Immaculée-Conception de la Mère de Dieu (Sœurs de l') :
Communauté 1
Puy-de-Dôme .... (1)

Immaculée-Conception de Notre-Dame de Lourdes (Religieuses de l') :
Communauté................................. 1
Pyrénées (Hautes-).. (1)

Immaculée-Conception de la Vierge (Sœurs de l') : *M. M. à Bordeaux*............. 5
Landes............. (2)
Gers .... (1)
Gironde............ (1)
Marne............. (1)

Instruction charitable du Saint-Enfant-Jésus (Sœurs de l'), dites de **Saint-Maur** :
M. M. à Paris.............................. 38
Aisne............. (3)
Allier......... ..... (1)
Gard............. (4)
Garonne (Haute-)... (1)
Gironde........... (2)
Hérault........... (4)
Lozère .... (1)
Manche .... (1)
Marne (Haute-)..... (2)
Nord............. (2)
Pyrénées (Basses-).. (1)
Saône (Haute-)..... (1)
Saône-et-Loire..... (3)
Seine .... (3)
Seine-et-Oise ...... (1)
Sèvres (Deux-)..... (2)
Tarn............. (1)
Tarn-et-Garonne.... (2)
Var .... (1)
Vaucluse.......... (2)

A reporter.................... 1086

	Nombre des établissements.
Report......................................	**1086**

Instruction chrétienne (Dames et Sœurs de l') :

M. M. à Saint-Gildas-des-Bois..............................	**12**
Loire-Inférieure .... (7)	
Maine-et-Loire ..... (5)	
M. M. à Vendôme..	**1**
Loir-et-Cher......... (1)	
Communauté	**1**
Seine-et-Oise....... (1)	

— dites **de la Providence** : *M. M. à Portieux (Vosges)* **13**

Allier .... (1)
Jura ,.............. (1)
Marne .... (1)
Nièvre .... (1)
Nord.. .... (1)
Saône-et-Loire ..... (2)
Seine-et-Oise....... (2)
Tarn............... (1)
Vosges............. (3)

— dites **de la Providence** : *M. M. à Troyes*....................... **12**

Aube............. (12)

— dites **Ursulines** : *M. M. à Troyes*.......................... **15**

Aube .... (10)
Marne (Haute-).... (1)
Yonne............. (4)

Instruction chrétienne du Sacré-Cœur de Jésus (Sœurs de l') :

M. M. à Bordeaux.. **1**

Gironde............. (1)

Instruction de l'Enfant-Jésus (Sœurs de l') :

M. M. au Puy.. **4**

Ain .... (1)
Loire (Haute-)...... (1)
Saône-et-Loire .... (2)

Instruction du Saint-Enfant-Jésus (Sœurs de l') : *M. M. à Chauffailles*........... **1**

Saône-et-Loire ..... (1)

J

Jésus (Filles de) :

M. M. à Kermaria, commune de Plumelin................... **4**

Morbihan .... (4)

M. M. à Massac.. **1**

Tarn............... (1)

M. M. à Vaylats.. **8**

Lot .... (8)

Jésus-Christ Bon-Pasteur et de Marie-Immaculée (Sœurs de) : *Communautés*... **2**

Loire-Inférieure.... (1)
Seine-Inférieure.... (1)

M

Marie (Dames et Filles de) :

M. M. à Gacé.. **1**

Orne............... (1)

M.M. à Longny.. **1**

Orne............... (1)

A reporter........................... **1163**

Nombre
des
établissements.

Report.......................... 1163

Marie-Immaculée (Filles et Sœurs de) :

     M. M. à Agen...................................... **4**

Gers .... (1)
Jura............... (1)
Lot-et-Garonne..... (2)

   M. M. à Bourges........................... **1**

Cher................ (1)

   M. M. à Marseille......................... **1**

Bouches-du-Rhône . (1)

Marie-Joseph (Sœurs de) : *M. M. au Dorat (Haute-Vienne)*........ **9**

Bouches-du-Rhône . (1)
Gironde........... (1)
Hérault........... (1)
Ille-et-Vilaine....... (1)
Morbihan .... (1)
Orne.............. (1)
Seine-et-Oise....... (1)
Somme .... (1)
Vienne (Haute-).... (1)

Marie-Thérèse (Sœurs de) :

     Communauté............................... **1**

Vienne (Haute-).... (1)

     —   dites **Servantes de Jésus** : *Communauté*.............. **1**

Gard.............. (1)

Maristes (Sœurs) : *M. M. à Belley*......................... **1**

Ain................ (1)

Mère de Dieu (Religieuses de la) : *M. M. à Paris*..................... **1**

Seine .... (1)

Miséricorde (Sœurs de la) :

     M. M. à Billom............................... **31**

Puy-de-Dôme...... (31)

     M. M. à Caen................................ **1**

Calvados.......... (1)

     M. M. à Moissac (Tarn-et-Garonne)................. **7**

Bouches-du-Rhône.. (1)
Garonne (Haute-)... (1)
Lot............... (1)
Lot-et-Garonne..... (2)
Tarn-et-Garonne.... (2)

     M. M. à Montcuq............................ **1**

Lot .... (1)

     M. M. à Rouen.............................. **4**

Seine-Inférieure.... (4)

     M. M. à Séez (Orne).......................... **24**

Calvados.......... (5)
Charente-Inférieure. (1)
Orne............. (10)
Sarthe............ (3)
Vendée .... (3)
Vienne............ (2)

     Communautés.............................. **6**

Dordogne .... (1)

A reporter........................ 1256

Nombre
des
établissements.

Report.............................. **1325**

Notre-Dame (Sœurs de) (*Suite*) :

                         Gers .... (2)
                         Gironde............ (1)
                         Isère............... (1)
                         Loire (Haute-)...... (3)
                         Lozère .... (1)
                         Seine-Inférieure.... (1)
                         Tarn............... (2)
                         Vaucluse........... (1)
                         Vienne............. (1)
                         Vienne (Haute-).... (2)
                         Puy-de-Dôme....... (1)

—   dites **de l'Ave** : *Communauté*................................... **1**

                         Sarthe .... (1)

Notre-Dame des Anges (Sœurs de) :
            M. M. à Puypéroux............................. **1**

                         Charente.......... (1)
           Communautés............................... **2**

                         Alpes (Basses-)..... (1)
                         Seine.............. (1)

Notre-Dame des Arts (Sœurs de) : *Communauté*................ **1**

                         Seine.............. (1)

Notre-Dame de Bon-Secours (Sœurs de) :
            M. M. à Charly....................................... **5**

                         Aisne.............. (5)
            M. M. à Clermont.................................... **2**

                         Puy-de-Dôme....... (2)
            M. M. à Troyes... .... **12**

                         Aisne. .... (1)
                         Allier. .... (1)
                         Aube.............. (3)
                         Eure.............. (1)
                         Marne............. (1)
                         Seine. .... (1)
                         Seine-et-Oise....... (2)
                         Vendée............ (1)
                         Yonne............. (1)

Notre-Dame du Calvaire (Sœurs de) : *M. M. à Gramat (Lot)*................ **4**

                         Lot. .... (3)
                         Seine-et-Oise....... (1)

Notre-Dame de Charité (Sœurs de) :
            M. M. à Lisieux...................................... **2**

                         Calvados. .... (2)
           Communautés.................................. **3**

                         Calvados. .... (2)
                         Seine-Inférieure.... (1)

—   dites **du Bon-Pasteur** : *Communauté*........................ **1**

                         Sarthe. .... (1)

—   dites **des Orphelines de Marie** ou **de la Vierge Fidèle** : *Communauté*. **1**

                         Calvados. .... (1)

Notre-Dame de Charité du Bon-Pasteur (Sœurs de) : *M. M. à Angers*............ **23**

                         Allier. .... (1)
                         Ardèche............ (1)
                         Bouches-du-Rhône.. (1)

                     A reporter........................... **1383**

Nombre
des
établissements.

Report......................... 1325

Notre-Dame de Charité du Bon Pasteur (Sœurs de) (*Suite*) :

Charente.......... (1)
Cher. .... (1)
Isère.............. (1)
Jura. .... (1)
Loire (Haute-)...... (1)
Maine-et-Loire..... (2)
Marne............. (1)
Meurthe-et-Moselle.. (1)
Nord............. (3)
Pas-de-Calais....... (2)
Rhône............. (1)
Somme. .... (1)
Var............... (1)
Vaucluse.......... (1)
Vienne............ (1)
Yonne. .... (1)

Notre-Dame de Charité du Refuge (Sœurs de), dites de Saint-Michel : *Communautés*.. **16**

Bouches-du-Rhône.. (1)
Calvados.......... (1)
Charente-Inférieure. (1)
Côtes-du-Nord...... (1)
Doubs............. (1)
Drôme............ (1)
Garonne (Haute-)... (1)
Ille-et-Vilaine...... (1)
Indre-et-Loire. ..... (1)
Loir-et-Cher........ (1)
Loire-Inférieure..... (1)
Puy-de-Dôme....... (1)
Rhône. .... (1)
Seine. .... (1)
Seine-et-Oise....... (1)
Tarn-et-Garonne.... (1)

Notre-Dame de Clermont (Sœurs de) : *M. M. à Chamalières*.................... **3**

Puy-de-Dôme....... (3)

Notre-Dame de la Compassion (Sœurs de) :
    M. M. à la Blancarde, commune de Marseille................. **1**

Bouches-du-Rhône.. (1)

    M. M. à Toulouse.................................... **2**

Garonne (Haute-)... (2)

    Communautés....................................... **2**

Lot-et-Garonne..... (1)
Tarn-et-Garonne.... (1)

Notre-Dame de la Croix (Sœurs de) : *M. M. à Murinais*................. **3**

Isère.............. (3)

Notre-Dame des Douleurs (Filles de) : *Communauté*.................. **1**

Pyrénées (Hautes-).. (1)

Notre-Dame de Fourvières (Sœurs de) : *Communauté*.............. **1**

Rhône............. (1)

Notre-Dame de Lorette (Sœurs de), dites de Saint-Joseph de la Sainte-Famille :
M. M. à Bordeaux....................................... **3**

Eure.............. (1)
Gironde........... (1)
Landes............ (1)

A reporter...................... 1415

Nombre
des
établissements.

<table>
<tr><td colspan="2" align="center">Report............................</td><td>1415</td></tr>
<tr><td>Notre-Dame de la Miséricorde (Sœurs de) : Communauté.............</td><td></td><td>1</td></tr>
<tr><td></td><td>Mayenne.......... (1)</td><td></td></tr>
<tr><td>Notre-Dame de la Présentation (Sœurs de) : M. M. à Manosque (Basses-Alpes)......</td><td></td><td>3</td></tr>
<tr><td></td><td>Alpes (Basses-)..... (1)</td><td></td></tr>
<tr><td></td><td>Hérault............ (1)</td><td></td></tr>
<tr><td></td><td>Var............... (1)</td><td></td></tr>
<tr><td>Notre-Dame de la Providence (Sœurs de) : M. M. à Blois.......</td><td></td><td>1</td></tr>
<tr><td></td><td>Loir-et-Cher........ (1)</td><td></td></tr>
<tr><td>Notre-Dame du Refuge (Sœurs de) : Communautés.............</td><td></td><td>2</td></tr>
<tr><td></td><td>Aude.............. (1)</td><td></td></tr>
<tr><td></td><td>Hérault............ (1)</td><td></td></tr>
<tr><td>Notre-Dame de Saint-Augustin (Sœurs de) : Communautés.............</td><td></td><td>3</td></tr>
<tr><td></td><td>Ain............... (3)</td><td></td></tr>
<tr><td>Notre-Dame Sainte-Marie (Sœurs de) : Communautés.............</td><td></td><td>2</td></tr>
<tr><td></td><td>Isère.............. (2)</td><td></td></tr>
<tr><td>Notre-Dame du Saint-Rosaire (Sœurs de) : M. M. à Pont-de-Beauvoisin.........</td><td></td><td>1</td></tr>
<tr><td></td><td>Isère.............. (1)</td><td></td></tr>
<tr><td>Notre-Dame de Sion (Sœurs de) : M. M. à Paris.........</td><td></td><td>1</td></tr>
<tr><td></td><td>Seine.............. (1)</td><td></td></tr>
<tr><td>Notre-Dame de la Treille (Sœurs de) : M. M. à Lille.............</td><td></td><td>1</td></tr>
<tr><td></td><td>Nord.............. (1)</td><td></td></tr>
</table>

P

<table>
<tr><td>Pauvre Enfant-Jésus (Sœurs du), dites de la Bienfaisance chrétienne : M. M. à Charmois-l'Orgueilleux............................</td><td></td><td>1</td></tr>
<tr><td></td><td>Vosges............. (1)</td><td></td></tr>
<tr><td>Pauvres-Sœurs de Saint-François d'Assise : M. M. à Avignon.............</td><td></td><td>1</td></tr>
<tr><td></td><td>Vaucluse.......... (1)</td><td></td></tr>
<tr><td>Petites-Servantes de Marie-Immaculée : M. M. à Gaudechart.............</td><td></td><td>1</td></tr>
<tr><td></td><td>Oise.............. (1)</td><td></td></tr>
<tr><td>Petites-Sœurs des Champs : Communauté.............</td><td></td><td>1</td></tr>
<tr><td></td><td>Tarn-et-Garonne.... (1)</td><td></td></tr>
<tr><td>Petites-Sœurs des Malades : M. M. à Mauriac.............</td><td></td><td>1</td></tr>
<tr><td></td><td>Cantal............ (1)</td><td></td></tr>
<tr><td>Petites-Sœurs des Pauvres : M. M. à Saint-Pern (Ille-et-Vilaine).............</td><td></td><td>105</td></tr>
<tr><td></td><td>Aisne............. (1)</td><td></td></tr>
<tr><td></td><td>Alger............. (1)</td><td></td></tr>
<tr><td></td><td>Alpes-Maritimes.... (3)</td><td></td></tr>
<tr><td></td><td>Ardèche........... (1)</td><td></td></tr>
<tr><td></td><td>Aube.............. (1)</td><td></td></tr>
<tr><td></td><td>Aude.............. (1)</td><td></td></tr>
<tr><td></td><td>Bouches-du-Rhône.. (3)</td><td></td></tr>
<tr><td></td><td>Calvados.......... (2)</td><td></td></tr>
<tr><td></td><td>Charente-Inférieure. (3)</td><td></td></tr>
<tr><td></td><td>Cher.............. (1)</td><td></td></tr>
<tr><td></td><td>Côte-d'Or.......... (1)</td><td></td></tr>
<tr><td></td><td>Côtes-du-Nord...... (1)</td><td></td></tr>
<tr><td></td><td>Dordogne.......... (1)</td><td></td></tr>
<tr><td></td><td>Doubs............. (1)</td><td></td></tr>
<tr><td></td><td>Drôme............. (1)</td><td></td></tr>
</table>

A reporter........................ 1540

Nombre
des
établissements.

Report............................ 1540

Petites-Sœurs des Pauvres (*Suite*) :

Eure............... (1)
Eure-et-Loir........ (1)
Finistère........... (1)
Gard............... (1)
Garonne (Haute-)... (1)
Gers............... (1)
Gironde........... (1)
Hérault........... (2)
Ille-et-Vilaine....... (3)
Indre............. (1)
Indre-et-Loire...... (1)
Isère.............. (2)
Jura.............. (1)
Loir-et-Cher........ (1)
Loire............. (3)
Loire-Inférieure..... (2)
Loiret............ (1)
Lot-et-Garonne..... (1)
Maine-et-Loire...... (1)
Manche........... (2)
Marne............. (1)
Marne (Haute-)..... (1)
Mayenne.......... (1)
Meurthe-et-Moselle. (1)
Morbihan.......... (2)
Nièvre............. (1)
Nord.............. (10)
Orne.............. (2)
Pas-de-Calais....... (3)
Puy-de-Dôme....... (1)
Pyrénées (Basses-).. (2)
Pyrénées (Hautes-).. (1)
Pyrénées-Orientales. (1)
Rhône............. (5)
Saône-et-Loire...... (1)
Sarthe............ (1)
Seine.............. (8)
Seine-Inférieure.... (5)
Seine-et-Oise....... (1)
Sèvres (Deux-)...... (1)
Somme............ (1)
Var............... (2)
Vendée............ (1)
Vienne............ (1)
Vienne (Haute-).... (1)

Petites-Sœurs de Saint-François d'Assise : *M. M. à Angers*...................... 1

Maine-et-Loire...... (1)

Présentation de Marie (Sœurs de la) : *M. M. à Bourg-Saint-Andéol* (*Ardèche*)....... 20

Allier............... (2)
Alpes (Basses-)..... (1)
Ardèche........... (5)
Aude.............. (1)
Bouches-du-Rhône.. (1)
Cantal............ (1)
Gard............... (2)
Gironde........... (1)
Hérault........... (2)

A reporter........................ 1561

TABLE RÉCAPITULATIVE

Nombre
des
établissements.

Report...................................... **1561**

Présentation de Marie (Sœurs de la) *(Suite)* :

      Lozère............ (2)
      Savoie (Haute-)..... (1)
      Vaucluse.......... (1)

Présentation de Notre-Dame (Sœurs de la) : *M. M. à Castres*................... **2**

      Garonne (Haute-)... (1)
      Tarn.............. (1)

Présentation de la Sainte-Vierge (Sœurs de la): *M. M. à la Brelèche, commune de Saint-Symphorien, près Tours*...................................... **27**

      Aisne............. (3)
      Aube.............. (1)
      Cantal............ (1)
      Eure-et-Loir....... (3)
      Indre-et-Loire...... (4)
      Loir-et-Cher........ (1)
      Loiret............. (5)
      Lot............... (1)
      Seine............. (1)
      Seine-et-Oise........ (2)
      Tarn-et-Garonne.... (1)
      Vienne (Haute-).... (1)
      Yonne............. (3)

Providence (Sœurs de la) :

  M. M. à Alençon (Orne)............................ **2**

      Mayenne........... (1)
      Orne.............. (1)

  M. M. à Arras........................... **5**

      Pas-de-Calais....... (5)

  M. M. à Corenc............................ **7**

      Isère............. (7)

  M. M. à Evreux............................

      Eure.............. (5)

  M. M. à Gap........................... **3**

      Alpes (Hautes-)..... (2)
      Gers.............. (1)

  M. M. à Langres........................... **17**

      Côte-d'Or.......... (2)
      Marne (Haute-).... (15)

  M. M. à Laon........................... **3**

      Aisne............. (3)

  M. M. à Lisieux........................... **22**

      Calvados.......... (17)
      Eure.............. (5)

  M. M. à Rouen........................... **14**

      Calvados.......... (2)
      Eure.............. (1)
      Pas-de-Calais....... (4)
      Seine-Inférieure.... (4)
      Somme............ (3)

  M. M. à Saint-Brieuc........................... **1**

      Côtes-du-Nord...... (1)

  M. M. à Sées........................... **31**

      Calvados.......... (5)
      Manche........... (2)
      Orne.............. (23)
      Sarthe............ (1)

A reporter...................................... **1700**

	Nombre des établissements.
Report..	**1700**

Providence (Sœurs de la) (*Suite*) :

    M. M. à Sens.. — **6**

        Aube............... (1)
        Yonne. .... (5)

    Communautés... — **4**

        Ardèche............ (1)
        Eure-et-Loir........ (1)
        Lozère .... (1)
        Vienne............. (1)

—   dites de **l'Instruction chrétienne** : *M. M. à Villeaux*................... **9**

        Côte-d'Or........... (8)
        Yonne............. (1)

—   dites de **Marie-Joseph** : *M. M. à la Pommeraye* (Maine-et-Loire)........ **5**

        Loire-Inférieure..... (1)
        Maine-et-Loire...... (3)
        Vienne............. (1)

—   dites de **Saint-André** : *M. M. à Fillières*................................ **4**

        Meurthe-et-Moselle . (3)
        Meuse............. (1)

—   dites de **Sainte-Thérèse** : *M. M. à Avesnes*............................ **3**

        Nord............... (3)

Providence du Bon-Pasteur (Sœurs de la) : *Communauté*.................... **1**

        Nord............... (1)

Providence de Saint-Rémy (Sœurs de la), dites de **Bon-Secours** : *M. M. à Chartres.* **4**

        Eure-et-Loir........ (3)
        Seine-et-Oise....... (1)

R

Refuge de Notre-Dame de la Compassion (Sœurs du) : *Communauté*............ **1**

        Rhône .... (1)

Réparation (Dames de la) : *Communauté*................................... **1**

        Lot .... (1)

Retraite (Dames et Filles de la) :

—   dites **du Sacré-Cœur de Jésus** : *M. M. à Quimper.*.................... **4**

        Côtes-du-Nord...... (1)
        Finistère.......... (3)

—   dites de la **Sainte-Vierge** : *M. M. à Vannes*........................... **1**

        Morbihan .... (1)

Retraite du Sacré-Cœur (Sœurs de la) : *M. M. à Angers*................... **4**

        Maine-et-Loire ..... (4)

Réunion au Sacré-Cœur de Jésus (Sœurs de la) : *M. M. à Libourne*............ **3**

        Gironde............ (2)
        Landes............ (1)

        A reporter......................... **1750**

S

Nombre
des
établissements.

Report.............................. **1750**

Sacré-Cœur (Dames et Sœurs du) : *M. M. à Paris*................................. **28**

                          Ardennes.......... (1)
                          Bouches-du-Rhône.. (2)
                          Cher.............. (1)
                          Côtes-du-Nord...... (1)
                          Doubs............. (1)
                          Finistère.......... (1)
                          Garonne (Haute-)... (1)
                          Gironde........... (1)
                          Hérault .... (1)
                          Ille-et-Vilaine...... (1)
                          Indre-et-Loire ..... (1)
                          Isère............. (1)
                          Loire-Inférieure.... (1)
                          Mayenne.......... (1)
                          Nord.............. (1)
                          Oise .... (1)
                          Pas-de-Calais...... (1)
                          Pyrénées-Orientales. (1)
                          Rhône .... (1)
                          Savoie............ (1)
                          Seine............. (2)
                          Sèvres (Deux-)..... (1)
                          Somme............ (2)
                          Vaucluse.......... (1)
                          Vienne............ (1)

—   dites **d'Ernemont** : *M. M. à Rouen*............................ **69**

                          Eure.............. (6)
                          Oise.............. (1)
                          Seine-Inférieure ... (62)

Sacré-Cœur de Jésus (Sœurs du) :
        M. M. à Coutances................................ **7**

                          Ille-et-Vilaine...... (1)
                          Manche............ (6)
        M. M. à Privas................................... **2**

                          Ardèche........... (2)
        M. M. à Saint-Aubin-Jouxte-Boulleng (Seine-Inférieure)...... **18**

                          Eure.............. (1)
                          Oise.............. (5)
                          Seine-Inférieure ... (11)
                          Seine-et-Oise....... (1)
        M. M. à Valence-d'Albigeois.......................... **1**

                          Tarn.............. (1)

Sacrés-Cœurs de Jésus et de Marie (Sœurs des) :
        M. M. à Mormaison............................... **2**

                          Sèvres (Deux-)...... (1)
                          Vendée............ (1)
        M. M. à Saint-Quay-Portrieux......................... **1**

                          Côtes-du-Nord...... (1)
        M. M. à Tournon................................. **2**

                          Ardèche........... (2)
        Communauté.................................... **1**

                          Drôme............ (1)

A reporter.......................... **1881**

Nombre
des
établissements.

Report.............................. 1881

Sacrés-Cœurs de Jésus et de Marie (Sœurs des) (*Suite*) :
—   dites de **Louvencourt** : *M. M. à Amiens*........................ 1
                Somme............ (1)

—   dites **du Saint-Esprit** : *Cammunauté*...................... 1
                Indre-et-Loire...... (1)

Sagesse (Filles de la) : *M. M. à Saint-Laurent-sur-Sèvre (Vendée)*................ 105
                Charente.......... (2)
                Charente-Inférieure (14)
                Côtes-du-Nord...... (3)
                Finistère.......... (3)
                Gironde........... (1)
                Ille-et-Vilaine..... (14)
                Loir-et-Cher........ (2)
                Loire-Inférieure.... (8)
                Loiret............. (5)
                Maine-et-Loire..... (4)
                Manche........... (5)
                Morbihan.......... (7)
                Nord.............. (1)
                Seine............. (1)
                Seine-et-Oise....... (1)
                Sèvres (Deux-)..... (7)
                Somme............ (1)
                Var............... (3)
                Vendée........... (11)
                Vienne............ (11)
                Vienne (Haute-).... (1) –

Sainte-Agnès (Sœurs de): *Communautés*................................ 2
                Nord.............. (1)
                Pas-de-Calais....... (1)

Saint-Aignan (Sœurs de) : *M. M. à Orléans*........................ 1
                Loiret............. (1)

Saint-Alexis (Sœurs de): *Communautés*............................. 4
                Vienne (Haute-)..... (4)

Sainte-Anne de la Providence (Hospitalières de) : *M. M. à Saint-Hilaire-Saint-Florent*
(*Maine-et-Loire*).. 10
                Charente.......... (1)
                Indre............. (1)
                Indre-et-Loire...... (2)
                Maine-et-Loire...... (5)
                Sèvres (Deux-)..... (1)

Saint-Charles (Sœurs de) :
         M. M. à Angers................................ 7
                Maine-et-Loire..... (7)
         M. M. à Lyon................................ 100
                Ain............... (8)
                Ardèche........... (4)
                Bouches-du-Rhône.. (1)
                Hérault........... (2)
                Isère............. (1)
                Loire............. (35)
                Nièvre............ (1)
                Rhône............ (43)
                Saône-et-Loire..... (4)
                Vaucluse.......... (1)
         M. M. à Nancy................................ 52
                Ardennes.......... (2)

                A reporter...................... 2164

		Nombre des établissements.
	Report.....................	**2164**
Saint-Charles (Sœurs de) (*Suite*) :		
	Jura.............. (1)	
	Marne............. (2)	
	Marne (Haute-)..... (5)	
	Meurthe-et-Moselle (19)	
	Meuse .... (13)	
	Vosges........... (10)	
Communauté...........		**1**
	Loire (Haute-)..... (1)	
Sainte-Clotilde (Dames de) : *M. M. à Paris*.........		**1**
	Seine............. (1)	
Saint-Cœur de Marie (Sœurs du) :		
M. M. à Béziers..........		**1**
	Hérault........... (1)	
M. M. à Gap...........		**2**
	Alpes (Hautes-)..... (1)	
	Côte-d'Or. .... (1)	
M. M. à Nancy...........		**1**
	Meurthe-et-Moselle. (1)	
M. M. à Treignac...........		**1**
	Corrèze. .... (1)	
Communautés...........		**3**
	Eure-et-Loir........ (1)	
	Maine-et-Loire...... (1)	
	Loir-et-Cher........ (1)	
— dites **de la Providence** : *Communauté*...........		**1**
	Sarthe. .... (1)	
Saints-Cœurs de Jésus et de Marie (Sœurs des), dites de **Notre-Dame des Chênes** : *M. M. à Paramé*...........		**1**
	Ille-et-Vilaine....... (1)	
Saint-Dominique (Sœurs de) :		
Communautés...........		**9**
	Loire (Haute-)...... (5)	
	Marne (Haute-)..... (1)	
	Meuse............ (1)	
	Vienne (Haute-).... (1)	
	Vosges............ (1)	
— dites **de Sainte-Catherine** : *Communauté*...........		**1**
	Loire (Haute-)...... (1)	
Sainte-Elisabeth (Dames de) : *Communauté*...........		**1**
	Seine............. (1)	
Sainte-Enfance (Sœurs de la), dites **des Ecoles chrétiennes** :		
M. M. à Versailles...........		**3**
	Seine-et-Oise....... (3)	
Sainte-Enfance de Jésus et de Marie (Sœurs de la) :		
M. M. à Nancy...........		**1**
	Meurthe-et-Moselle.. (1)	
M. M. à Sainte-Colombe, commune de Saint-Denis-lès-Sens....		**2**
	Yonne............ (2)	
Saint-Enfant-Jésus (Sœurs du) :		
M. M. à Reims...........		**4**
	Ardennes.......... (1)	
	Marne............ (3)	

A reporter.....................   **2197**

	Nombre des établissements.

Report............................ **2197**

Saint-Esprit (Filles et Hospitalières du) :
    M. M. à Saint-Brieuc............................ **40**
        Côtés-du-Nord..... (26)
        Finistère.......... (7)
        Loire-Inférieure .... (1)
        Morbihan........... (6)
    Communautés....................... **2**
        Jura.............. (1)
        Vosges............ (1)

Sainte-Famille (Sœurs de la) :
    M. M. à Amiens............................ **30**
        Nord............. (2)
        Oise.............. (1)
        Pas-de-Calais...... (19)
        Somme........... (8)
    M. M. à Besançon............................ **4**
        Cher.............. (1)
        Doubs............. (1)
        Nièvre............ (2)
    M. M. à Lyon............................ **1**
        Rhône............ (1)
    M. M. à Pezens............................ **2**
        Aude.............. (2)
    M. M. à Toulouse............................ **1**
        Garonne (Haute-)... (1)
    M. M. à Villefranche (Aveyron)............................ **11**
        Aveyron........... (5)
        Lot............... (2)
        Tarn-et-Garonne... (4)
    Communautés............................ **2**
        Nord.............. (1)
        Orne.............. (1)

Sainte-Famille de Nazareth (Sœurs de la) : *M. M. au Plan*............................ **2**
        Garonne (Haute-)... (2)

Saint-François (Sœurs de) ; *Communautés*............................ **4**
        Loire (Haute-)...... (2)
        Morbihan......... (1)
        Puy-de-Dôme...... (1)

Saint-François d'Assise (Sœurs de) :
    M. M. à Lyon............................ **2**
        Rhône............ (1)
        Saône-et-Loire...... (1)

  —   dites des **Récollets** : *Communauté*............................ **1**
        Maine-et-Loire ..... (1)

Saint-François-Régis (Sœurs de) : *M. M. à Aubenas*............................ **1**
        Ardèche........... (1)

Saint et Immaculé Cœur de Marie (Filles du) : *M. M. à Niort*............................ **4**
        Charente-Inférieure. (1)
        Sèvres (Deux-)..... (3)

Saint-Jacut (Sœurs de) : *M. M. à Saint-Jacut*............................ **1**
        Morbihan.......... (1)

Saint-Joseph (Sœurs de) :
    M. M. à Abbeville............................ **1**
        Somme .... (1)

A reporter........................ **2306**

		Nombre des établissements.
	Report....................	**2306**
Saint-Joseph (Sœurs de) (*Suite*) :		
M. M. *à Annecy*............		1
	Savoie (Haute-)...... (1)	
M. M. *à Bordeaux*.........		1
	Gironde............ (1)	
M. M. *à Bourg*............		33
	Ain............ (31)	
	Gironde............ (1)	
	Seine............ (1)	
M. M. *à Chambéry*....		2
	Savoie............ (2)	
M. M. *à Champagnole*........		1
	Jura............ (1)	
M. M. *au Cheylard*........		2
	Ardèche............ (2)	
M. M. *à Cusset*........		1
	Allier............ (1)	
M. M. *à Estaing*........		1
	Aveyron............ (1)	
M. M. *à Gap*........		1
	Alpes (Hautes-)...... (1)	
M. M. *à Lyon*............		153
	Allier............ (1)	
	Aude............ (1)	
	Corse............ (1)	
	Hérault............ (2)	
	Loire............ (71)	
	Pyrénées-Orientales. (1)	
	Rhône............ (73)	
	Saône-et-Loire...... (2)	
	Vienne............ (1)	
M. M. *à Moutiers*........		3
	Savoie............ (3)	
M. M. *à Oulias*........		8
	Tarn............ (7)	
	Tarn-et-Garonne.... (1)	
M. M. *au Puy*........		59
	Loire (Haute-)...... (59)	
M. M. *à Ruoms*........		1
	Ardèche............ (1)	
M. M. *à Saint-Étienne-de-Lugdarès*........		1
	Ardèche............ (1)	
M. M. *à Saint-Félicien*........		3
	Ardèche............ (3)	
M. M. *à Saint-Flour*........		8
	Cantal............ (7)	
	Puy-de-Dôme...... (1)	
M. M. *à Saint-Jean-de-Maurienne*........		1
	Savoie............ (1)	
M. M. *à Vanosc*........		1
	Ardèche............ (1)	
M. M. *aux Vans*........		2
	Ardèche............ (1)	
	Vaucluse............ (1)	
M. M. *à Veyreau*........		1
	Aveyron............ (1)	
Communautés............		65
	Ain............ (2)	
	Ardèche............ (1)	
	A reporter....................	**2655**

Nombre
des
établissements.

Report........................... 2655

Saint-Joseph (Sœurs de) (*Suite*) :

Cantal. .... (4)
Dordogne. .... (1)
Drôme............. (1)
Gard.............. (1)
Isère.............. (1)
Jura.............. (1)
Loire............. (39)
Maine-et-Loire...... (3)
Mayenne.......... (2)
Lot-et-Garonne..... (1)
Rhône. .... (3)
Sarthe. .... (1)
Seine-et-Marne. .... (1)
Sèvres (Deux-)..... (1)
Vaucluse.......... (2)

—   **dites de la Sainte-Famille** : *M. M. à Saint-Gervais-sur-Marc*........   1

Hérault .... (1)

—   **dites de l'Union** : *Communautés*.....................................   3

Aveyron .... (1)
Lot................. (2)

—   **dites des Vesseaux** : *M. M. à Aubenas*...........................   1

Ardèche............ (1)

Saint-Joseph de l'Apparition (Sœurs de) : *M. M. à Marseille*...................   1

Bouches-du-Rhône.. (1)

Saint-Joseph du Bon-Pasteur (Sœurs de) : *M. M. à Clermont*....................   48

Allier.............. (4)
Lozère............. (1)
Puy-de-Dôme..... (43)

Saint-Joseph de Cluny (Sœurs de) : *M. M. à Paris*...........................   14

Aude.............. (1)
Bouches-du-Rhône.. (1)
Drôme. .... (1)
Finistère........... (1)
Oise.............. (5)
Saône-et-Loire...... (1)
Seine. .... (2)
Seine-et-Marne. .... (2)

Saint-Joseph de Nazareth (Sœurs de) : *M. M. à Valenciennes*...................   1

Nord.............. (1)

Saint-Joseph de la Présentation (Sœurs de) : *M. M. à Verdun*....   1

Meuse.............. (1)

Saint-Joseph de la Providence (Sœurs de) : *Communautés*.....................   4

Charente-Inférieure. (1)
Creuse............. (1)
Loire-Inférieure .... (1)
Vienne (Haute-) .... (1)

Saint-Joseph de Tarbes (Sœurs de) : *M. M. à Cantaous, section de Tuzaguet*.........   11

Ariège .... (3)
Pyrénées (Hautes-). (8)

Saint-Joseph de l'Union ou Immaculée-conception de Marie (Sœurs de), dites de
Marie conçue sans péché: *Communauté*......................................   1

Aveyron............ (1)

A reporter............................   2741

 TABLE RÉCAPITULATIVE

Nombre
des
établissements.

Saint-Louis (Sœurs de) :   *Report*...................... 2741

      M. M. à Juilly............................ 1

              Seine-et-Marne..... (1)

  —   dites **Servantes de Jésus** : *Communautés*................. 2

              Calvados........... (2)

Sainte-Marie (Sœurs de) :

      M. M. à Paris............................ 2

              Seine .... (2)

      M. M. à Torfou............................ 2

              Maine-et-Loire ..... (1)
              Vendée .... (1)

  —   dites **de Saint-François** : *Communauté*............. 1

              Nord............. (1)

Sainte-Marie de Fontevrault (Sœurs de) : *Communautés*................. 3

              Gers .... (1)
              Loire (Haute-)...... (1)
              Maine-et-Loire...... (1)

Sainte-Marie de la Présentation (Filles de) : *M. M. à Broons*................. 4

              Côtes-du-Nord...... (3)
              Ille-et-Vilaine...... (1)

Sainte-Marie de la Providence (Sœurs de) : *M. M. à Saintes*................. 10

              Charente.......... (1)
              Charente-Inférieure. (7)
              Vienne........... (2)

Sainte-Marthe (Hospitalières et Sœurs de) :

      M. M. à Angoulême........................ 5

               Charente.......... (5)

      M. M. à Grasse........................... 1

               Alpes-Maritimes.... (1)

      M. M. à Périgueux........................ 8

               Dordogne.......... (6)
               Lot-et-Garonne..... (2)

      M. M. à Romans.......................... 6

               Drôme............ (4)
               Var.............. (2)

      Communautés............................ 31

              Ain.............. (4)
               Côte-d'Or.......... (1)
               Dordogne.......... (12)
               Loire............. (2)
               Rhône............ (3)
               Saône-et-Loire ..... (6)
               Seine............ (1)
               Sèvres (Deux-)..... (1)
               Vienne........... (1)

Saint-Martin (Sœurs de) :

      M. M. à Bourgueil........................ 1

               Indre-et-Loire ...... (1)

      Communauté............................ 1

               Alpes (Basses-)..... (1)

Saint-Nicolas (Hospitalières de) : *Communauté*................. 1

               Maine-et-Loire ..... (1)

Saint-Nom de Jésus (Sœurs du) :

      M. M. à Loriol........................... 1

               Drôme............ (1)

      M. M. à Toulouse........................ 4

               Garonne (Haute-)... (3)
               Pyrénées (Hautes-).. (1)

         A reporter.................. 2825

Nombre
des
établissements.

Report............................ 2825

Saint-Nom de Joseph (Sœurs du) : *M. M. à Mailhac*.................... 1
                                Aude.............. (1)

Saint-Paul (Sœurs de), dites de **Saint-Maurice** : *M. M. à Chartres*................ 38
                        Dordogne.......... (1)
                        Eure.............. (3)
                        Eure-et-Loir........ (17)
                        Loir-et-Cher........ (7)
                        Seine-et-Oise...... (10)

Sainte-Philomène (Sœurs de), *M. M. à Salvert commune, de Migné*................ 1
                        Vienne............ (1)

Saint-Pierre (Dames de), dites du **Sacré-Cœur de Jésus** : *Communauté*........... 1
                        Isère.............. (1)

Saint-Roch (Sœurs de) :
        M. M. à Felletin.................................... 2
                        Creuse............ (2)
        Communauté..................................... 1
                        Creuse............ (1)

Saint-Sacrement (Sœurs du) : *M. M. à Autun (Saône-et-Loire)*.............. 26
                        Aveyron.......... (1)
                        Isère.............. (1)
                        Jura.............. (2)
                        Loire............. (2)
                        Loire (Haute-)...... (1)
                        Rhône............. (2)
                        Saône-et-Loire..... (17)

Saint-Sépulcre (Sœurs du) : *Communauté*.......................... 1
                        Ardennes.......... (1)

Saint-Thomas de Villeneuve (Dames de) : *M. M. à Paris*................ 42
                        Bouches-du-Rhône.. (2)
                        Côtes-du-Nord...... (6)
                        Finistère.......... (5)
                        Ille-et-Vilaine..... (12)
                        Loire-Inférieure .... (1)
                        Manche........... (3)
                        Morbihan.......... (1)
                        Oise.............. (2)
                        Orne.............. (1)
                        Seine............. (1)
                        Seine-Inférieure .... (3)
                        Seine-et-Oise...... (3)
                        Sèvres (Deux-)..... (2)

Saint-Thomas de Villeneuve de Notre-Dame de Grâce (Hospitalières de) : *M. M. à
Aix*.. 7
                        Alpes-Maritimes.... (2)
                        Bouches-du-Rhône.. (3)
                        Gard.............. (1)
                        Vaucluse.......... (1)

Sainte-Union des Sacrés-Cœurs (Dames de la) : *M. M. à Sin-le-Noble*............ 6
                        Nord.............. (6)

Sainte-Vierge (Filles de la) : *Communauté*.......................... 1
                        Ille-et-Vilaine....... (1)

                        A reporter........................ 2952

TABLE RÉCAPITULATIVE

Nombre
des
établissements.

Nombre
des
établissements.

Report....................... 3007

Trinitaires (*Suite*) :

  M. M. à Valence................................ 12

        Alpes (Basses-)..... (1)
        Ardèche........... (1)
        Côtes-du-Nord...... (1)
        Drôme............ (5)
        Isère............ (3)
        Rhône........... (1)

  Communauté 1

        Manche.......... (1)

U

Union chrétienne (Sœurs de l') :

  M. M. à Fontenay-le-Comte 1

        Vendée............ (1)

  Communautés.................................... 3

        Lozère............ (1)
        Sèvres (Deux-)...... (1)
        Vienne............ (1)

Ursulines :

  M. M. à Arras.................................. 1

        Pas-de-Calais ...... (1)

  M. M. à Dijon.................................. 2

        Côte-d'Or.......... (2)

  M. M. à Montmartin............................. 1

        Doubs............. (1)

  M. M. à Rongères.............................. 1

        Allier .... (1)

    M. M. à Tours................................ 1

        Indre-et-Loire ...... (1)

  Communautés.................................... 104

        Ain............... (2)
        Alpes (Basses-)..... (1)
        Ardèche........... (2)
        Calvados.......... (2)
        Bouches-du-Rhône.. (1)
        Cher............. (1)
        Corrèze........... (4)
        Côte-d'Or.......... (4)
        Côtes-du-Nord...... (4)
        Dordogne.......... (1)
        Doubs............. (1)
        Eure.............. (1)
        Finistère .... (5)
        Gard............. (1)
        Gers............. (3)
        Gironde........... (3)
        Hérault .... (1)
        Ille-et-Vilaine ...... (4)
        Isère............. (6)
        Jura.............. (2)
        Landes .... (3)
        Loir-et-Cher........ (1)
        Loire.............. (2)
        Loire (Haute-)...... (1)
        Loire-Inférieure .... (1)

À reporter...................... 3134

Nombre
des
établissements.

Report...................................... **3134**

Ursulines (*Suite* :

Loiret	(2)
Lot.................	(1)
Lozère	(2)
Maine-et-Loire......	(1)
Manche	(2)
Mayenne...........	(1)
Morbihan	(4)
Nièvre.............	(2)
Nord..............	(3)
Orne..............	(1)
Pas-de-Calais.......	(3)
Puy-de-Dôme.......	(2)
Pyrénées (Basses-)..	(1)
Rhône.............	(4)
Seine..............	(1)
Seine-Inférieure....	(3)
Somme	(3)
Tarn-et-Garonne....	(3)
Vaucluse...........	(3)
Vendée............	(1)
Vienne (Haute-)....	(1)
Yonne.............	(3)

Ursulines, dites **Hospitalières de Notre-Dame de Pitié** : *Communauté*.......... **1**
               Vaucluse.......... (1)

Ursulines de Jésus :
       M. M. à Chavagnes-en-Paillers (Vendée)...................... **18**
               Charente........... (1)
               Charente-Inférieure. (4)
               Maine-et-Loire...... (4)
               Sèvres (Deux-)...... (1)
               Vendée............ (7)
               Vienne............ (1).
      M. M. à Malet, commune de Saint-Côme.................... **5**
               Aveyron............ (5)
      Communauté................................... **1**
               Var.............. (1)

Ursulines de la Présentation : *Communauté*.................. **1**
               Var.............. (1)

Ursulines du Sacré-Cœur : *M. M. à Pons*..................... **4**
               Charente-Inférieure. (4)

V

Verbe Incarné (Sœurs du) : *Communautés*...................... **7**
               Creuse............ (3)
               Indre............. (1)
               Rhône............. (1)
               Vienne (Haute-).... (2)

Visitation Sainte-Marie (Religieuses de la) : *Communautés*.................. **46**
               Ain............... (3)
               Alpes-Maritimes.... (1)
               Aube............. (1)
               Aveyron .... (1)

         A reporter........................ **3217**

Nombre
des
établissemenmts.

Report........................... **3217**

Visitation Sainte-Marie (Religieuses de la) (*Suite*) :

Bouches-du-Rhône.. (3)
Calvados.......... (1)
Cantal............. (2)
Côte-d'Or......... (1)
Dordogne......... (1)
Drôme............ (3)
Garonne (Haute-)... (1)
Isère............. (3)
Loire (Haute-)...... (2)
Loire-Inférieure..... (1)
Lot............... (1)
Marne............ (1)
Meurthe-et-Moselle.. (1)
Nièvre . ... (1)
Nord............. (1)
Pas-de-Calais....... (1)
Puy-de-Dôme...... (2)
Saône-et-Loire...... (3)
Savoie............ (1)
Savoie (Haute-)..... (2)
Seine............. (2)
Seine-Inférieure. ... (2)
Seine-et-Marne..... (1)
Somme............ (1)
Vienne............ (1)
Vienne (Haute-)..... (1)

Z

Zélatrices de la Sainte-Eucharistie (Dames) : *M. M. à Paris*.................. **1**

Seine............. (1)

Total............................ **3218**

ANNEXES DOCUMENTAIRES

ANNEXE N° 1

AVIS

RELATIF A LA QUESTION DE SAVOIR QUELS SONT LES ÉTABLISSEMENTS
CONGRÉGANISTES D'HOMMES AYANT LE DROIT DE SE DIRE AUTORISÉS

Le Conseil d'État,

Consulté par le Ministre de l'Intérieur et des Cultes sur la question de savoir si l'on peut considérer comme autorisés les établissements congréganistes d'hommes suivants:

1° Quatre associations ayant pour objet soit les missions à l'étranger ou aux colonies, soit la tenue des grands séminaires : les Lazaristes, les Missions étrangères, les prêtres du Saint-Esprit, la Compagnie des prêtres de Saint-Sulpice ;

2° Vingt et une associations vouées à l'enseignement, reconnues par ordonnances ou décrets et relevant du Ministère de l'Instruction publique ;

3° Les Frères des Ecoles chrétiennes ;

4° Cinq associations religieuses d'hommes ayant leur siège sur le territoire de la Savoie annexé à la France en 1860 ;

Vu les lois du 13-19 février 1790 et du 18 août 1792 ;

Vu la convention du 26 messidor an IX et l'article 11 de la loi organique du 18 germinal an X ;

Vu le décret du 3 messidor an XII ;

Vu la loi du 2 janvier 1817 ;

Vu l'article 109 du décret du 17 mars 1808, portant organisation de l'Université ;

Vu les ordonnances royales du 2 mars 1815, du 3 février 1816 et du 3 avril de la même année ;

Considérant que les congrégations religieuses, antérieurement à la Révolution, ne pouvaient être légalement fondées qu'en vertu de lettres patentes, dûment enregistrées au Parlement et rendues sur avis de l'Ordinaire ;

Que les lois des 13-19 février 1790 et 18 août 1792 ont dissous toutes les congrégations ou associations religieuses existant à cette époque ;

Considérant que la convention du 26 messidor an IX n'a apporté aucune modification à cet état de choses et ne contient aucune disposition sur les congrégations ; que ce silence s'explique d'autant mieux que, dans l'organisation ecclésiastique telle qu'on la rétablissait, les évêques nommés par le Gouvernement sont seuls chargés d'exercer l'autorité religieuse en France ; que l'article 11 de la loi du 18 germinal an X n'a laissé subsister que les établissements ecclésiastiques qu'elle mentionne expressément et parmi lesquels les congrégations ne figurent pas ;

Considérant enfin que la loi du 2 janvier 1817 a proclamé la nécessité d'un acte du législateur pour reconnaître la capacité civile à tout établissement ecclésiastique ;

Qu'il résulte de ce qui précède que les congrégations religieuses d'hommes ne peuvent recevoir l'existence légale que d'une autorisation législative ;

Considérant toutefois qu'entre la loi du 18 germinal an X et celle du 2 janvier 1817, un décret du 3 messidor an XII ayant force de loi avait reconnu au Gouvernement le droit d'autoriser les congrégations ou associations religieuses, sous la condition que leurs statuts seraient examinés et visés ;

Que les principes ci-dessus rappelés doivent servir de base à l'examen de la situation légale des diverses congrégations faisant l'objet du présent avis ;

En ce qui concerne les Lazaristes, les Missions étrangères et les prêtres de Saint-Sulpice :

Considérant que les associations des Lazaristes et des Missions étrangères se sont reconstituées en vertu des décrets du 7 prairial an XII et du 2 germinal an XIII ; que si ces décrets ont été annulés par le décret du 26 septembre 1809, cet acte a été rapporté à son tour, en tant qu'il supprimait ces deux congrégations, par les ordonnances du 2 mars 1815 et du 3 février 1816, lesquelles en ont autorisé à nouveau l'existence ;

Qu'une ordonnance du 3 avril 1816 a, en outre, rétabli l'association des prêtres de Saint-Sulpice ;

Qu'en donnant ces autorisations, le Gouvernement a usé du droit que lui reconnaissait le décret du 3 messidor an XII ; qu'à la vérité, les décrets et ordonnances précités ne contiennent aucune mention relative aux statuts des congrégations auxquelles ils s'appliquent, mais que lesdites congrégations, par le fait du Gouvernement lui-même qui leur a constitué des dotations, attribué des immeubles, donné des autorisations de tutelle, ont joui dès l'origine de la capacité civile ;

Considérant que cette capacité civile a été confirmée à leur profit par la loi du 2 janvier 1817 ;

Qu'en effet, il ressort des déclarations du Ministre de l'Intérieur et du Rapporteur à la Chambre des députés que, si la loi exige un acte du législateur pour donner dans l'avenir la personnalité civile aux établissements ecclésiastiques, il rentre néanmoins dans ses prévisions de consacrer la légalité des établissements dont l'existence est fondée sur des actes antérieurs du Gouvernement ; que la jurisprudence administrative et la jurisprudence judiciaire ont été d'accord jusqu'à ce jour pour admettre leur capacité civile ;

Que, dans ces conditions, l'existence légale des congrégations des Lazaristes, des Missions étrangères et de Saint-Sulpice est suffisamment établie ;

Considérant, d'ailleurs, qu'il résulte des dispositions ci-dessus visées que l'association des Lazaristes et celle des Missions étrangères ne peuvent posséder qu'un seul établissement et n'ont d'autre objet que d'organiser des missions hors de France ; que la Congrégation des prêtres de Saint-Sulpice n'a été autorisée qu'en vue d'assurer le service des séminaires qui lui sont confiés ;

En ce qui concerne les associations enseignantes :

Considérant que l'article 31 de la loi du 15 mars 1850, en accordant aux supérieurs des associations religieuses reconnues comme établissements d'utilité publique le droit de présentation aux emplois d'instituteurs communaux, n'a nullement dérogé aux principes qui régissent les congrégations ;

Que les associations en question ne sauraient invoquer les décrets ou ordonnances qui, postérieurement à la date du 2 janvier 1817, les ont admises à jouir des droits accordés par les lois aux associations vouées à l'enseignement ou même les ont explicitement reconnues comme établissements d'utilité publique, pour soutenir qu'elles ont été constituées de ce fait en congrégations autorisées ;

Qu'un décret rendu à cette époque ne pouvait, en effet, reconnaître valablement des associations qui, à raison de leur nature et de la qualité des personnes qui les composent, sont régies par des lois spéciales ;

Que, dès lors, les associations enseignantes admises à fournir des instituteurs communaux ou reconnues d'utilité publique par des décrets ou ordonnances postérieurs à la loi du 2 janvier 1817 ne sauraient être considérées comme des établissements reconnus au sens de cette dernière loi ;

En ce qui concerne les Frères des Ecoles chrétiennes :

Considérant que l'article 109 du décret du 17 mars 1808, rendu en exécution de la loi du 10 mai 1806, porte : « Les Frères des Ecoles chrétiennes seront brevetés et encouragés par le Grand-Maître, qui visera leurs statuts intérieurs, les admettra au serment, leur prescrira un habit particulier et fera surveiller leurs écoles. Les supérieurs de ces congrégations pourront être membres de l'Université » ;

Que ce texte, en même temps qu'il incorpore à l'Université les Frères des Ecoles chrétiennes, constitue en faveur de leur association une véritable autorisation au sens de l'article 4 du décret précité du 3 messidor an XII, dont il a réalisé les conditions ;

Qu'aucune loi ni aucun règlement n'ont retiré aux Frères des Ecoles chrétiennes l'exercice de l'enseignement en vue duquel ils ont été reconnus, ni l'autorisation qui leur a été conférée par les textes susvisés ;

Que si, conformément à ce qui précède, l'Institut des Frères des Ecoles chrétiennes jouit de l'existence légale et peut être autorisé à accepter des libéralités en faveur de ses écoles dans la mesure où le Gouvernement estime que les besoins de l'enseignement légitiment leur fonctionnement, aucune disposition ne permet d'étendre à ces écoles le bénéfice de la personnalité civile attachée à l'Institut,

Est d'avis :

Que les associations de Saint-Lazare, des Missions étrangères, des prêtres de Saint-Sulpice, des Frères des Ecoles chrétiennes peuvent être considérées comme des congrégations religieuses légalement autorisées.

Cet avis a été délibéré et adopté par le Conseil d'Etat, dans sa séance du 16 janvier 1901.

Le Conseiller d'Etat, Rapporteur,   *Le Vice-Président du Conseil d'Etat,*
    SAISSET-SCHNEIDER.   G. COULON.

Le Maître des Requêtes,
Secrétaire général du Conseil d'Etat,
Marcel TRÉLAT.

ANNEXE N° 2

AVIS

RELATIF A LA QUESTION DE SAVOIR QUELS SONT LES ÉTABLISSEMENTS
CONGRÉGANISTES D'HOMMES AYANT LE DROIT DE SE DIRE AUTORISÉS

Le Conseil d'Etat,

Consulté par le Ministre de l'Intérieur et des Cultes sur la situation légale de divers établissements congréganistes d'hommes,

Vu l'avis du 16 janvier 1901, par lequel le Conseil se prononce définitivement sur les associations de Saint-Lazare, des Missions Etrangères, des prêtres de Saint-Sulpice, les associations enseignantes, les Frères des Ecoles chrétiennes, et surseoit à l'égard des prêtres du Saint-Esprit et de cinq associations religieuses d'hommes de la Savoie;

Vu les lois du 13-19 février 1790 et du 18 août 1792;

Vu la convention du 26 messidor an IX et l'article 11 de la loi organique du 18 germinal an X;

Vu le décret du 3 messidor an XII;

Vu la loi du 2 janvier 1817;

Vu l'ordonnance royale du 3 février 1816;

Vu le traité de Turin du 24 mars 1860, promulgué par le décret du 11 juin suivant, le sénatus-consulte du 12 juin 1860 et la convention du 23 août 1860, promulguée par décret du 21 novembre de la même année;

Vu le décret du 20 décembre 1860, qui met fin aux litiges auxquels avait donné lieu l'application du décret royal annexé à la loi sarde du 29 mai 1855;

Vu le protocole réservé du 10 août 1860, joint au traité de Turin et relatif à l'établissement religieux privé de Haute-Combe;

Vu l'acte international du 19 février 1863 intervenu entre la France et l'Italie et concernant le même établissement;

Vu les autres pièces jointes au dossier;

En ce qui concerne les prêtres du Saint-Esprit :

. . . .

En ce qui concerne les associations religieuses de la Savoie :

Considérant que les établissements de religieux de l'ordre de Saint-François, à Chambéry et à Yenne, des Cisterciens, à Albertville, et des missionnaires de Saint-François-de-Sales, à Annecy, n'ont été reconnus par aucune loi française;

Que s'ils ont fait l'objet d'une série de lettres-patentes, accordées de 1818 à 1842 par les rois de Sardaigne, ces actes ne sauraient être invoqués utilement comme constituant au profit de ces associations un titre de reconnaissance légale ;

Qu'en effet, il est de principe que la législation française dans son ensemble est applicable à toutes les parties du territoire français et que, par suite, elle régit nécessairement les territoires qui y sont incorporés, sauf le cas exceptionnel où des dérogations auraient été expressément stipulées dans les actes diplomatiques intervenus au moment de la cession ;

Que, lors de la cession de la Savoie et du comté de Nice, nulle exception n'a été faite en ce qui touche le régime légal des congrégations religieuses et qu'aucune stipulation particulière n'est intervenue au sujet des associations dont il s'agit ;

Qu'on prétendrait vainement que l'article 7 de la convention du 23 août 1860 a eu pour effet de leur conférer une autorisation implicite ; que cet article a eu exclusivement en vue les biens susceptibles de revenu qui appartenaient aux collèges et établissements publics jouissant de subventions ou de bourses de l'État, et qu'il n'a été fait de réserve en faveur des congrégations ni dans cet article 7, ni dans aucune autre disposition de ladite convention ;

Sur l'établissement religieux privé de Haute-Combe :

Considérant que les règles ci-dessus rappelées sont applicables à l'établissement de Haute-Combe, mais qu'il y a lieu de retenir les réserves résultant, pour les religieux, du protocole joint au traité du 24 mars 1860 et de l'acte international signé à Paris le 19 février 1863 ;

Que si ces actes n'ont pu avoir pour effet de transformer un établissement privé dépendant du domaine de la Couronne d'Italie et confié par elle à la garde des religieux capucins en un établissement ecclésiastique reconnu par la loi française et jouissant de la personnalité civile, ils ont néanmoins garanti aux religieux leur maintien à Haute-Combe, dans les conditions prévues à l'acte international du 19 février 1863, en tant que lesdits religieux sont chargés de la conservation des tombes de la famille royale de Savoie et de l'accomplissement des charges de la fondation du roi Charles-Félix,

Est d'avis :

Que l'association du Saint-Esprit. . . . .
Que les associations des religieux de l'ordre de Saint-François, à Chambéry, Yenne, Haute-Combe ; des Cisterciens, à Albertville ; des missionnaires de Saint-François-de-Sales, à Annecy, n'ont pas le titre de congrégations autorisées, sous les réserves, pour les religieux de l'établissement privé de Haute-Combe, des dispositions des actes diplomatiques du 10 août 1860 et du 19 février 1863.

Cet avis a été délibéré et adopté par le Conseil d'État, dans sa séance du 14 février 1901.

<table>
<tr><td>

Le Conseiller d'Etat, Rapporteur,
SAISSET-SCHNEIDER.

</td><td>

Le Vice-Président du Conseil d'Etat,
G. COULON.

</td></tr>
</table>

Le Maître des Requêtes,
Secrétaire général du Conseil d'Etat,
MARCEL TRÉLAT.

ANNEXE N° 3

AVIS

Le Conseil d'Etat qui, sur le renvoi ordonné par le Ministre de l'Intérieur et des Cultes, a pris connaissance d'un mémoire, en date du 30 mars 1901, présenté au nom de l'association du Saint-Esprit et tendant à revendiquer pour cette association le titre de congrégation autorisée ;

Vu l'avis du Conseil d'Etat du 14 février 1901 ;

Vu les pièces nouvelles produites et jointes au dossier ;

Considérant que l'avis du 14 février 1901 porte que la congrégation du Saint-Esprit, autorisée en 1726, supprimée par la loi du 18 août 1792, rétablie en vertu du décret du 2 germinal an XIII, supprimée à nouveau par le décret du 26 septembre 1809, a été reconstituée par l'ordonnance du 3 février 1816 ; qu'elle a, dès l'origine, joui de la capacité civile, comme les associations de Saint-Lazare et des Missions Etrangères, et que cette capacité civile a été également confirmée à son profit par la loi du 2 janvier 1817 ;

Considérant, d'une part, qu'aucune disposition législative n'a modifié la situation légale de cette congrégation ;

Considérant, d'autre part, qu'il est établi par les nouveaux documents joints au dossier que la congrégation du Saint-Esprit a continué d'exister en fait et qu'elle a procédé, à différentes époques, avec l'approbation des pouvoirs publics, aux actes que lui permettait d'accomplir sa personnalité morale ; que, dans ces conditions, l'existence légale de cette congrégation est suffisamment justifiée ;

Que, d'ailleurs, la congrégation ne saurait se prévaloir de son titre pour changer les conditions ou le but de son institution,

Est d'avis :

Que l'association du Saint-Esprit peut être considérée comme une congrégation religieuse légalement autorisée.

Cet avis a été délibéré et adopté par le Conseil d'Etat, dans sa séance du 1er août 1901.

Le Conseiller d'Etat, Rapporteur,
SAISSET-SCHNEIDER.

Le Vice-Président du Conseil d'Etat,
G. COULON.

Le Maître des Requêtes,
Secrétaire général du Conseil d'Etat,
MARCEL TRÉLAT.

ANNEXE N° 4

AVIS

SUR UN PROJET DE DÉCRET TENDANT A AUTORISER LE CONSEIL DE DIRECTION DE L'ASSOCIATION DES DAMES PROTESTANTES, EXISTANT A PARIS, RUE DE REUILLY, N° 95, SOUS LA DÉNOMINATION D'*INSTITUTION DES DIACONESSES*, A ACCEPTER UNE DONATION FAITE A CETTE INSTITUTION.

Le Conseil d'Etat qui, sur le renvoi ordonné par le Ministre de l'Intérieur et des Cultes, a pris connaissance du projet de décret tendant à autoriser le Conseil de direction de l'Association des Dames protestantes, existant à Paris, rue de Reuilly, n° 95, sous la dénomination d'*Institution des Diaconesses*, à accepter la donation faite à cette association par M. Conquéré de Montbrison et Mmes Arnold et Olivier Perrée de la Villestreux.

Vu la loi du 18 germinal an X et les articles organiques des cultes protestants;

Vu la loi du 2 janvier 1817;

Vu la loi du 24 mai 1825;

Vu le décret du 31 janvier 1852;

Vu la loi du 1er juillet 1901;

Vu le décret du 1er février 1860;

Ensemble les statuts de l'association annexés audit décret;

Considérant qu'en raison des conditions de son organisation et de son fonctionnement l'Association des Dames protestantes, existant sous la dénomination d'*Institution des Diaconesses*, présente le caractère d'une congrégation;

Considérant que, dans ces circonstances, le décret du 1er février 1860, en reconnaissant d'utilité publique ladite association qui, d'ailleurs, ne se trouve dans aucun cas prévu par la loi du 24 mai 1825 ou le décret du 31 janvier 1852, ne saurait avoir eu pour conséquence de lui conférer la personnalité civile;

Considérant enfin qu'il n'est pas justifié d'une autorisation accordée dans les formes prévues par la loi du 1er juillet 1901 sur le contrat d'association,

Est d'avis:

Que l'Association des Dames protestantes, existant sous la dénomination d'*Institution des Diaconesses*, n'ayant pas la personnalité civile, il n'y a pas lieu de statuer sur le projet de décret.

Cet avis a été délibéré et adopté par le Conseil d'Etat, dans ses séances des 3 et 9 juillet 1902.

Le Maître des Requêtes, Rapporteur,
R. DE MOUY.

Le Vice-Président du Conseil d'Etat,
G. COULON.

Le Maître des Requêtes,
Secrétaire général du Conseil d'Etat,
MARCEL TRÉLAT.

ANNEXE N° 5

AVIS

Le Conseil d'Etat qui, sur le renvoi ordonné par le Ministre de l'Intérieur et des Cultes, a examiné la question de savoir si une congrégation religieuse de femmes peut être reconnue par décret alors qu'elle adopte, dans leur ensemble, sous réserve d'une légère modification, les statuts d'une congrégation antérieurement reconnue,

Vu la loi du 24 mai 1825 et le décret du 31 janvier 1852 ;

Considérant que si, aux termes de l'article 1er du décret du 31 janvier 1852, les congrégations religieuses de femmes peuvent être autorisées par décret du Président de la République, c'est à la condition expresse qu'elles déclareront adopter des statuts exactement conformes à des statuts déjà vérifiés et enregistrés en Conseil d'Etat et approuvés pour d'autres communautés religieuses ;

Que cette disposition exceptionnelle, qui constitue une dérogation aux principes de droit public posés par la loi du 24 mai 1825, doit être entendue dans son sens le plus strict et que, par suite, une congrégation ne saurait en invoquer le bénéfice que dans le cas où, poursuivant un but identique à celui que s'est assigné la congrégation dont elle déclare accepter le régime légal, elle ne s'écarte sur aucun point des statuts déjà examinés et approuvés en Conseil d'Etat,

Est d'avis :

Qu'il y a lieu de répondre dans le sens des observations qui précèdent.

Cet avis a été délibéré et adopté par le Conseil d'Etat dans sa séance du 3 mai 1900.

Le Maître des Requêtes, Rapporteur,
CH. MOURIER.

Le Vice-Président du Conseil d'Etat,
G. COULON.

Le Maître des Requêtes,
Secrétaire général du Conseil d'Etat,
MARCEL TRÉLAT.

ANNEXE N° 6

EXTRAIT DU *MONITEUR UNIVERSEL* DU 11 FÉVRIER 1825 [1]

CHAMBRE DES PAIRS

(*Séance du 8 février*)

La délibération est reprise au point où elle s'est arrêtée, c'est-à-dire sur l'article 4 du projet de loi. Voici les termes de cet article :

« Art. 4. — Les congrégations et les établissements reconnus ne pourront, sans l'autorisation spéciale du roi :

« 1° Accepter les biens meubles et immeubles qui leur auraient été donnés par acte entre vifs ou par acte de dernière volonté ;

« 2° Acquérir à titre onéreux des biens immeubles ou des rentes ;

« 3° Aliéner les biens immeubles ou les rentes dont ils seraient propriétaires. »

M. le Président observe qu'aucun changement à ces dispositions n'a été proposé par le rapporteur de la Commission spéciale, mais que, par un double amendement, déposé aujourd'hui même sur le bureau, un noble pair propose de modifier ainsi qu'il suit les deux premiers paragraphes de l'article :

« Les **établissements** dûment autorisés pourront, avec l'autorisation spéciale du roi :

« 1° Accepter les biens meubles et immeubles qui leur seraient donnés par acte entre vifs ou par acte de dernière volonté, à titre particulier seulement. »

L'auteur de cet amendement (*M. le vicomte Lainé*) obtient la parole pour en exposer les motifs.

« La modification qu'il propose au paragraphe 1er n'a pas seulement pour objet d'en rendre la rédaction plus claire par l'emploi d'une locution affirmative, toujours préférables aux équivoques que peut entraîner une disposition en forme négative ; son but principal est de retrancher de l'article le mot de **congrégation**. L'idée d'une congrégation lorsqu'elle n'est pas jointe à celle d'un établissement particulier, ne présente, il faut le dire, qu'un sens abstrait et incertain. On comprend mal ce que serait une congrégation, sans établissement, et l'on comprend encore moins comment une pareille congrégation pourrait acquérir et posséder. Le seul moyen d'entendre la disposition du projet serait d'en faire résulter la possibilité d'une possession collective commune à tous les établissements d'une même congrégation. Mais telle n'a pas été sans doute l'intention des rédacteurs du projet, et l'on ne voudra pas apparemment donner aux divers ordres de religieuses une capacité *qui rendrait nécessaire pour chacune d'elles une* **administration centrale** en dehors des établissements particuliers, ce qui ne pourrait être admis sans de graves inconvénients. En règle générale, les libéralités ne peuvent être faites qu'au

---

1. Page 172.

profit d'un établissement particulier, et l'on n'admettrait pas, par exemple, une donation faite à l'Eglise de *France*. Pourquoi en serait-il autrement à l'égard des congrégations, et de quelle utilité pourrait être une pareille latitude?

Le mot **congrégation** doit donc être supprimé. Quant à l'expression de *reconnu*, que le projet emploie, elle peut, jusqu'à un certain point, présenter quelque vague et paraître insuffisante pour exprimer l'idée d'une autorisation régulière. C'est pour cette raison que le noble pair propose d'y substituer celle de *dûment autorisé*.

. . . .

Les deux amendements proposés par le noble pair sont successivement mis aux voix et adoptés.

ANNEXE N° 7

AVIS

SUR DES QUESTIONS RELATIVES A LA PERSONNALITÉ CIVILE
DES CONGRÉGATIONS RELIGIEUSES

Le Conseil d'Etat qui, sur le renvoi ordonné par M. le Ministre de la Justice et des Cultes, a pris connaissance d'une demande d'avis sur la question de savoir :

1° Si un établissement principal ou maison mère d'une congrégation religieuse de femmes autorisée peut disposer, pour ses besoins, des biens régulièrement acquis ou possédés par les établissements particuliers;

2° *A contrario*, si l'établissement principal peut disposer des biens formant son patrimoine pour les besoins des établissements particuliers, ou encore emprunter en son nom seul pour venir en aide à un ou plusieurs desdits établissements;

3° Si, dans les actes de la vie civile, un établissement particulier, lequel a une supérieure locale, doit être représenté par cette supérieure et en vertu d'une délibération du conseil d'administration dudit établissement, ou si la supérieure générale seule doit intervenir, après délibération seulement du conseil d'administration de l'établissement principal;

Vu la dépêche ministérielle du 2 mars 1891;

Vu la loi du 24 mai 1825;

Sur la première question :

Considérant que la loi du 24 mai 1825, en disposant, dans l'article 4, que « les établissements dûment autorisés » des congrégations religieuses de femmes pourront, avec l'autorisation spéciale du Gouvernement, accepter des dons et legs, acquérir à titre onéreux ou aliéner des biens immeubles et des rentes, indique nettement que la congrégation religieuse autorisée ne constitue pas une personne morale unique ayant un patrimoine collectif qui serait commun à tous les établissements dépendant de cette congrégation ; qu'au contraire la loi précitée attribue la personnalité civile à chacun de ces établissements dûment autorisés;

Que, d'ailleurs, la discussion de la loi à la Chambre des pairs (séance du 8 février 1825), et notamment la suppression du mot « congrégations » inséré dans le texte primitif de l'article 4, ne laissent subsister aucun doute sur le sens de cette disposition[1];

Considérant que chaque établissement particulier étant ainsi doté par la loi, lorsqu'il a été spécialement autorisé, d'une existence juridique séparée et de la capacité de posséder, doit, par suite, être considéré comme seul propriétaire des biens qu'il a régulièrement

---

1. Voir *Annexe n° 6.*

acquis en son nom, et comme ayant seul qualité pour en disposer avec l'autorisation du Gouvernement;

Que la maison mère d'une congrégation n'est elle-même, en ce qui concerne la faculté d'acquérir et de disposer, qu'un établissement distinct, plus important en fait que les autres maisons qui lui sont rattachées au point de vue de la discipline, mais n'ayant comme elles que la capacité de faire les actes relatifs à son propre patrimoine;

Sur la deuxième question :

Considérant qu'on ne pourrait s'appuyer sur le texte ni sur l'esprit général de la loi du 24 mai 1825 pour dénier à l'établissement principal le droit de recourir à l'aliénation d'un de ces biens propres ou à un emprunt pour venir en aide aux établissements particuliers de sa congrégation, lorsque ceux-ci ont des besoins auxquels ils ne peuvent pourvoir eux-mêmes;

Considérant qu'une semblable faculté n'est point incompatible avec les dispositions de la loi précitée; qu'en effet elle laisse subsister intacte la règle essentielle de la séparation des patrimoines entre les divers établissements d'une même congrégation; que d'autre part, il n'est pas à craindre qu'elle donne lieu à des abus, puisque le Gouvernement est toujours appelé à en contrôler l'exercice;

Sur la troisième question :

Considérant qu'en garantissant aux établissements autorisés d'une congrégation une personnalité juridique et la capacité de posséder, la loi du 24 mai 1825 a implicitement prévu l'existence d'une administration propre et une représentation distincte pour chacun de ces établissements;

Qu'il suit de là que les actes de la vie civile qui concernent les établissements particuliers doivent être passés non par la supérieure générale de la congrégation, mais par leur supérieure locale préalablement autorisée par une délibération de leur conseil d'administration;

Qu'à la vérité, l'ordonnance du 2 avril 1817 porte que les dons et legs faits au profit des associations religieuses sont acceptés par les supérieurs de ces associations; mais, qu'à supposer que ce texte doive être interprété comme conférant à la supérieure générale le droit de représenter tous les établissements de la congrégation, il a été nécessairement modifié dans son application par la loi du 24 mai 1825, dont le sens et la portée ont été ci-dessus précisés,

Est d'avis :

Sur la première question, que, dans les congrégations religieuses de femmes à supérieure générale, l'établissement principal ou maison mère ne peut pas disposer des biens régulièrement acquis ou possédés par un établissement particulier dûment autorisé;

Sur la deuxième question, que l'établissement principal d'une congrégation peut être autorisé à disposer des biens qui lui appartiennent en propre ou à emprunter en son nom pour les besoins des établissements particuliers légalement reconnus;

Sur la troisième question, que, dans les actes de la vie civile, chaque établissement particulier doit être représenté non par la supérieure générale de la congrégation, mais par sa supérieure locale préalablement autorisée par son conseil d'administration.

Cet avis a été délibéré et adopté par le Conseil d'Etat, dans ses séances des 28 mai et 4 juin 1891.

Le Maître des Requêtes, Rapporteur,
BIENVENU MARTIN.

Le Vice-Président du Conseil d'Etat,
ED. LAFERRIÈRE.

Le Maître des Requêtes,
Secrétaire général du Conseil d'Etat,
ABEL FLOURENS.

ANNEXE N° 8

NOTE

La Section de l'Intérieur, des Cultes, de l'Instruction publique et des Beaux-Arts du Conseil d'Etat, qui a pris connaissance d'un projet de décret tendant notamment à autoriser la supérieure générale des Sœurs du Saint-Cœur de Marie à accepter le legs gratuit d'une somme de 1.000 francs fait par la demoiselle Puirajoux, à l'établissement des Sœurs de cet ordre fondé à Thiviers (Dordogne), par décret du 5 février 1870, n'a point pensé que ce décret qui contient seulement l'autorisation d'acquérir des immeubles ait pu, en l'absence des formalités exigées par les dispositions combinées de la loi du 24 mai 1825 et de l'article 3 du décret du 31 janvier 1852, conférer à l'établissement de Thiviers la personnalité civile. La Section a cru devoir, en conséquence, remplacer l'article 1er du projet de décret par une disposition portant qu'il n'y a pas lieu de statuer sur l'acceptation d'un legs fait à un établissement non légalement reconnu.

Félix Cottu, Rapporteur.

ANNEXE N° 9

Paris, le 21 octobre 1901.

Monsieur le Recteur,

Aux termes de l'article 29 du règlement d'administration publique du 16 août dernier, rendu en exécution de la loi du 1ᵉʳ juillet 1901 relative au contrat d'association, « dans tout établissement d'enseignement privé, de quelque ordre qu'il soit, relevant ou non d'une association ou d'une congrégation, il doit être ouvert un registre spécial destiné à recevoir les noms, prénoms, nationalité, date et lieu de naissance des maîtres et employés, l'indication des emplois qu'ils occupaient précédemment et des lieux où ils ont résidé, ainsi que la nature et la date des diplômes dont ils sont pourvus.

« Le registre est représenté sans déplacement aux autorités administratives, académiques ou judiciaires, sur toute réquisition de leur part. »

Ainsi que l'expose le rapport au Président de la République qui précède le décret, ces dispositions ont pour objet d'assurer l'exécution de l'article 14 de la loi, en vertu duquel « nul n'est admis à diriger, soit directement, soit par personne interposée, un établissement d'enseignement, de quelque ordre qu'il soit, ni à y donner l'enseignement, s'il appartient à une congrégation religieuse non autorisée ».

D'après l'article 31 du même règlement, le registre prévu par l'article 26 doit être « coté par première et par dernière, et paraphé sur chaque feuille par l'Inspecteur d'académie ou par son délégué. Les inscriptions sont faites de suite et sans aucun blanc ».

Je vous prie, Monsieur le Recteur, de donner des instructions pour que le registre dont il s'agit soit établi, dans les formes prévues, dans tous les établissements d'enseignement privé, supérieur, secondaire et primaire de votre ressort, et de veiller à ce que, dans la suite, il soit tenu régulièrement.

Recevez, Monsieur le Recteur, l'assurance de ma considération très distinguée.

Le Ministre de l'Instruction publique
et des Beaux-Arts,
Georges Leygues.

ANNEXE N° 10

Paris, le 25 novembre 1901.

Monsieur le Préfet,

L'article 27 du décret du 16 août 1901 portant règlement d'administration publique pour l'exécution de la loi du 1er juillet 1901 sur le contrat d'association, dispose que « chaque préfet consigne par ordre de date sur un registre spécial toutes les autorisations de tutelle ou autres qu'il est chargé de notifier et, quand ces autorisations sont données sous sa surveillance et son contrôle, il y mentionne expressément la suite qu'elles ont reçue ».

Je vous prie de me faire connaître les mesures que vous avez dû prendre pour assurer l'exécution de cette disposition.

Il importe que vous fassiez ouvrir sans tarder dans vos bureaux, si vous n'y avez déjà pourvu, le registre spécial où seront consignées par ordre de date, à compter du 16 août dernier, *toutes* les autorisations de tutelle, et chacun des refus d'autorisation que vous êtes chargé de notifier aux établissements congréganistes. Chaque fois que la décision intervenue comporte des suites appelant votre contrôle, vous ne devez vous en désintéresser qu'après vous être assuré de leur exécution et les avoir mentionnées sur le registre précité.

Si les établissements ne vous fournissaient pas d'eux-mêmes les justifications dont la production leur incombe, vous ne devriez pas manquer de les leur réclamer en temps utile, non plus que de vous éclairer au besoin par tous autres moyens d'information. Si vous constatiez qu'il a été contrevenu à quelqu'une des dispositions prescrites, vous auriez soin de m'en informer immédiatement. Enfin, vous prêterez une attention particulière aux actes de tutelle dont la mise à exécution implique de longs délais (emploi d'une somme après capitalisation des revenus ; vente d'un immeuble ajournée à l'époque de l'extinction de l'usufruit ou de l'expiration des baux, etc.).

Je me réserve, au surplus, de vous demander, à des époques indéterminées, un extrait plus ou moins étendu du registre prescrit, afin de m'assurer par moi-même qu'il est tenu avec tout le soin et toute la vigilance nécessaires, et qu'il a été satisfait au vœu de la loi.

Recevez, Monsieur le Préfet, l'assurance de mes sentiments très distingués.

> *Le Président du Conseil,*
> *Ministre de l'Intérieur et des Cultes,*
> Waldeck-Rousseau.

ANNEXE N° 11

Paris, le 16 février 1903.

Monsieur le Préfet,

Aux termes de la loi du 1er juillet 1901 sur le contrat d'association et du décret du 16 août suivant, portant règlement d'administration publique pour l'exécution de ladite loi, les congrégations religieuses autorisées, indépendamment du registre spécial aux établissements d'enseignement privé qui a fait l'objet de la circulaire de M. le Ministre de l'Instruction publique du 21 octobre 1901, sont tenues de consigner sur des registres:

1° Tous les changements survenus dans leur administration ou direction, ainsi que toutes les modifications apportées à leurs statuts (art. 5 de la loi; art. 6 et 30 du décret);

2° La liste complète de leurs membres, mentionnant leur nom *patronymique*, ainsi que le nom sous lequel ils sont désignés dans la congrégation, leurs nationalité, âge, lieu de naissance et la date de leur entrée (art. 15 de la loi; art. 26 du décret);

3° Un état de leurs recettes et dépenses (art. 15 de la loi; art. 26 du décret);

4° Le compte financier de l'année écoulée (mêmes articles);

5° L'état inventorié, dressé chaque année, de leurs biens meubles et immeubles (mêmes articles).

Il est évident que ces prescriptions légales ont un caractère d'ordre général et s'imposent aux établissements particuliers comme à l'établissement principal ou maison mère.

Le mot *congrégation*, dans l'article 15, a été employé comme dans beaucoup d'autres articles de la même loi dans son acception la plus commune, qui équivaut à *maison congréganiste* ou *établissement congréganiste*.

Les droits du Gouvernement pour être efficaces doivent, en effet, s'exercer vis-à-vis de chaque établissement, car c'est surtout sur les maisons situées dans le territoire dont il a la charge que le Préfet a intérêt à exercer son contrôle et, dans ce but, à connaître le personnel et la situation financière.

Au surplus, d'après la jurisprudence antérieure, — jurisprudence que la nouvelle loi n'a pas modifiée puisqu'elle ne renferme aucune disposition relative à la capacité civile des congrégations et n'en abroge également aucune, — le patrimoine de chaque établissement est distinct. Il importe donc que ce soit le Préfet du département où est situé chaque établissement et non pas seulement celui du département où est l'établissement principal ou maison mère, qui surveille l'accroissement et l'emploi de ce patrimoine.

Par voie de conséquence, l'obligation de tenir les registres prévus par la loi du 1er juillet 1901 et du règlement d'administration publique s'impose à tout établissement congréganiste régulièrement autorisé et, en raison de la nature même des inscriptions qui doivent y être faites, ces registres peuvent être ramenés au nombre de deux;

L'un contenant les *changements dans l'administration ou direction et la liste du personnel avec les mutations survenues ;*

L'autre contenant *l'état des recettes et dépenses, le compte financier et l'état inventorié des biens.*

Pour l'établissement de ces deux registres, vous n'avez à recommander aucun modèle officiel, l'Administration entendant ne favoriser aucun monopole à ce sujet et laissant aux intéressés toute latitude, pourvu que les registres contiennent toutes les énonciations prescrites et que, conformément à l'article 31 du décret, les *inscriptions soient faites de suite et sans aucun blanc.*

Aux termes de ce même article 31, les registres doivent être cotés par première et par dernière et paraphés sur chaque feuille par le préfet ou son délégué, ou par le sous-préfet. Il va de soi, d'après les considérations exposées ci-dessus, qu'il s'agit là du préfet du département ou du sous-préfet de l'arrondissement où se trouve chaque établissement et que, d'autre part, la tenue de ces registres s'applique aux établissements autorisés seuls et nullement aux autres qui sont dépourvus d'existence légale, eussent-ils même introduit une demande d'autorisation. Mais, dès qu'un établissement est autorisé, les registres doivent être tenus par lui.

L'obligation du registre incombe actuellement, dans votre département, à tous les établissements congréganistes autorisés antérieurement à la nouvelle loi, et qui restent autorisés, ainsi que je vous l'ai expliqué dans ma lettre du 24 octobre 1901, à laquelle était annexée la liste complète desdits établissements extraite de la statistique dressée en 1897, sous réserve des modifications qui ont pu ou pourront survenir depuis, par suite soit d'autorisations nouvelles, soit de retrait d'anciennes autorisations.

Je vous prie, Monsieur le Préfet, de vous assurer que les établissements congréganistes autorisés de votre département se conforment aux obligations dont ils sont tenus en cette matière et de veiller à l'exécution des prescriptions réglementaires, notamment en ce qui concerne la représentation des registres, sans déplacement, sur toute réquisition de votre part, conformément à l'article 15 de la loi du 1ᵉʳ juillet 1901.

Recevez, Monsieur le Préfet, l'assurance de ma considération très distinguée.

Le Président du Conseil,
Ministre de l'Intérieur et des Cultes,

E. COMBES.

TOURS

IMPRIMERIE DESLIS FRÈRES

6, rue Gambetta, 6

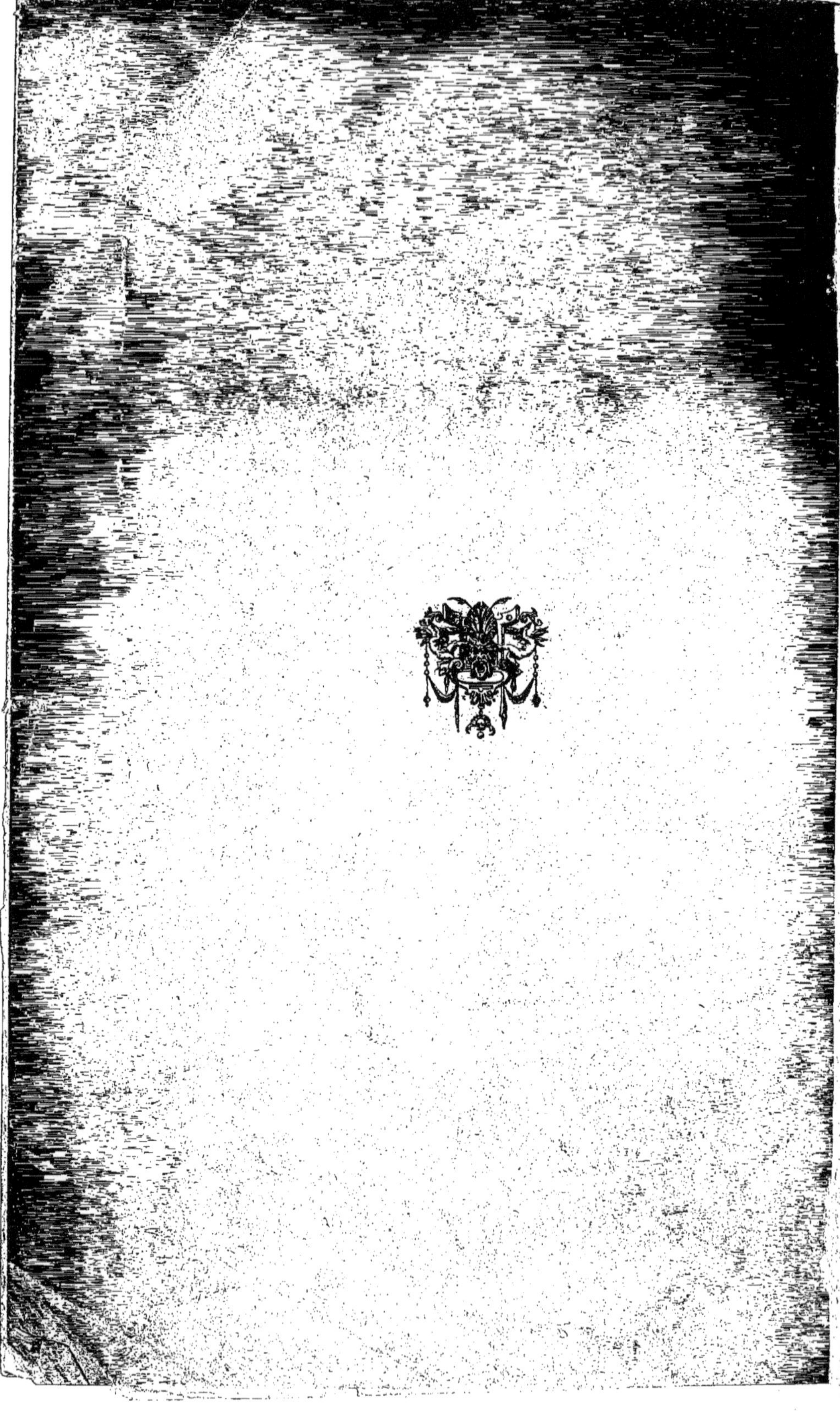